浙江省律师协会业务指导丛书

商品房买卖合同纠纷

难点解析与风险防范

主　编　陈月棋
副主编　罗弘韬　应旭升　徐海明　唐　锋
　　　　陈　静　毛晨光　郭　恒

法律出版社 LAW PRESS·CHINA
——— 北京 ———

图书在版编目(CIP)数据

商品房买卖合同纠纷难点解析与风险防范 / 陈月棋主编；罗弘韬等副主编. -- 北京：法律出版社，2024
(浙江省律师协会业务指导丛书)
ISBN 978-7-5197-8347-1

Ⅰ. ①商… Ⅱ. ①陈… ②罗… Ⅲ. ①商品房－买卖合同－经济纠纷－法律解释－中国 Ⅳ. ①D923.65

中国国家版本馆 CIP 数据核字(2023)第 180677 号

商品房买卖合同纠纷难点解析与风险防范
SHANGPINFANG MAIMAI HETONG JIUFEN NANDIAN JIEXI YU FENGXIAN FANGFAN

陈月棋 主编
罗弘韬 应旭升 徐海明 唐 锋 陈 静 毛晨光 郭 恒 副主编

策划编辑 朱轶佳
责任编辑 朱轶佳
装帧设计 贾丹丹

出版发行 法律出版社
编辑统筹 司法实务出版分社
责任校对 王晓萍 王语童
责任印制 胡晓雅
经　　销 新华书店

开本 710 毫米×1000 毫米 1/16
印张 16.5 **字数** 286 千
版本 2024 年 1 月第 1 版
印次 2024 年 1 月第 1 次印刷
印刷 三河市兴达印务有限公司

地址：北京市丰台区莲花池西里 7 号(100073)
网址：www.lawpress.com.cn
投稿邮箱：info@lawpress.com.cn
举报盗版邮箱：jbwq@lawpress.com.cn
销售电话：010-83938349
客服电话：010-83938350
咨询电话：010-63939796

书号：ISBN 978-7-5197-8347-1
定价：68.00 元

本书编撰委员会

主　编

陈月棋

副主编

罗弘韬　应旭升　徐海明　唐　锋

陈　静　毛晨光　郭　恒

成　员

尹鸿宇　吕逸凡　侯丹洋　苏小为　薛春晓　周　蕾　袁韬光

程　君　胡敏楠　曹世宇　孙思贤　贺　灵　刘萌萌　龚　琪

饶译晨　徐凯文　林子诺　严小燕　王俊乔　梅美妃　贾旭东

张朝晖　朱　妍　毛　飚　成　奕　楼冠敏　杨毓根　李懿瑾

郑永国　陈　洛　吴嘉纬　章　青　李　沁　胡艺萧　王晨淏

高　云　周若凯　陈　婷　陈斌斌　邹鹏鹏　周金瑜

主　编

陈月棋

北京中伦（杭州）律师事务所合伙人。现任中华全国律师协会建设工程与房地产专业委员会委员、浙江省律师协会房地产专业委员会主任。主要执业领域：工程和项目开发、投资并购和公司治理、破产清算和重整。

副主编

罗弘韬

国浩律师（杭州）事务所合伙人、房地产与建设工程业务部负责人。现任浙江省律师协会房地产专业委员会副主任。主要执业领域：争议解决、投融资、房地产相关不良资产盘活及处置、房地产与建设工程。

应旭升

北京盈科（金华）律师事务所建房部主任，长期深耕于建筑房地产法律服务领域。现任金华市律师协会副会长、浙江省律师协会房地产专业委员会副主任、浙江省建筑业行业协会法务委员会副理事长等。出版主编作品《建筑业企业法务指南》（法律出版社2013年）、《建筑业企业清欠36计》（法律出版社2017年）、《建设工程常见法律实务问题全解答》（法律出版社2021年）等。

徐海明

浙江安策律师事务所主任、一级（正高级）律师，1995年执业至今。曾任嘉兴市律师协会第四、五、六届民商事专业委员会主任；现任浙江省律师协会房地产专业委员会副主任，嘉兴市法学会首席法律咨询专家，嘉兴仲裁委员会连续四届仲裁员（2006年至今）、连续两届专家委员，嘉兴学院、南湖学院兼职教授、外聘教师。2018年被浙江省律师协会授予“浙江省优秀专业律师”荣誉称号。出版个人专著《中国电子商务法律问题研究》（北京理工大学出版社2017年）、《房地产法的理论与实务探究》（光明日报出版社2017年）。

唐　锋

浙江浙元律师事务所执行主任、民事行政检察专家咨询网专家、浙江省律师协会房地产专业委员会副主任、杭州市律师协会房地产专业委员会主任。主要执业领域：工程和项目开发、投资并购和公司治理。

陈　静

浙江海昌律师事务所首席合伙人、浙江省首届优秀女律师、温州市第四届十佳律师、温州市政协常委、温州市法学会首席法律咨询专家。主要执业领域：房地产建筑工程、疑难民商事案件、公司治理、行政合法审查。

毛晨光

北京通商（杭州）律师事务所律师、中华全国律师协会第十届建设工程和房地产专业委员会委员、浙江省律师协会房地产专业委员会副秘书长。主要执业领域：房地产和建设工程、公司与并购、争议解决。

郭　恒

北京中伦（杭州）律师事务所律师。现任浙江省律师协会房地产专业委员会秘书长、杭州仲裁委员会仲裁员、浙江大学光华法学院实务导师等。主要执业领域：工程和项目开发、投资并购和公司治理、诉讼仲裁。

前言

浙江省律师协会第十届房地产专业委员会在2020年8月第一次主任会议上即提出,本届房地产专业委员会的重点工作是通过诸如案例收集、司法观点总结等方式建立知识库,达到“知识共享、服务同行”的目的。《商品房买卖合同纠纷难点解析与风险防范》一书即为秉承这一重点工作安排而形成的工作成果。

本书总结了商品房认购、买卖、建设、交付等各阶段常见的商品房买卖合同纠纷类型,并针对小区绿地、物业用房、会所、精装修等特定纠纷类型,以及限购限贷背景下商品房买卖合同效力及履行、借名买房、假按揭、以商品房买卖合同为借款提供担保、以房抵债、售后包租等非典型纠纷类型,在海量案例检索的基础上,总结提炼各类纠纷类型的主要争议焦点以及各地法院的观点,结合现行有关法律、法规、规章及规范性文件,进行系统性的整理、分析、归纳,并提出了相应的意见和建议,旨在为律师办理商品房买卖合同纠纷案件提供参考。本书亦可作为房地产行业法律从业人员的工作参考。

本书在编写过程中得到了法律出版社朱铁佳等老师的指点与帮助,在此表示衷心的感谢!

本书在编写过程中虽经多次修改,但因时间仓促、编者能力有限,难免有遗漏和不足,恳请读者朋友不吝批评指正。

《商品房买卖合同纠纷难点解析与风险防范》编写组

2023年11月9日

目录

第一章

商品房认购协议纠纷

在商品房销售过程中，房地产开发商为了固定交易机会，通常会与购买人在签订正式的商品房预售合同之前签订商品房认购协议，以此确保以后能够顺利订立正式的商品房买卖合同。双方当事人一般会在商品房认购协议中对商品房的位置（房号）、面积、价格等主要条款进行约定，并约定于将来的固定期限或某些条件成就时签订正式的商品房买卖合同，但是对正式的商品房买卖合同中的付款时间及付款方式、交付使用条件及日期、面积差异处理方式、办理产权登记有关事宜以及违约责任等合同主要条款未做约定，这就导致双方当事人最终未能订立正式的商品房买卖合同时因认购协议而产生各种法律纠纷。本章主要探讨认购协议的性质和效力、在房地产开发商未取得商品房预售许可证的前提下签订的商品房认购协议的问题，以及当事人因履行商品房认购协议而产生的纠纷处理。

第一节 商品房认购协议的性质和效力

一、商品房认购协议的性质

商品房认购协议，又称认购书、订购书、预订书、意向书等，是指合同双方当事人在签订商品房预售合同或商品房现房买卖合同之前所签订的文书，是对交易商品房有关事项的初步确认。司法实践中，对商品房认购协议性质的认定主要存在两种观点：第一种观点认为，商品房认购协议属于预约合同，与商品房预售合同或商品房买卖合同构成预约与本约的关系；第二种观点认为，商品房认购协议就是商品房买卖合同（或预售合同），应当具有商品房买卖合同的效力。

笔者认为，对商品房认购协议的性质，应当根据协议的具体内容，视不同情形作出认定。《民法典》第 495 条第 1 款规定："当事人约定在将来一定期限内订立合同的认购书、订购书、预订书等，构成预约合同。"因此，一般意义上而言，商品房认购协议的性质属于预约合同，与商品房预售合同或商品房买卖合同构成预约与本约的关系。但是，根据最高人民法院《关于审理商品房买卖合同纠纷案件适用法律若干问题的解释》（以下简称《商品房买卖合同解释》）第 5 条的规定："商品房的认购、订购、预订等协议具备《商品房销售管理办法》第十六条规定的商品房买卖合同的主要内容，并且出卖人已经按照约定收受购房款的，该协议应当认定为商品房买卖合同。"在满足该条规定的条件下，商品房认购协议的性质应当认定为商品房预售合同或商品房买卖合同。

二、商品房认购协议的效力

本部分讨论的认购协议的效力，是指作为预约合同的认购协议的效力，即对商品房认购协议与商品房买卖合同在法律上的关系的认定。若商品房认购协议的性质被认定为正式的商品房买卖合同，应当依据法律法规的规定，一方当事人违约的应承担法定或约定的违约责任。但是，在认购协议被认定为预约合同的情形下，对商品房认购协议效力的不同认定导致理论界和实务界对认购协议违约责任的归责原则、责任方式、责任范围等问题产生不同的认识，使司法裁判中出现不同的裁判标准和裁判结果。

（一）预约合同效力的理论争议

目前，理论界关于预约合同效力存在较大争议，主要有以下三种不同的观点。

1. 必须磋商说

必须磋商说认为，合同双方成立预约合同后，后续必须要进行善意磋商，只有进行了善意磋商，才代表预约合同的法定义务得到履行，而双方善意磋商的结果，则不能作为预约合同的必要条件。

2. 应当缔约说

应当缔约说认为，预约合同订立后，双方当事人都应承担保证合同切实履行的法律义务，预约合同的首要义务是缔结本约的合同，次要义务是为缔结本约而努力磋商。当事人一方未缔结本约的，守约方可以向法院诉请强制违约方与其订立本约合同及赔偿损失。

3. 内容区分说

内容区分说认为，预约合同效力与预约合同内容密切相关，预约合同中如果具有明确且完备的合同内容，理应得到强制缔约的法律效力，如果预约合同内容相对简单，双方可以在正式磋商后进行修改和完善。

最高人民法院法官在该问题上认为，综合考量预约制度设立的法律价值以及对实务的可操作性等因素，应当缔约说更为合理。主要理由如下：第一，必须磋商说存在严重缺陷。设立预约制度之目的在于缔结本约，而非促使双方进行磋商。磋商仅是缔约的必经阶段和手段，而不是目的，由于完成磋商义务非常容易，若一方当事人根本没有缔结本约的意思，磋商只能流于形式，不利于对诚信守约人之利益保护。第二，内容区分说缺乏实务操作性。该说的逻辑起点在于从预约的内容去探求当事人应当缔约或必须磋商的本意，以充分体现意思自治原则。然而，若当事人缔结预约只是为了将来进一步磋商，则磋商本身几无社会价值；不同性质的合同内容差异甚大，何为本约的主要条款，立法和司法解释不可能完全涵盖，因此，以是否具备本约的主要条款来判断当事人是否必须缔约的真意，容易导致司法实践中的混乱。第三，采纳应当缔约说不仅可以保护当事人为预约而付出的成本，而且有利于引导当事人谨慎从事缔约行为，加大对恶意预约人的民事制裁力度，更能体现预约制度的法律价值。①

(二)司法实践中关于认购协议效力的认定

有学者统计了 2017～2021 年最高人民法院和各地高级人民法院、中级人民法院的相关裁判观点,认为司法实践中对认购协议效力的认定主要存在必须磋商说和应当缔约说两种不同的观点。

持必须磋商说的裁判案件的主要表现特征为合同当事人在认购协议中设定了磋商的义务,如一方未按照认购协议约定履行磋商义务,则需承担相应的责任。例如,在“冉某与某地产公司商品房预约合同纠纷案”中,法院认为,冉某与某地产公司签订的《楼宇认购书》是双方真实意思表示,也不违反法律法规的禁止性规定,应属有效协议,该协议约定冉某认购了某地产公司开发的房屋一套,冉某应该在 2018 年 12 月 25 日之前与某地产公司签订《重庆市商品房买卖合同》。庭审中冉某认可未能在约定的时间内前往某地产公司处签订合同,但其理由为,某地产公司销售人员称房屋合同尚在审批中,未通知冉某去签订书面合同。对此冉某举示了微信聊天记录,但某地产公司对该聊天记录的真实性不予以认可,冉某也没有证据证明微信聊天中对象系某地产公司工作人员,故双方未能签订《重庆市商品房买卖合同》的责任并非在于某地产公司,且之后某地产公司两次发函要求冉某签订《重庆市商品房买卖合同》,对此冉某均未履行《楼宇认购书》的签约义务,故按照双方《楼宇认购书》约定的内容,冉某违反了合同约定,某地产公司有权解除该认购书。②

持应当缔约说的裁判案件的主要表现特征为认购协议当事人明确在预约合同中约定了订立本约的义务。例如,在“某公司与某实业公司、某投资公司房屋买卖合同纠纷案”中,法院认为,当事人已就合同项下房屋的位置、面积和价款进行了明确具体的约定,某实业公司已向买受人交付了案涉房屋,买受人支付了 1000 万元定金,虽然当事人之间在买受人是否应向某实业公司支付使用案涉房屋的场地占用费并承担房屋买卖的全部税费问题上未达成一致意见,但在双方房屋买卖法律关系的主要权利义务均已确定的情形下,上述争议可以通过《合同法》第 61 条、第 62

---

① 参见宋晓明、张勇健、王闯:《〈关于审理买卖合同纠纷案件适用法律问题的解释〉的理解与适用》,载《人民司法》2012 年第 15 期。

② 参见重庆市第一中级人民法院民事判决书,(2019)渝 01 民终 5585 号。

条[1]规定的合同解释原则进行补救,故并不构成法律上或者事实上的履行障碍。[2]

笔者认为,无论是必须磋商说、应当缔约说,还是内容区分说,均各有侧重,也均有所偏颇。结合目前司法实践,法院在认定认购协议双方当事人的权利义务关系时,大多是从认购协议内容的具体约定来衡量,因此内容区分说无论是从理论上还是在实践中均具有较强的可取性。

三、取得预售许可证前的效力

基于上述对认购协议性质的不同认定,司法实践中对取得预售许可证前所订立的认购协议效力的认定也有两种不同的司法观点。

(一)认购协议属于预约合同,开发商未取得商品房预售许可证的,不影响商品房认购协议的效力

持该种观点的判决认为,商品房认购协议系预约合同,其签订目的、约定内容等均是为双方将来订立正式的商品房预售合同或商品房买卖合同做预备和承诺,是商品房预售合同或商品房买卖合同的预备性协议,不是正式的商品房预售行为。法定的商品房预售许可制度不应被认定为开发商订立预约合同的前提条件,在未取得商品房预售许可证的情况下签订的商品房认购协议等预约合同均为有效。

例如,最高人民法院在“银川某设计院与宁夏某事务管理局房屋买卖合同纠纷案”的判决中认为,关于案涉《意向书》的效力问题。合同有预约合同和本约合同之分,预约合同是当事人约定未来订立一定合同的合同;本约合同是为了履行预约合同而订立的合同,签订预约合同的目的是订立本约。本案中,双方签订的《意向书》虽然明确了房屋单价、总价、付款时间等基本条款,宁夏某事务管理局亦支付了部分房款,但房屋的开发建设是专门针对宁夏回族自治区的党政机关进行的,并非开发商向不特定社会公众进行销售的商品房买卖合同。且双方在协议中明确约定须在银川某设计院取得案涉项目销售许可后,在《意向书》的基础上签订正式的商品房买卖合同,《意向书》尚不具备商品房买卖合同应当具有的主要内容。故《意向书》属于签订正式商品房买卖合同前的基础性合同,一审法院对合同性质认定并无不当,应予确认。《意向书》是双方当事人真实意思表示,不违反法律、法规的强制

---

① 《合同法》已失效,相关规定参见《民法典》第510条、第511条。

② 参见最高人民法院民事判决书,(2013)民提字第90号。

性规定，应当认定为有效。[①] 此外，本案一审法院还在一审判决中认为，《意向书》符合商品房预约合同的基本构成要件和法律特征，应属商品房预约合同性质，而非商品房预售合同性质。本案不适用《商品房买卖合同解释》第2条[②]"出卖人未取得商品房预售许可证明，与买受人订立的商品房预售合同，应当认定无效，但是在起诉前取得商品房预售许可证明的，可以认定有效"的规定。[③]

除上述判例外，最高人民法院还分别在"库某与某投资公司商品房预售合同纠纷案""陕西某实业公司与张某杰商品房预约合同纠纷案"[④]中持上述观点。

除最高人民法院在相关判例中明确认购协议被认定为预约合同的，未取得商品房预售许可证不影响认购协议的效力外，部分地方人民法院也曾以地方司法文件的形式对未取得预售许可证下的认购协议的效力予以明确。例如，北京市高级人民法院《关于审理房屋买卖合同纠纷案件若干疑难问题的会议纪要》（京高法发〔2014〕489号）第2条第1款规定："当事人以出卖人在签订预购书、购房意向书等预约协议时未取得商品房预售许可证明为由，要求确认预约协议无效的，不予支持，但预约协议被认定为商品房预售合同的除外。"广东省高级人民法院《关于审理房屋买卖合同纠纷案件的指引》（粤高法发〔2022〕5号）第3条规定："就预售商品房签订的认购书、订购书等预约合同，出卖人未取得商品房预售许可证明的，不影响预约合同的效力。"

实践中，部分基层及中级人民法院在审判中也认为认购协议属于预约合同，不因商品房未取得预售许可证而无效。例如，在重庆市第四中级人民法院审理的"某公司诉肖某确认合同无效纠纷案"中，法院认为，肖某与某公司签订的《认购协议》所约定的内容符合预约合同的特征，协议中没有对《商品房销售管理办法》第16条规定的多数关键性条款作出约定，不应认定为商品房买卖合同，不适用《商品房买卖合同解释》第2条的规定。[⑤]

---

① 参见最高人民法院民事判决书，（2018）最高法民终914号。

② 本案中适用的是2003年发布的《商品房买卖合同解释》，本解释于2020年进行了修正，第2条规定未做调整。

③ 参见最高人民法院民事判决书，（2018）最高法民终914号。

④ 分别参见最高人民法院民事裁定书，（2017）最高法民申5112号；最高人民法院民事裁定书，（2016）最高法民申181号。

⑤ 参见重庆市第四中级人民法院民事判决书，（2015）渝四中法民终字第01323号。

（二）认购协议属于商品房预售合同，开发商未取得预售许可证订立的认购协议无效

持该种观点的裁判认为，《商品房买卖合同解释》第 5 条规定："商品房的认购、订购、预订等协议具备《商品房销售管理办法》第十六条规定的商品房买卖合同的主要内容，并且出卖人已经按照约定收受购房款的，该协议应当认定为商品房买卖合同。"也就是说，认购协议如具备《商品房销售管理办法》第 16 条规定的商品房买卖合同的主要内容，并且出卖人已经按照约定收取购房款的，该认购协议应当被认定为商品房买卖合同，出卖人未取得商品房预售许可证明与买受人订立的商品房买卖合同应当认定无效。例如，最高人民法院在"某公司与云南某公司房屋买卖合同纠纷案"的裁定书中认为，虽然案涉《认购书》没有具备《商品房销售管理办法》第 16 条规定的全部 13 项内容，但该协议具备了房屋位置、用途、面积、价款、付款方式等房屋买卖合同的主要条款，当事人履行房屋买卖合同不存在实质障碍，且王某增已经按照约定支付了部分购房款，原审据此认定该《认购书》构成房屋买卖合同，并无不妥。[①] 在法院将认购协议认定为房屋买卖合同的前提下，依据《商品房买卖合同解释》第 2 条的规定，认购协议应认定无效。

通过对《民法典》第 495 条，《商品房买卖合同解释》第 2 条、第 5 条等法律条文进行解读和对司法实践中法院裁判思路的分析，笔者认为，对未取得预售许可证而签订的认购协议的效力的认定不应一概而论，应视具体案情具体分析。如认购协议被认定为预约合同，则不因未取得预售许可证而无效。《民法典》第 495 条将预约合同作为一项正式的法律制度予以确立，预约合同是与本约合同相对应的一个法律概念，预约合同的订立目的、约定的内容系为将来的本约合同的订立和内容做准备，本约合同成立后预约合同一般就不再履行。《商品房买卖合同解释》第 2 条规定的无效情形针对的是本约商品房预售合同，而不是预约合同，如果法院经审理认为当事人之间签订的认购协议的性质是预约合同，则不能依据《商品房买卖合同解释》第 2 条的规定认定为无效。如认购协议被认定为商品房预售合同，则未取得商品房预售许可证的应认定为无效。根据《商品房买卖合同解释》第 2 条的规定，如经法院审理认为当事人签订的认购协议符合《商品房买卖合同解释》的规定而被

① 参见最高人民法院民事裁定书，(2018)最高法民申 2297 号。

认定为商品房预售合同,应依据《城市房地产管理法》第 45 条和《商品房买卖合同解释》第 2 条的规定认定为无效。

第二节　商品房预约合同的认定标准及违约

一、商品房预约合同与本约合同的区分标准

现行法律并未对商品房预约合同和本约合同的区分作出规定,《商品房买卖合同解释》第 5 条虽然规定了将认购协议认定为商品房预售合同的条件,但司法实践中不同法院对该条的理解有所不同,并未形成统一的司法观点。如北京市高级人民法院在"北京银行某支行与北京某房地产公司等申请执行人执行异议之诉"的判决书中认为,该认购协议具备当事人名称、商品房基本状况、商品房的销售方式、商品房价款的确定方式及总价款、付款方式、付款时间等商品房买卖合同的主要内容,可以认定为书面的商品房买卖合同。① 而最高人民法院在"王某与青岛某投资公司等案外人执行异议纠纷之诉"的裁定书中则认为,《商品房销售管理办法》第 16 条第 2 款规定商品房买卖合同的主要内容包括 13 项,买受人原审时提交的案涉房屋的 5 份认购协议对《商品房销售管理办法》第 16 条第 2 款规定的第 5 ~ 10 项内容均未作约定,关于违约责任的约定也仅涉及违反优先购买权的相关内容,且认购协议中明确记载签订认购协议时开发商尚未取得商品房预售许可证,双方签订商品房预售合同后认购协议自动失效。据此可以认定,双方签订认购协议时,案涉房屋尚不具备商品房预售条件,认购协议关于商品房买卖合同的主要内容也规定不全,需通过签订商品房预售合同进一步明确,原判根据协议内容认定案涉认购协议具有预约的性质,并不缺乏证据证明。② 由此可见,不同法院在认定认购协议是否属于商品房预售合同时,基于不同的案情,在对《商品房买卖合同解释》第 5 条和《商品房销售管理办法》第 16 条规定的理解上也有所不同。

综合相关法院的判例,笔者认为,一般情况下,只要认购协议具备《商品房销售管理办法》第 16 条规定的第 1 ~ 5 项、第 10 项的内容,即认购协议具备当事人名称

---

① 参见北京市高级人民法院民事判决书,(2021)京民终 217 号。

② 参见最高人民法院民事裁定书,(2018)最高法民申 2639 号。

或者姓名和住所、商品房基本状况、商品房的销售方式、商品房价款的确定方式及总价款、付款方式、付款时间、交付使用条件及日期、办理产权登记有关事宜等条款，即可认定为商品房预售合同。在具体认定标准上，可以从以下三个方面进行考量：(1)根据当事人在合同中的意思表示加以确定，即签订合同是购买房屋还是为正式签订商品房预售合同做准备；(2)根据《商品房买卖合同解释》第5条的规定，判断合同是否完全具备《商品房销售管理办法》第16条规定的商品房买卖合同的主要内容，出卖人是否已经按照约定收受购房款；(3)当事人之间的约定和实际履行情况是否成立事实上的房屋买卖合同。

二、认购协议的违约责任承担

《民法典》第495条第2款规定："当事人一方不履行预约合同约定的订立合同义务的，对方可以请求其承担预约合同的违约责任。"但是对预约合同违约责任的具体形态没有作出明确规定，尤其是强制缔约与强制履行责任，导致司法实践中存在不同的裁判观点。

(一)继续履行

司法实践中，绝大多数法院对继续履行持否定态度。法院主要认为继续履行违背了双方当事人意思自治原则，不宜直接判令当事人履行签订合同的义务。如在"陈某军与某置业公司商品房预约合同纠纷案"中，法院认为，被告某置业公司出具的《承诺书》只是以将来签订商品房销售(买卖)合同为目的的预约合同，原告陈某军以该《承诺书》为依据要求被告履行签订正式的《商品房买卖合同》的义务的主张不能成立。[①] 法院对其继续履行的诉求未予支持。此外，部分高级人民法院以地方司法文件的形式对能否继续履行进行了明确，如广东省高级人民法院在《关于审理房屋买卖合同纠纷案件的指引》第5条规定："当事人一方无正当理由不履行预约合同约定的签约义务，守约方请求人民法院判决强制签订房屋买卖合同的，不予支持。"北京市高级人民法院在《关于审理房屋买卖合同纠纷案件若干疑难问题的会议纪要》第2条第2款规定："预约协议订立后，当事人一方无正当理由拒绝签订房屋买卖合同，守约方起诉要求法院强制违约方订立买卖合同的，一般不予支持。"

① 参见浙江省苍南县人民法院民事判决书，(2017)浙0327民初3972号。

但实践中也有部分法院支持继续履行的观点，如在“张某诉徐州市某房地产有限公司商品房预售合同纠纷案”中，法院认为，具有相应行为能力的人在意思表示真实的情况下签订的预约合同在双方当事人之间也产生拘束力，非经当事人协商一致不得更改，否则构成对预约合同的违约。预约权利人可以请求对方履行订立本约的义务。①

（二）损失赔偿

《民法典》第577条规定：“当事人一方不履行合同义务或者履行合同义务不符合约定的，应当承担继续履行、采取补救措施或者赔偿损失等违约责任。”第587条规定：“债务人履行债务的，定金应当抵作价款或者收回。给付定金的一方不履行债务或者履行债务不符合约定，致使不能实现合同目的的，无权请求返还定金；收受定金的一方不履行债务或者履行债务不符合约定，致使不能实现合同目的的，应当双倍返还定金。”在商品房认购协议纠纷案件中，关于损失赔偿的争议主要集中在“损害赔偿范围包括履行利益还是仅仅是信赖利益”“定金性质属于立约定金还是违约金”“损失赔偿范围是否包括机会利益损失”等方面，司法实践中均有不同的裁判观点。

三、几种特殊情形下的认购协议纠纷的司法处理

（一）认购协议因存在未决条款无法达成本约的责任认定

《商品房销售管理办法》第16条规定了商品房买卖合同的主要内容，实务中，房地产开发商在与买受人签订认购协议时一般仅就部分条款作出约定，如商品房基本情况、商品房总价款等，相对于正式的商品房买卖合同而言，认购协议存在未决条款。因认购协议存在未决条款而导致本约合同无法达成时的责任如何承担，司法实践中存在不同的裁判观点。

1. 因未决条款导致本约合同未达成属于不可归责于当事人的情形

持该种观点的裁判认为，预约合同的效力并不意味着必须确保促成本约，在当事人未就未决条款达成一致时强制要求其必须接受本约合同的条款是不公平的，若双方当事人在公平诚信的原则下进行了磋商，只是基于各自利益考虑而无法就合同条款达成一致，导致本约合同不能订立，应属于不可归责于双方的原因。如在

---

① 参见江苏省徐州市泉山区人民法院民事判决书，(2010)泉民初字第2427号。

"某投资公司、许某妮商品房预约合同纠纷案"中,法院认为,缔约的前提是当事人地位平等、权利义务平衡以及合同主要未决条款须经诚信磋商,故预约合同的效力并不意味着必须确保促成本约,而旨在保护善意的预约人,促使诚信谈判,平衡当事人之间的利益。若双方均在公平诚信原则下磋商,只是基于各自利益考虑无法就合同条款达成一致意思,致使本约不能订立,应属不可归责于双方的原因。因买受人与开发商在磋商过程中对《商品房认购书》未决条款存在分歧而导致商品房买卖合同未能订立的,该情况不可归责于当事人双方,本案不足以认定买受人、开发商在履行《商品房认购书》中存在违约行为。① 在"王某兵与某房地产公司定金合同纠纷案"中,法院也认为,综观本案现有事实和证据,买受人、开发商在签订《商品房买卖认购书》时并未就房屋交付条件、交付日的确定、逾期办证的违约责任进行明确约定。前述内容属于《商品房买卖合同》的未决条款,需由买卖双方当事人进一步协商确定,双方负有继续谈判达成本约的义务,而本约是否签订取决于双方在平等协商的基础上意思表示能否达成一致。因《商品房买卖合同》未能签订系不可归责于任何一方当事人的事由所致,故本案不应适用定金罚则。②

2. 因未决条款导致本约合同未达成属于当事人应当预见的缔约风险,其应承担因此产生的责任

持该种观点的裁判认为,当事人在签订认购协议时对本约合同的主要未决条款的缔约风险应当有所预见,尤其是在认购协议中已经明确约定签订本约合同的义务且当事人无异议的情况下,当事人应当按照认购协议的约定履行义务,否则应承担相应的责任。如在"郭某政与某房地产公司商品房预约合同纠纷案"中,法院认为,双方签订的定金协议书相对于将来签订的《商品房买卖合同》而言,具有预约的性质。鉴于该定金协议书中并未约定付款方式及首付款比例,而本案诉讼过程中双方当事人一致陈述双方就首付款比例磋商未成,故付款方式及首付款比例作为合同主要未决事项,系买受人在订立定金协议书时应当预见的缔约风险。现买受人在应当预见该风险的前提下仍签订了定金协议书,约定了若其不按时支付首期款及不签订正式《商品房买卖合同》则开发商有权没收定金这一法律后果,则应承担因该风险导致不能签订《商品房买卖合同》进而定金被没收的后果。③

---

① 参见广东省湛江市中级人民法院民事判决书,(2021)粤08民终3140号。
② 参见浙江省杭州市中级人民法院民事判决书,(2017)浙01民终1597号。
③ 参见浙江省杭州市中级人民法院民事判决书,(2015)浙杭民终字第2597号。

3. 认购协议中限制当事人就未决条款协商的约定属于格式条款,应属无效

例如,在"某投资公司、许某妮商品房预约合同纠纷案"中,案涉《认购协议书》中约定:"乙方已阅读甲方在售楼部公示的《商品房买卖合同》(包括补充协议等),在此双方约定不再变更、增加或减少任何条款。"生效裁判认为,从文本形式看,该条款符合预先拟定并可重复使用且在订立合同时未与对方协商的特征,应系格式条款。提供格式条款的一方应当采取合理方式提请对方注意免除或者限制其责任的条款,但在案涉《认购协议书》中,该条文与其他条文采取了一致的文本样式,未通过加粗或下划线等常用方式与其他条文作区分。《认购协议书》中所作的约定,即不允许买受人就前述合同条款与开发商进行自愿、平等磋商和洽谈,实际上排除了买受人依法应享有的主要权利。基于此,一审法院认定该条款系无效格式条款并无不当。①

(二)买受人能否以房屋质量问题拒绝签订本约合同或解除认购协议

《商品房买卖合同解释》第 9 条、第 10 条对因房屋质量问题导致的商品房买卖合同的履行问题作出了规定,但对认购协议签订后买受人能否以房屋质量问题拒绝签订本约或解除认购协议的问题未作明确规定。司法实践中就该问题也存在不同的裁判观点。

1. 认购协议属于预约合同,不能因此解除认购协议

在"浙江某房地产公司与孙某萍等商品房预售合同纠纷案"中,二审法院认为,由于双方当事人签订的仅为预约性质的认购协议,尚未签订正式的商品房买卖合同,更未涉及房屋的交付及质量瑕疵问题,案涉商品房是否存在质量问题既不属于认购协议所约定的可以解除该协议的情形,也不属于法律、法规所规定的可以解除该认购协议的情形,故买受人提出的该解除认购协议的理由不能成立。② 法院认为认购协议属于预约合同,不属于正式的商品房买卖合同,认购协议的履行一般不涉及房屋的交付及质量瑕疵问题,除非双方在认购协议中有明确约定,否则不能以房屋质量问题主张解除认购协议。

2. 如房屋存在严重影响正常居住使用的质量问题,导致合同目的不能实现的,可以解除认购协议

在"刘某红等与杭州某房地产公司商品房预约合同纠纷案"中,法院认为,本案

---

① 参见广东省湛江市中级人民法院民事判决书,(2021)粤 08 民终 3140 号。
② 参见浙江省杭州市中级人民法院民事判决书,(2015)浙杭民终字第 1477 号。

的争议焦点为案涉定金合同是否符合约定或者法定的解除条件以及买受人交付的20万元定金应否返还。买受人上诉认为案涉房屋存在漏水、渗水等质量问题且开发商存在诸多不诚信的言行,从而导致定金合同无法履行,故要求解除定金合同。对此,法院认为,案涉定金为立约定金,其目的在于为双方就案涉房屋签订《商品房买卖合同》提供担保。现买受人未提交有效证据证明案涉房屋存在严重影响其正常居住使用的质量问题,导致其合同目的无法实现,同时,也未就房屋质量问题申请司法鉴定。故依据现有证据,案涉定金合同不符合《合同法》第94条[①]规定的法定解除的情形。且案涉定金合同也未就解除合同的相关事项另行约定,故买受人亦不享有约定解除权。[②] 虽然该判决并未明确表述房屋存在质量问题能够解除认购协议,但从案件事实和法院裁判逻辑来看,法院认为如果房屋存在严重影响正常居住使用的质量问题导致买受人签订认购协议的目的不能实现,可以因此主张解除认购协议。

笔者认为,虽然预约合同作为一项独立的合同制度被法律所认可,但是合同当事人签订预约合同的目的并不是约束当事人履行预约合同,而是保证将来本约合同的签订和履行,即本约合同的履行及本约合同目的的实现才是预约合同签订及履行的最终目的。在商品房买卖领域,买受人签订认购协议的目的是签订正式的商品房买卖合同,并以此取得质量合格的商品房房屋。在商品房房屋存在质量问题时,如果不允许买受人解除认购协议或拒绝签订本约合同,将会产生合同当事人按预约合同的约定签订了正式的商品房买卖合同,嗣后买受人再以商品房房屋质量问题主张解除商品房买卖合同或拒绝收房的现象,导致社会资源和司法资源的浪费。当然,不是所有的房屋质量问题都可以要求解除认购协议,根据《商品房买卖合同解释》第9条、第10条的规定,只有在房屋主体结构质量不合格或者房屋质量问题严重影响正常居住使用的情形下,买受人才有权主张解除认购协议或拒绝签订本约合同,否则买受人应承担相应的违约责任。

(三)因政府限签原因导致无法签订网签备案合同能否认定违约

在认购协议中,当事人一般约定在签订认购协议后的固定期限或者条件成就时签订正式的商品房买卖合同(网签备案合同),并约定逾期的违约责任。实务中

---

① 相关规定参见《民法典》第563条。

② 参见浙江省杭州市中级人民法院民事判决书,(2015)浙杭商终字第3118号。

常见因为政府限签等原因导致无法签订网签备案合同的情况，此时能否以违反认购协议的约定为由主张违约责任？在“胡某放、厉某等房屋买卖合同纠纷案”中，法院对该问题作出了回应。法院认为，在整个预售商品房认购买卖过程中，原告、被告签订的《认购书》和《车位认购协议》均明确约定于 2021 年 6 月 16 日前办理签署《商品房买卖合同》和《地下车位使用权购置协议》及相关文件，但经原告催告，被告一直未能按合同约定期限予以办理，且被告辩称系房管部门限制网签所致，也未能提供充足证据予以证明，故未能按约及时办理网签应认定被告违约行为所致。① 法院认为，认购协议生效后当事人应按照协议的约定充分地履行签订正式的商品房买卖合同（网签备案合同）的义务，因开发商的原因未办理网签备案合同的属于违约，应承担违约责任，但如果是因为政府限签导致无法签订网签备案合同，则不属于违约行为。该观点在“北京某置地公司与张某商品房预售合同纠纷案”的判决中也得到体现，二审法院在该判决书中认为，根据本案查明事实，双方签订合同后，张某已向某置地公司全额支付购房款，而合同未能按双方预计时间履行的原因是住建部门对房屋买卖网签安排存在延缓情况。2018 年 12 月 18 日张某复婚后，已不具备购房资格，合同无法继续履行。因本案合同系因不可归责于双方当事人的原因导致网签迟延时间过长，最终履行不能，双方对此均不存在违约行为。②

此外，还可能存在一种情况：开发商仅签订线下合同，未办理网签备案，买受人能否主张开发商的违约责任？在“杭州某房地产公司与林某敏等商品房预售合同纠纷案”的判决中，二审法院认为，从双方的交谈可以看出，商品房预售协议中约定的 2014 年 11 月 29 日至开发商销售部签订合同系签订网签合同。但是买受人提交的证据可以证明案涉房屋不仅所在土地存在抵押，案涉房屋也存在抵押，双方之间的商品房预售协议仅向买受人告知了所在土地存在抵押，并未告知案涉房屋亦存在抵押，因此导致案涉房屋无法网签商品房买卖合同的原因在于开发商。③ 如果当事人在认购协议中明确要签订网签合同或者有证据证明当事人以后签订的本约合同属于网签合同，开发商仅与买受人签订线下合同，而未办理网签备案的，开发商属于违约应承担违约责任。

---

① 参见浙江省金华市婺城区人民法院民事判决书，（2021）浙 0702 民初 11524 号。
② 参见北京市第一中级人民法院民事判决书，（2020）京 01 民终 956 号。
③ 参见浙江省杭州市中级人民法院民事判决书，（2015）浙杭民终字第 1674 号。

第二章

商品房买卖合同效力纠纷

商品房买卖合同效力的认定纠纷在当前司法实践中颇为常见，故针对该纠纷问题，笔者拟通过以下几个实践中常见的争议焦点，向读者阐述商品房买卖合同效力纠纷认定过程中部分争议焦点的现行主流司法实践观点，以帮助读者规避一些常见的法律误区。

第一节 未取得商品房预售许可证订立的商品房预售合同效力

《商品房买卖合同解释》第 2 条明确规定:“出卖人未取得商品房预售许可证明,与买受人订立的商品房预售合同,应当认定无效,但是在起诉前取得商品房预售许可证明的,可以认定有效。”司法实践中,对未取得商品房预售许可证而签订的商品房预售合同的效力一般都认定为无效,但是在起诉前取得商品房预售许可证明的,可以认定有效。

实务中,可能会出现的争议问题是预售许可证过期后签订的商品房预售合同的效力如何认定。司法实践中存在两种截然不同的观点。

第一种观点认为,取得商品房预售许可证是进行商品房预售不可或缺的法定条件,商品房预售许可证已过有效期和没有取得商品房预售许可证本质上并无区别,此时房地产开发企业预售商品房即为违法,签订的商品房预售合同应认定为无效。例如,在“徐某燕与北京某房地产公司一般取回权纠纷案”中,二审法院认为,开发商与买受人签订《商品房买卖合同》时,商品房预售许可证已过有效期,此后开发商未办理过预售许可延期手续,未办理过竣工验收备案手续,亦未获准现房销售,故应认定合同签订时开发商未取得商品房预售许可。根据最高人民法院《商品房买卖合同解释》第 2 条关于“出卖人未取得商品房预售许可证明,与买受人订立的商品房预售合同,应当认定无效,但是在起诉前取得商品房预售许可证明的,可以认定有效”之规定,本案《商品房买卖合同》应认定为无效,自始没有法律约束力。①

第二种观点认为,商品房预售许可证已过有效期和没有取得商品房预售许可证存在本质上的区别,出卖人取得预售许可证明即具备预售资格,不应因预售许可证的过期而丧失预售资格。例如,在“熊某诉湖北某房地产公司房屋买卖合同纠纷案”中,法院认为,开发商已经实际取得了关于本案所涉及房屋的预售许可证,根据法律规定已经具备了该商品房的全部预售条件。超过预售许可期限发生的预售行

① 参见北京市高级人民法院民事判决书,(2017)京民终 22 号。

为,并不能证明本案所涉及的商品房不具备预售条件。规定或取消预售许可证的有效期限以及是否办理预售延期手续,属于行政机关的行政管理行为。超过商品房预售期限并不能证明开发商失去了预售资格,也不能证明预售行为不合法,这与开发商没有取得商品房预售许可证是不同性质的行为。① 北京市高级人民法院在"北京银行某支行与北京某房地产公司等申请执行人执行异议之诉案"的判决中认为,商品房预售实行预售许可制度,属于行政管理举措,系管理性强制性规定,开发商没有取得预售许可证应当受到行政处罚,但不影响民事合同的效力。因此,无论开发商的商品房预售许可证是否过期,均不影响开发商与买受人所签署的认购协议的效力,该协议应认定为合法、有效。②

笔者认为,《城市房地产管理法》《城市房地产开发经营管理条例》之所以规定商品房预售许可证是商品房预售合同的条件,是因为预售合同订立时,买卖的房屋尚在建设之中,房屋的所有权还没有经登记设立,为了维护交易的秩序,保护消费者的利益,防止国家在国有土地上的利益受到非法侵害,损害国家利益,国家对商品房预售行为作出特殊的要求和规定,建立了商品房预售的行政许可制度。开发商取得合法有效的商品房预售许可证明,说明该商品房已经具备了法律规定的预售条件,开发商因此开展商品房预售、签订商品房预售合同并没有任何法律上的实质障碍。商品房预售许可证的有效期限仅是行政管理部门进行行政监管的手段,并不是商品房预售许可证有效、失效的依据,商品房预售许可证的过期并不影响或改变商品房具备全部预售条件的事实,也不会对消费者的商品房利益和国家在土地上的利益造成损害。因此,笔者认为第二种观点更具有合理性,商品房预售许可证过期的,商品房预售合同不当然因此而无效。

第二节　合同效力瑕疵纠纷

主张合同效力存在瑕疵是商品房购买方(以下简称消费者)主张解除商品房买卖合同及要求损失赔偿的常用理由之一,而合同效力瑕疵的认定又往往会导致对合同未生效、效力待定、无效以及可撤销的判定。通过对现有司法裁判案例的搜索

---

① 参见湖北省鄂州市华容区人民法院民事判决书,(2016)鄂 0703 民初 69 号。

② 参见北京市高级人民法院民事判决书,(2021)京民终 217 号。

归纳，笔者发现，消费者以开发商欺诈（胁迫）、乘人之危导致的显失公平、签约时存在重大误解、情势变更导致的显失公平为由进行诉讼的情况较为普遍，因此，下文中笔者将着重从消费者前述常用理由方面甄选具体的常见司法实践焦点问题进行阐述和分析。

一、重大误解、欺诈、胁迫、显失公平的情形

《民法典》第147～151条分别规定了在重大误解、欺诈、胁迫、显失公平情形下，消费者有权请求法院或者仲裁机构撤销相应民事法律行为，在最高人民法院《关于适用〈中华人民共和国民法典〉总则编若干问题的解释》第19～22条中亦分别规定了相应的重大误解、欺诈、胁迫的认定情形，故消费者以上述理由进行诉讼的情况较为普遍。此外，商品房买卖合同纠纷中，消费者诉讼解除合同的目的一般无外乎两类，即退还已付款项和主张损失赔偿。而笔者在搜索归纳此类现有司法判例的过程中发现，存在损失赔偿类诉讼请求的案件中，消费者普遍以欺诈为由进行诉讼，进而引申出以下两个方面的司法争议焦点问题：

（一）商品房买卖合同欺诈是否适用《消费者权益保护法》

在以赔偿为主的商品房买卖合同纠纷类诉讼案件中，消费者为获得较高的赔偿，依据《消费者权益保护法》第55条之规定，主张开发商按已付房价款的三倍标准进行欺诈赔偿。这往往会促使审理法院在欺诈问题认定的基础上，再引申出一个争议焦点问题，即商品房买卖合同中的欺诈赔偿是否应适用《消费者权益保护法》第55条之规定？为此，笔者通过大量检索现有相关法条规定和司法案例观点，归纳总结后发现，除了在江苏省高级人民法院审判委员会《关于审理消费者权益保护纠纷案件若干问题的讨论纪要》第7条中涉及“商品房买卖合同的买受人以出卖人实施欺诈行为为由，要求依照《消费者权益保护法》第五十五条规定请求三倍赔偿的，人民法院不予支持”内容之外，我国现行法律法规中尚未明确商品房买卖合同欺诈是否应当适用《消费者权益保护法》第55条之规定。通过对我国各地2017～2022年的商品房买卖合同纠纷类司法实践判例进行梳理，笔者发现，审理法院普遍认为商品房买卖合同欺诈不适用《消费者权益保护法》第55条之规定。例如，在“邵某、黄某房屋买卖合同纠纷案”中，一审法院认为，《消费者权益保护法》第55条的惩罚性赔偿范围主要在于工业产品相关的消费者利益，而房屋纠纷中的惩罚性

赔偿责任应根据《商品房买卖合同解释》(2003年)第8条、第9条[①]所规定的五种情形为主进行认定。二审法院亦对此观点予以维持。[②] 又如,在"王某、魏某等房屋买卖合同纠纷案"中,一审、二审法院均认为,《消费者权益保护法》调整的主要是日常生活消费,《消费者权益保护法》制定时,针对的是普通商品市场存在的假冒伪劣和缺斤短两问题,其适用范围不包括商品房。此外,商品房价值大,如果适用《消费者权益保护法》中的多倍赔偿责任,则过于加重商品房经营者的负担,导致合同双方利益关系明显失衡。[③]

以上为司法实践中的普遍裁判观点,但随着2020年修正的《商品房买卖合同解释》删除了2003年发布的《商品房买卖合同解释》中的第8条、第9条的规定,在今后的司法裁判中,是否会有法院参照《消费者权益保护法》进行裁判?笔者虽认为可能性较小,但亦无法完全排除其发生的可能。故在发生上述类似纠纷时,读者还是应当结合当地实际情况进行诉讼方案的制定和风险的评估。

(二)隐瞒房屋抵押情况是否构成欺诈

2003年发布的《商品房买卖合同解释》虽然在第8条、第9条内容中分别规定了在"商品房买卖合同订立后,出卖人未告知买受人又将该房屋抵押给第三人"和"故意隐瞒所售房屋已经抵押的事实"的情形下,出卖人应承担的惩罚性责任,但签约时未告知房屋抵押情况是否必然构成欺诈,在目前的司法实践中仍存在不同的裁判观点。

1. 不构成欺诈的裁判观点

在"某航运公司与某科技公司商品房销售合同纠纷案"中,再审法院认为,某航运公司并未提供直接有效的证据证明某科技公司订立《商品房买卖合同》时故意隐瞒所售房屋已经抵押的事实,故认定某科技公司不承担欺诈责任。[④] 本案裁判的主要观点是:购买方应举证证明出卖方存在隐瞒抵押事实的故意,否则欺诈不成立。

在"褚某、赵某、张某等建设用地使用权合同纠纷案"中,一审、二审法院虽均确认某洁具厂在签订转让协议时未向褚某、赵某、张某披露案涉土地和厂房已抵押的

---

① 本解释于2020年修正时删去了原第8条、第9条的相关规定。

② 参见浙江省杭州市中级人民法院民事判决书,(2019)浙01民终4899号。

③ 参见江苏省盐城市中级人民法院民事判决书,(2021)苏09民终4109号。

④ 参见最高人民法院民事裁定书,(2014)民申字第925号。

事实,但均认为某洁具厂在合同约定的过户期限前已涤除了案涉土地和厂房的抵押权,客观上已不会影响转让协议的继续履行,亦未对褚某、赵某、张某的利益造成任何实质性的影响,故并无证据证明某洁具厂具有欺诈的故意,仅以未告知抵押即主张构成欺诈实难成立。[①] 本案裁判的主要观点是:过户前已涤除抵押权且未造成实质性利益影响,仅以未告知抵押事实为由主张欺诈的,不成立。

在"魏某与杭州某房地产开发公司商品房销售合同纠纷案"中,审理法院认为,签订商品房买卖合同时房地产开发公司已告知魏某案涉商品房存在现房抵押的情况,在签订合同后,在未告知魏某的情况下,又将案涉房屋的剩余价值进行二次抵押,上述行为不宜认定为欺诈,因房地产开发公司的二次抵押行为并未致使魏某作出错误的意思表示,且也并不导致合同目的无法实现。[②] 本案裁判的主要观点是:签约出售后,房地产开发公司在未告知情况下进行二次抵押的行为,不构成欺诈。

2. 构成欺诈的裁判观点

在"杭州某置业公司与王某、周某商品房预售合同纠纷案"中,一审法院认为,某置业公司隐瞒房屋已经抵押的事实,构成我国合同法上的欺诈,亦符合《商品房买卖合同解释》(2003 年)第 9 条规定的情形,综合案情,酌定某置业公司按已付房款 50% 的比例进行赔偿。[③] 本案裁判的主要观点是:签约时隐瞒抵押的事实构成欺诈,但赔偿标准需结合案情进行酌定。

在"李某与鹤壁某置业公司房屋买卖合同纠纷案"中,一审法院认为,某置业公司将案涉房屋出售给李某后,又以其公司名义抵押给第三人,并对李某隐瞒抵押事实,该行为违反诚实信用原则,亦符合《商品房买卖合同解释》(2003 年)第 8 条规定的情形,故支持李某购房款一倍的赔偿请求。二审法院对此予以维持。再审法院虽然撤销了该一倍赔偿的判决,但其理由系本案应适用 2020 年修正的《商品房买卖合同解释》,在新的《商品房买卖合同解释》已经删除一倍赔偿条款的情形下,李某主张购房款的一倍赔偿没有法律依据。同时,再审法院也认定某置业公司将案涉房屋出售给李某后,又以其公司名义抵押给第三人,并对李某隐瞒抵押事实,已使李某的合同目的无法实现。[④] 本案裁判的主要观点:房屋签约出售后,在未告知

---

① 参见浙江省嘉兴市中级人民法院民事判决书,(2021)浙 04 民终 127 号。

② 参见浙江省杭州市余杭区人民法院民事判决书,(2016)浙 0110 民初 15518 号。

③ 参见浙江省杭州市中级人民法院民事判决书,(2020)浙 01 民终 3390 号。

④ 参见河南省高级人民法院民事判决书,(2023)豫民再 43 号。

买受人的情况下擅自抵押第三人的，构成欺诈。

综合上述诸多司法案例观点，笔者倾向于认为，隐瞒或未告知房屋抵押事实并不必然构成欺诈，还应结合《民法典》第 148 条、第 149 条及最高人民法院《关于适用〈中华人民共和国民法典〉总则编若干问题的解释》第 21 条关于欺诈情形的规定，及买受人权益是否受损等情况进行综合分析，方可进一步确定是否构成欺诈。

二、情势变更的情形

因情势变更导致的显失公平亦属于商品房买卖合同纠纷中较为常见的诉讼理由和争议焦点之一。在《民法典》生效之前，情势变更的概念仅在最高人民法院《关于适用〈中华人民共和国合同法〉若干问题的解释（二）》（已失效，以下简称《合同法解释（二）》）第 26 条中作了规定。《民法典》生效后，在第 533 条中对情势变更的相关内容作了明确规定，即合同成立后，合同的基础条件发生了当事人在订立合同时无法预见的、不属于商业风险的重大变化，继续履行合同对于当事人一方明显不公平的，受不利影响的当事人可以与对方重新协商；在合理期限内协商不成的，当事人可以请求法院或者仲裁机构变更或者解除合同。笔者结合司法实践，以浙江省范围内的购房交易纠纷为例，就实务中因限房限贷政策引起的商品房纠纷是否适用情势变更原则进行阐述和说明。

（一）因限房限贷政策导致已签约的商品房买卖合同无法继续履行

浙江省高级人民法院民一庭发布的《关于审理受房地产市场调控政策影响的房屋买卖合同纠纷案件的若干意见（试行）》第 2 条和第 7 条对该类情形作出了规定。根据该意见的规定，纯粹因受限贷、限购、禁购等调控政策的直接影响，合同确实无法继续履行的，不属于“不可抗力”，一般应认定为《商品房买卖合同解释》（2003 年）第 4 条、第 23 条规定[①]的“不可归责于当事人双方的事由”，当事人据此请求解除合同的，可予以支持。但是，因一方当事人隐瞒或虚构事实情况，导致订立的合同因政策原因无法继续履行的，另一方当事人可要求过错方承担其因此所受到的损失。司法实践中，法院亦认为该情形可以解除商品房买卖合同。例如，在“杭州某房地产公司与詹某商品房预售合同纠纷案”中，一审法院认为，某房地产公

---

① 相关规定参见 2020 年修正的《商品房买卖合同解释》第 4 条、第 19 条。

司在明知房产限购政策及詹某不符合购房条件的情况下,仍然在销售过程中对詹某作出与限购政策相悖的允诺,而某房地产公司的允诺对詹某是否购房有直接决定性影响,进而导致其购房目的不能实现,据此判决某房地产公司在返还购房款的同时赔偿詹某利息损失。二审法院对该观点予以维持。①

(二)因贷款政策导致无法以贷款方式付款

此种情况下,根据浙江省高级人民法院民一庭《关于审理受房地产市场调控政策影响的房屋买卖合同纠纷案件的若干意见(试行)》第3~5条之规定,需区分情况进行处理:(1)在贷款政策实施前订立的合同中并未约定以按揭贷款方式付款的,买受人提出受贷款政策影响无法继续履行合同的诉求一般无法获得法院支持;(2)在贷款政策实施前订立的合同中约定以按揭贷款方式付款的,买受人提出受贷款政策影响无法继续履行合同的诉求一般可获得法院支持;(3)在贷款政策实施前订立合同,限贷政策实施后,买受人既未履约也未申请解除,在出卖人合理催告后仍未反馈决定的,出卖人可要求买受人承担相应的违约责任。例如,在“朱某与方某、杭州某房地产经纪公司合同纠纷案”中,二审法院认为,限贷政策实施前所订立的以贷款方式付款的合同因房产新政的实施所导致的不可履行的责任不能归责于双方,案涉合同应予解除。②

第三节　签约瑕疵纠纷的司法处理

在商品房销售过程中,买受人需要签订一系列文件,包括《认购书》《商品房买卖合同》《补充协议》《购房指南》《前期物业管理服务协议》等。在签署上述文件时,开发商通常会要求由买受人本人签署,但有时候买受人基于主观或客观的原因不方便签署,或者开发商工作人员未严格审核买受人身份信息导致部分文件由买受人的亲属、朋友代签,进而形成瑕疵签约,并由此引发各类纠纷。

在买受人没有明确委托授权代签人签字的瑕疵签约情形下,根据《民法典》第171条第1款的规定,行为人没有代理权、超越代理权或者代理权终止后,仍然实施

① 参见浙江省杭州市中级人民法院民事判决书,(2017)浙01民终3322号。

② 参见浙江省杭州市中级人民法院民事判决书,(2017)浙01民终5844号。

代理行为，未经被代理人追认的，对被代理人不发生效力。因此，在合同代签人没有明确被授权委托的情况下，其签署的合同属于效力未定的情形。

此时，作为合同相对人的开发商可以依据《民法典》第171条第2款的规定，催告被代理人（买受人）自收到通知之日起30日内予以追认，被代理人未作表示的，视为拒绝追认。如果开发商是善意相对人，在行为人（代签人）实施的行为被追认前，有撤销的权利，但撤销应当以通知的方式作出。

一、开发商行使撤销权

开发商行使撤销权的前提是开发商属于善意相对人。善意相对人，是指相对人在作出意思表示时，并不知道对方是无权代理的。如果明知对方是无权代理而仍与对方共同实施民事法律行为，那么相对人就不属于善意相对人，无权撤销其意思表示。在司法实践中，出现合同代签的情况往往是由于购房者本人无法前往现场签署，而由其亲属、朋友或销售人员直接代签。在此种情形下，开发商通常不会被认定为善意相对人。而在代签人出具虚假的授权委托书等其他情况下，开发商不存在过错的，则可能会被认定为善意相对人，其仍可以行使撤销权。

开发商行使撤销权，除须符合善意的前提外，还须满足以下条件：(1)撤销权行使的时间应当在被代理人即买受人行使追认权之前，被代理人已经行使追认权，开发商即不得再行使撤销权。该追认权以及拒绝追认权、撤销权在性质上都属于形成权，该权利一经行使，不需要对方当事人的同意即发生法律效力。同理，无权代理行为一旦被撤销，被代理人也不得再为追认。(2)开发商行使撤销权，应当以通知的形式作出，且原则上应向被代理人发出。

二、被代理人的事后追认

司法实践中还存在一种情形，即商品房认购书是由第三人代签，而正式的商品房买卖合同却是由购房者本人签署，或后续的房款由买受人本人向开发商支付。此种情形下，一般可以视为买受人对代签人代签的商品房认购书作出了追认。例如，在“王某宇与某置地公司商品房预约合同纠纷案”中，法院认为，原告王某宇之父王某根与被告某置地公司签订的《认购书》，双方意思表示真实，内容未违反法律及行政法规的强制性规定，应当认定合法有效，双方应按约履行合同义务。原告王某宇虽诉称其本人未签订上述认购书，但原告此后同意并委托其父亲王某根向被告支付10万元款项的行为，可以视为原告王某宇对其父亲王某根代其签订认购书的行为予以认可，故上述认购书对原告王某宇应当具有约束力。①

三、特殊关系人员代签是否可视为表见代理

在合同代签的情况中，大部分代签人与买受人系父母子女等近亲属关系。正因为这种亲缘关系的密切性，在实际购房文件签署过程中，为了使签署材料符合各种流程，顺利通过相关审批要求，开发商工作人员在签字时会同意由这些具有特殊关系的人员代签，并不要求出具相关授权材料。在司法实践中，这种基于家庭关系而产生的身份关系是否构成表见代理的权利外观？在"董某与舟山某置业公司商品房预售合同纠纷案"中，法院认为，董某与郭某均确认董某对购房事宜不知情，现无证据证明董某对购房事宜系知情的，亦无证据证明董某委托郭某以董某的名义购房，故郭某的购房行为没有获得董某的代理权。本案中，尽管郭某与董某是母女关系，在身份上具有一定的联系紧密性，但两者亦是两个独立的法律主体，本案所涉标的物为价值200万余元的商业用房，购置价值如此大的财产，已超过日常家庭生活需要或家庭事务代理的范围，某置地公司作为房地产公司应当明确要求董某本人在买卖合同上签字或者要求郭某提供相关的授权购房材料，但董某的名字是其母亲郭某代签，现无证据显示某置地公司要求郭某提供相关授权材料，该公司的行为存在过错，故郭某代为签名的行为不构成表见代理，也不构成家事代理。② 也就是说，基于父母子女的特殊关系而形成的瑕疵签约，如果不符合表见代理的构成要件，仅依据这种特殊的家庭关系不当然地视为表见代理。

因此，在大部分司法实践中，商品房买卖作为一种重大财产交易，即使是作为购房者的父母子女，也并不当然具有代理购买房屋的代理权，仅以双方的关系尚不足以形成代签人具有代理权的权利外观，不构成表见代理。

四、未被追认的法律效果

根据《民法典》第171条第3款、第4款的规定，行为人实施的行为未被追认的，善意相对人有权请求行为人履行债务或者就其受到的损害请求行为人赔偿。但是，赔偿的范围不得超过被代理人追认时相对人所能获得的利益。相对人知道或

---

① 参见浙江省绍兴市越城区人民法院民事判决书，(2020)浙0602民初4439号。

② 参见浙江省舟山市普陀区人民法院民事判决书，(2016)浙0903民初3813号。

者应当知道行为人无权代理的，相对人和行为人按照各自的过错承担责任。通常，在合同代签的情况下，开发商与代签人均属于明知无授权的情形，若因无法得到被代理人的追认导致合同无效，双方均有一定过错。在“谢某与绍兴某置地公司定金合同纠纷案”中，法院认定，根据原告提供的认购书中（预购方为原告，签字、身份证号却为其母亲）、微信聊天记录及双方自认，签订认购书时因原告未满 18 周岁，通过正常程序不可能通过第三方银行的按揭贷款预审，也不可能实现按揭贷款购房，双方对此均是明知的。故本案不适用定金罚则，法院对原告要求被告双倍返还定金的主张及被告关于因原告违约而不予返还定金的抗辩意见均不予支持，判决被告返还原告定金。①

① 参见浙江省绍兴市越城区人民法院民事判决书，(2020)浙 0602 民初 10067 号。

第三章

商品房销售广告、宣传资料相关纠纷

商品房销售广告、宣传资料是开发商常见的营销手段，尤其在商品房预售制背景下，购房人往往会比较依赖通过开发商的介绍及广告了解商品房信息。在售房过程中，开发商为了获得一定竞争优势，可能会在销售广告、宣传资料中对所售楼盘的环境、配套设施等进行夸张或不实宣传，导致商品房实际交付时购房人发现名不副实的情况，从而引发购房人与开发商之间的纠纷。鉴于此，本章将围绕商品房销售合同纠纷中销售广告、宣传资料的法律性质认定及违反商业广告的法律责任等进行简要分析。

第一节　广告内容是要约邀请还是要约

当前商品房预售模式下,因房屋交付后实际情况与前期宣传的差异性导致开发商与购房者的纠纷争议问题十分常见。因此,笔者拟从分析商品房广告的法律性质,以及对判决进行梳理的角度入手,尝试探究广告宣传的内容对商品房销售合同效力的影响。

一、商品房广告的法律性质

对商品房广告法律性质的认定关系商品房合同的内容和法律效力。若广告内容构成要约,成为合同的一部分,如开发商交付的房屋与销售广告内容不符,则构成违约,应承担违约责任。对于商品房广告法律性质的认定,主流观点认为,商品房广告作为商业广告的一种类型,符合要约邀请的性质,但是在一定情形下,商品房广告符合要约的法律性质。

根据《民法典》第 473 条的规定,要约邀请是希望他人向自己发出要约的表示。实务中一般认为,拍卖公告、招标公告、招股说明书、债券募集办法、基金招募说明书、商业广告和宣传、寄送的价目表等均为要约邀请,但如果商业广告和宣传的内容符合要约条件,则构成要约。相较于原《合同法》第 15 条,《民法典》将"视为要约"修改为"构成要约",可以看出立法者对于商业广告和宣传的定义更倾向于适用上述条款构成要约,这无疑加重了宣传广告的责任,使开发商在对外宣传的时候必须更加谨慎。

《商品房买卖合同解释》第 3 条规定:"商品房的销售广告和宣传资料为要约邀请,但是出卖人就商品房开发规划范围内的房屋及相关设施所作的说明和允诺具体确定,并对商品房买卖合同的订立以及房屋价格的确定有重大影响的,构成要约。该说明和允诺即使未载入商品房买卖合同,亦应当为合同内容,当事人违反的,应当承担违约责任。"

二、商品房广告构成要约的构成要件分析

下面笔者将分别结合案例,对认定商品房销售广告是否构成要约的三点要素

进行分析。

(一)宣传的房屋及相关设施属于商品房开发规划范围内的房屋及相关设施

"商品房开发规划范围",从文义上是指开发商经过相关部门批准所享有的红线内权利范围。社会公共设施如学校、商场、医院等不属于"商品房的开发规划范围",但这些要素实际上往往会出现在开发商对外宣传的广告内容中,通常也是购房者考虑购买的重要因素。

针对《商品房买卖合同解释》第 3 条规定中商品房规划范围之外的房屋和相关设施所做的广告的性质的认定,理论和司法实务界存在不同观点。

第一种观点认为,说明和允诺的客体应当严格局限于商品房项目的规划红线之内,因为对于红线以外的范围,开发商并没有实际的控制权限,即使宣传广告的内容具体确定,也难以构成要约。例如,在"刘某等与宁波某置业公司商品房预售合同纠纷案"中,宣传视频及宣传册中有"保利城超级 8 套配套"、包含"一站式购物广场、风情商业街、3D 图书馆、五星酒店、8 厅影院、乡村音乐会馆、艺术博物馆、拍卖厅"、"西面紧贴活水清溪,河滨游步道和亲水平台与生活亲密互动,临河而居"等内容。法院认为,依据宁波市规划局审核的地块总平面图及宁波市国土资源局审核的宗地图显示,宣传册及宣传视频中载明的保利城八大商业配套、小区西面河道及河道绿化均不属于地块开发规划红线范围内,因此,宣传册、宣传视频不构成要约,实属要约邀请,并非合同的内容,对双方不具有约束力。① 又如,在"吴某、黄某与江苏某置业公司商品房预售合同纠纷案"中,开发商通过启东电视台、启东房产网等媒体发布广告,将楼盘的小学学区宣传为紫薇小学,但实际学区为永阳小学。法院认为,本案中,虽然某公司通过有关媒体发布广告宣传案涉楼盘的小学学区为紫薇小学,但紫薇小学并不在某公司案涉楼盘的开发规划范围之内,且吴某、黄某也未能提供充分的证据证明宣传的紫薇小学对于双方合同的订立及房屋价格具有重大影响,故某公司的宣传内容不能视为要约。②

第二种观点认为,即便说明和允诺的客体位于开发规划范围外,只要所做的说明和允诺满足内容具体确定等其他要素,也构成要约。因为规划外的因素对房屋

① 参见浙江省宁波市中级人民法院民事判决书,(2015)浙甬民二终字第 725 号。

② 参见江苏省南通市中级人民法院民事判决书,(2016)苏 06 民终 1034 号。

价格以及买卖合同的订立也具有很大的影响力，为了维护购房者的利益，开发商应当承担违约责任。例如，在“陆某与淮南某置业公司房屋买卖合同纠纷案”中，因该项目的售楼广告中载有“罗马广场:优越学区—矿一中”的内容，互联网上的销售信息中同样载明罗马广场的学区为矿一中分校，法院认为，售楼广告中有关业主子女就读学区为矿一中的约定虽未以书面形式出现在原告、被告的房屋买卖合同中，但售楼广告中对于学区为矿一中的承诺内容明确、表述清晰，该承诺应视为“要约”，附属于合同内容，对开发商具有约束力。原告基于广告宣传与被告签订了房屋买卖合同，视为对广告内容产生了信赖利益，该信赖利益应得到保护。现因被告不能兑现该房屋系矿一中分校区学区房的承诺，被告应向原告承担非学区房违约赔偿责任。①

通过检索大量案例，笔者发现，目前的司法实践中，大部分法院裁判仍然将说明和允诺的范围严格限定于商品房开发规划范围内。对商品房周围设施及环境的宣传，如“英国皇家园林景观、中央水景、喷泉”等，以及对商品房开发规划范围外的商场、学校、医院等配套的宣传，如“紧邻一站式购物广场、风情商业街、五星酒店、图书馆”等，都可能会被认定为不属于开发规划范围内的房屋及相关设施，进而认定不属于要约，对开发商没有拘束力。

另外，关于“相关设施”的范围问题，根据《商品房销售管理办法》第 7 条的规定，应当包括供水、供电、供热、燃气、通讯及其他基础配套设施及公共设施。随着购房者对于小区房屋基础设施和配套公共设施的需求日益提高，绿地、规划内道路、花园景观、休闲场所等公共设施也应当属于相关设施的范畴，但对这些相关设施的广告或宣传是否构成要约，应结合个案情况具体分析。

（二）说明和允诺具体确定

商品房销售广告中所作的说明和允诺应是明确的、具体的、确定的。明确性、具体性、确定性，是指其内容是可以被特定化的并可以被明确地预期，且不存在不同解释的可能。最高人民法院民一庭在《商品房买卖合同司法解释问答》一书中指出，审查商品房销售广告中的说明和允诺是否具体、确定，要审查其说明是否有清楚明白的具体内容和事项，允诺是否有明确的标准和肯定的含义，要注意结合具体

① 参见安徽省淮南市中级人民法院民事判决书，(2014)淮民一终字第 00168 号。

的事实加以认定。

1. 不构成要约的情形

(1)对项目环境、小区公共设施等的宣传较为概括或抽象,并未明确具体的设施或建筑的。例如,在“朱某与温州某置业公司商品房预售合同纠纷案”中,开发商在宣传资料中宣称“南湖塘河公园2014年6月30日竣工、2013年8月1日国宾大道正式通车”“2014年开通,轻轨S1线问鼎温州”“北大、北师大附属学校意向入驻南湖”“超大规模泳池”“24K纯金镶嵌超星级会所”等,法院认为,广告宣传资料载明“北大、北师大附属学校意向入驻南湖”,表明仅是达成入驻意向,且入驻地点并未指向案涉商品房所处的南滨锦园,故该项宣传内容尚不够明确具体。“超大规模泳池”“24K纯金镶嵌超星级会所”均无明确具体的衡量标准,该项宣传内容不足以构成合同要约。实践中,开发商在售楼广告中一般采用较为夸张的语言描述,如“顶级豪宅”“首席私家公馆”等,其目的通常是吸引购房者注意力,该宣传内容较为概括或抽象,没有明确的判断标准,宣传内容也无法具体落实。因此,该类说明和允诺一般不认为属于要约。①

(2)宣传内容所使用的相关文字、表述与数据标示较为模糊的。例如,在“钱某等与陈某、周某、宁波某地产开发公司商品房预售合同纠纷案”中,法院认为,“所作的说明和允诺具体确定,应是要求说明和允诺不是抽象、笼统的,而是明确肯定的,如对规划范围内的房屋结构、层高、容积率、绿地率等有详细描述,有数据说明或在小区平面图上具体、明确标示并附有详细数据”。本案中,某房地产公司在楼书和报纸上关于案涉小区的广告中有关规划总面积约5000平方米、布置近1/3占地面积的绿地等内容,仅是对该小区的概况表述,该表述用了“约”“近”等字样,证明该说明和允诺并不具体确定,不视为要约。②

2. 可能构成要约的情形

(1)向购房人提供某些购房优惠或附带赠送礼品的说明,如给予一定的折扣、赠送车库、花园、家具等。

(2)对商品房美观性质量的陈述。美观性质量一般侧重装饰标准,既可以是商品房的某些部分,也可以是整座大楼的公用部分,如声明地板是“高级实木地板”,房门是“三防实木子母门”,外墙是“镜面不锈钢”装饰,大堂“挑空”,等等。

---

① 参见浙江省温州市瓯海区人民法院民事判决书,(2014)温瓯民初字第521号。

② 参见浙江省宁波市中级人民法院民事判决书,(2008)甬民二(一)终第36号。

(3)对商品房配套设施的陈述。如装有进口高级电梯、地下车库电梯直达、24小时热水、温泉入户、网络宽带入户、地板采暖,等等。

(4)对商品房环境性质量的陈述。如声明小区内建有“5000 平方米人工湖景”“2000 平方米喷泉休闲广场”“10000 平方米中心绿地”,小区内配套有商场、超市、医院、学校、幼儿园、游泳馆、网球场、健身房等商业服务,文化体育、医疗卫生公共设施等。

(5)承诺“还本销售”,提供房屋“售后包租”“代租”等售后回报,为银行按揭贷款买房者提供“回购担保”,以及为外地购房者办理本地城市的户口指标。

实践裁判中,大多数法院对“具体明确”的标准要求较高。审查商品房销售广告中的说明和允诺是否具体、确定,要审查其说明是否有清晰明确的具体内容和事项,允诺是否有明确的标准和肯定的含义,要注意结合具体的事实加以认定。在具体认定中,可以从文字表述和社会大众的一般性理解来具体分析。如果开发商的广告宣传中对商品房相关设施进行了详细描述,或在平面图上标注具体的数据等,应当视为说明和允诺具体明确;如果宣传资料中采用“约”“近”“预计”“贵族品质”“轻奢风格”等模糊的描述性语言,一般难以认定为具体明确。

对说明和允许的认定,部分法院以地方性司法文件的形式作出了明确规定。如广东省高级人民法院《关于〈合同法〉施行后认定房地产开发经营合同效力问题的指导意见》第 24 条规定:“商品房售楼广告的内容没有在商品房预售合同中约定,但符合下列情形之一的,该广告内容具有法律约束力:(1)向购房者提供优惠条件或赠送礼品的许诺;(2)对商品房外墙或共用部分装饰标准的告示;(3)对商品房各组成部分或共用部分使用功能质量的陈述;(4)对商品房周围环境质量作出的具有明确的公建指标的说明;(5)其他载有明确指标的说明。”该指导意见虽然已经失效,但其所确定的认定说明和允诺的标准仍具有较明确的指导意义。

实务中,对样板房展示的内容能否认定为要约,作为商品房买卖合同的组成部分,也存在争议。依据《商品房销售管理办法》第 31 条的规定,开发商销售商品房时设置样板房的,应当说明实际交付的商品房质量、设备及装修与样板房是否一致,未作说明的,实际交付的商品房应当与样板房一致。但开发商在销售商品房过程中通常会约定或说明“样板房仅作为参考使用,不属于开发商的交付标准或交付条件,不构成合同内容”。该种约定是否有效,是否能免除开发商的责任?在“肖某与某房地产公司商品房预售合同纠纷案”中,法院认为,该内容有免除作为格式条款提供方的责任、排除合同相对人的主要权利之嫌，应为无效。[①] 地方房地产管理部门也以规范性文件的形式对样板房的认定作出了规定。例如，浙江省住房和城乡建设厅《关于做好全装修商品住宅项目交付样板房管理工作的通知》第5条规定，“五、关于现场管理……对与交付样板房有差异的户型，房地产开发企业应与购房人确认户型结构、装修等差异，并在签订商品房买卖合同时做出约定。项目销售现场和交付样板房内应公示施工总承包、装饰装修、设计、施工、监理等单位信息，以及装修主要材料、设施设备清单明细，清单明细应与商品房买卖合同中的约定一致。交付样板房不得加装合同约定交付标准以外的设施设备，实行‘所见即所得’”。《深圳市房地产市场监管办法》第17条第2款和第3款也对样板房项目具体确定的情形作了明确的规定：“房地产开发企业应当对样板房的装修装饰材料及其价格、规格等信息以书面形式详细说明，并逐项列明是否与销售商品房一致，置于样板房入口等显要位置。房地产开发企业未提供样板房说明，样板房即为具体确定的商品房及相关设施的说明和允诺；样板房说明未予说明、明确的项目，该样板房项目即为具体确定的商品房及相关设施的说明和允诺。”但这些规范性文件层级较低，法院作为裁判直接依据的较少。

（三）对合同的订立和房屋价格的确定有重大影响

对房屋价格的确定有重大影响，是指宣传资料中说明、允诺的内容最终构成房价的重要组成部分。对于是否具有重大影响的界定，没有明确的标准，由于语言本身的模糊性及理解的偏差性，法院在对该因素进行判定的时候拥有较大的自由裁量权。

1. 赠送的露台、花园、地下车库

例如，在“奚某、奚某某与天台某房地产开发公司商品房预售合同纠纷案”中，沙盘模型显示商铺对应的2楼露台筑有三面与商铺二层等高的墙体，且临街一面墙体装有铝合金窗户，与2楼商铺墙面合体形成了一个类似房间的相对私密的封闭区域。法院认为，露台搭成的封闭空间可以提升商铺的整体使用效果，故露台是否能形成私密的独立空间，对于购房者订立合同能够产生重大影响。[②] 又如，在“余某、林某与平阳某置业公司商品房预售合同纠纷案”中，展示的宣传资料及样板房有地

① 参见上海市第二中级人民法院民事判决书，(2014)沪二中民二(民)终字第577号。

② 参见浙江省天台县人民法院民事判决书，(2022)浙1023民初783号。

下一层、夹层及独立楼梯。法院认为，某置业公司通过宣传资料及样板房的方式已经明确、直观地进行了展示，且销售人员也确认该地下一层、夹层及独立楼梯为余某、林某购置地下车位后改造而成，客观上使业主在购买时认为其购置地下车位后能改造成地下一层、夹层及独立楼梯。考虑案涉房产为别墅，购房者对于别墅的居住要求与普通高层住宅不同，而案涉房产的现状为共有地上三层，没有地下一层、夹层及独立楼梯，只能通过每隔几栋中间的公共楼梯到达地面。因此，交易房产能否改造成具有地下一层、夹层及独立楼梯，足以对购房者的购房意愿及订立合同产生重大影响，依照《商品房买卖合同解释》的相关规定，应当视为合同的内容。①

2. 户型结构、使用面积等

例如，“潘某与温州某房地产公司商品房预售合同纠纷案”中，宣传资料中醒目地标明案涉房屋“子爵 89 公馆三室两厅两卫(优化后)”“户型优化图”“户型原始图”“优化后可利用面积约 24 平方米”等内容。法院认为，宣传资料标明了案涉商品房面积优化前后效果图之间的差异，展示了案涉房屋的一个重要卖点是赠送优化面积，该事实对案涉商品房买卖合同的订立有重大影响。②

3. 小区内其他设施

例如，在“何某等与浙江某房地产公司商品房销售合同纠纷案”中，宣传资料中有“约 2000 平方米的浪漫中庭花园，绵绵水景犹如一串湛蓝的玉带，嵌入社区之中”等内容。法院认为，发布的广告中载明有约2000 平方米的浪漫中庭花园的绿地面积，但实际上并未完全履行，就商品房开发规划范围内的房屋及相关设施所作的说明和允诺具体确定，并对商品房买卖合同的订立以及房屋价格的确定有重大影响的，应当视为要约，被告也应当按约予以履行。③

司法实践中，销售广告和宣传资料中对订立商品房买卖合同有重大影响因素的包括但不限于赠送面积、外观形象、景观绿化、商业配套、物业会所、环境交通、教育医疗等，具体应根据实际购房者合理的个性化需求进行判断。通常，法院会运用反推法来验证广告的内容是否对“合同订立”和“房屋价格的确定”产生重大影响，即在购买房屋时，如果没有争议的广告承诺，购房者是否还会与开发商签订合同，或者购房者是否还会以同等的价格来购买房屋。

---

① 参见浙江省温州市中级人民法院民事判决书，(2021)浙 03 民终 5176 号。
② 参见浙江省温州市中级人民法院民事判决书，(2016)浙 03 民终 1919 号。
③ 参见浙江省台州市中级人民法院民事判决书，(2013)浙台民终字第 742 号。

三、排除宣传资料构成要约条款的效力

为了避免宣传资料被认定为要约，开发商通常在宣传资料中明确其中的图片和文字为要约邀请，不构成要约，或在《商品房买卖合同》《补充协议》中明确说明宣传资料不作为合同内容，借此排除宣传资料构成要约。该类文字基本上是开发商事先作出的更有利于己方的一种合同条款，诉讼中，大部分开发商都会引用以上条款来证明宣传资料不构成要约，但仍存在部分情况下，法院认定以上条款属于格式条款，不发生效力。例如，在“丁某、何某与苏州某置地公司商品房销售合同纠纷案”中，双方签订了商品房买卖合同，在该合同的“附件五：合同补充协议”第 2 条约定：买受人已充分了解该房屋的规划内容及周围 20 米范围内（本小区范围内）和该房屋地下室、屋顶部分的相关环境的建设内容和相邻关系。买受人同意按照本房屋的现有状态及小区规划接受并签署本合同，售楼沙盘、样板房等所体现之房屋设计及小区规划仅作广告宣传，不作为合同的具体组成部分。出卖方在销售广告、模型和宣传资料中对该项目开发规划范围之外的环境、公共设施、道路交通等所做不利因素公示及其他说明、示范等仅供买受方参考之用，不作为合同内容和出卖方承诺内容，具体以政府部门批准的实施方案为准。法院认为，上述约定作为出卖方提供的格式条款，形式上未采取足以引起购房者注意的方式对原告进行提示和说明，内容上排除了买方主要的权利、免除了自身义务，因而为无效约定。①

综上所述，开发商在宣传资料和购房合同中排除宣传资料构成要约条款，若条款中没有明显免除自己责任和限制购房者权利的内容，并且尽到了提示说明义务，该排除效力能得到法院的支持。

第二节　违反商业广告的法律责任

一、商品房广告的行政处罚对商品房买卖合同效力的影响

（一）因违反《广告法》第 26 条规定而被行政处罚的情形

虽然民众通常认为，只要行政主管部门对开发商发布的房地产广告作出行政

① 参见苏州市虎丘区人民法院民事判决书，（2017）苏 0505 民初 1066 号。

处罚即代表开发商实施了虚假广告行为，其理应有权主张赔偿或以欺诈为由主张解除合同，但根据《广告法》第26条、第28条及第58条规定的内容可知，房地产广告内容违反《广告法》第26条的规定并不必然构成虚假广告，且《广告法》并未在开发商因违反第26条规定而被行政处罚的情形下赋予购房人必然的民事赔偿权利。结合现有司法判例观点，笔者认为，因房地产广告违反《广告法》第26条规定的情形而产生的行政处罚并不必然影响《商品房买卖合同》的效力，《商品房买卖合同》的效力是否受到影响还需进一步分析其是否符合《商品房买卖合同解释》或者是否构成民事欺诈等。

例如，在"卢某、黄某与张家界某置业公司、湖州某酒店管理公司房屋买卖合同纠纷案"中，虽然某置业公司因在发布的广告中含有升值和投资回报的承诺内容，违反了《广告法》第26条的规定，被张家界市工商行政管理局行政处罚，但一审、二审法院均认为，某置业公司的广告内容并非就房屋及相关设施作出的说明和允诺，且并不具体明确，原告亦未提交证据证实该广告宣传对合同的订立以及房屋价格的确定有重大影响，故不符合《商品房买卖合同解释》第3条规定的应构成要约的条件。[①] 该司法判例印证了在广告内容因违法而被行政处罚的情况下，因广告内容不构成合同组成部分而不增加开发商合同履行义务的观点。

又如，在"资阳某房地产开发公司与饶某商品房销售合同纠纷案"中，虽某房地产公司的违法广告内容不构成合同组成部分，但其构成民事欺诈，故审理法院支持了购房人变更合同价款的权利，进而影响了合同的效力及履行。[②] 该司法判例也印证了在广告内容因违法而被行政处罚，且广告内容不构成合同组成部分的情况下，却会因构成欺诈而影响合同效力的观点。

（二）因违反《广告法》第28条规定而被行政处罚的情形

根据《广告法》第28条及第56条规定的内容可知，在开发商因发布虚假广告而被行政处罚时，受损害的购房人有权要求开发商承担民事责任，但开发商具体应当承担何种民事责任，《广告法》第56条中并未明确规定。结合现有司法判例观点，笔者认为，此种情况下《商品房买卖合同》的效力是否受到行政处罚的影响，仍需结合购房人实际受损害情况及开发商的过错程度和虚假广告内容是否符合"四

① 参见湖南省张家界市中级人民法院民事判决书，(2021)湘08民终310号。

② 参见四川省资阳市中级人民法院民事判决书，(2016)川20民终921号。

要素”进行综合判断，而非必然。例如，在“程某、侯某与山西某房地产公司房屋买卖合同纠纷案”中，虽然高平市市场监督管理局已根据《广告法》第28条之规定，认定房地产公司构成发布虚假广告行为，但对于程某、侯某所主张的损失赔偿请求，审理法院却未予以支持，主要理由如下：(1)房地产公司所发布的前期广告因不符合“四要素”而应为要约邀请，不构成合同内容；(2)房地产公司在被举报前期宣传违法后，已发出公告书，对举报事项作出了回复，并明确表示同意业主以此为由退房及赔付利息损失，但程某、侯某未在合理期限内主张退房，亦未起诉解除合同。审理法院据此认定程某、侯某对合同的订立不持异议。① 又如，在“徐某与成都某房地产开发公司、四川某房地产经纪公司商品房预售合同纠纷案”中，审理法院认为，虽然成都高新区市场监督管理局对房地产公司作出了行政处罚，认为房地产公司的广告行为误导了广告受众，但该行政处罚的性质与本案处理商品房预售合同纠纷的民事法律关系的性质存在差异，其与房地产公司是否应当承担民事上的欺诈责任不能当然地等同，同时结合房地产公司的宣传广告因不符合“四要素”而不构成要约，及房地产公司已在合同中明确房屋及土地性质之理由，审理法院认定徐某以欺诈为由主张撤销合同的诉讼请求不成立。②

综上所述，笔者认为，无论是何种原因导致房地产广告被行政处罚，行政处罚结果均并不必然导致《商品房买卖合同》效力变化，司法实践中往往还需进一步审查广告内容是否构成民事欺诈和是否构成合同组成部分这两个主要争议焦点，方可进一步判断合同效力是否会受到影响(影响后果包括合同不成立或无效、被撤销、被变更，或者是进行赔偿)。

二、虚假宣传中的缔约过失责任

虚假宣传一直是广告营销领域的争议热点之一，也是购房人据以维权的一类主要因素。那么，虚假宣传会导致何种法律责任后果呢？根据《广告法》第28条及第56条规定的内容可知，除行政处罚之外，当事人还有权向广告主主张民事责任；而民事责任的类型，有观点主张属于缔约过失责任，也有观点主张属于违约责任。笔者认为，根据2019年11月8日最高人民法院发布的《全国法院民商事审判工作会议纪要》(以下简称《九民纪要》)第32条及《民法典》相关条款的规定，合同不成

① 参见山西省晋城市中级人民法院民事判决书，(2022)晋05民终429号。

② 参见四川省成都高新技术产业开发区人民法院民事判决书，(2021)川0191民初22539号。

立、无效、被撤销情况下所对应的一般为“缔约过失责任”，而合同不履行或履行不符合约定情况下所对应的一般为“违约责任”。本部分主要阐述虚假宣传的缔约过失责任问题。

根据《民法典》第 500 条及《九民纪要》第 32 条之规定，缔约过失责任，是指当事人在订立合同过程中，因过错而违反依诚实信用原则负有的先合同义务，导致合同不成立；或者合同虽然成立，但不符合法定的生效条件而被确认无效、被变更或被撤销，并给对方造成损失时所应承担的民事责任，其行为所侵害的对象应当是合同相对方基于信任而享有的信赖利益。司法实践中缔约过失的情形主要有假借订立合同进行恶意磋商，故意（过失）隐瞒与订立合同有关的重要事实或者提供虚假情况，以及有其他违背诚实信用原则的行为。结合《民法典》《九民纪要》相关条款的规定及部分司法实践判例观点，笔者认为，缔约过失责任的成立一般须同时具备下列条件：(1)缔约人在缔约过程中违反先合同义务；(2)缔约相对方受到信赖利益损害；(3)违反先合同义务与损害结果有因果关系；(4)违反先合同义务方存在过错。

（一）缔约过失责任的承担

《民法典》第 500 条规定，缔约过失责任的法律后果为赔偿责任，其所应承担的赔偿一般包括缔约费用、履约费用及合理的信赖利益损失，而非合同履行利益的赔偿。那么，什么是信赖利益损失呢？对此，笔者参考《九民纪要》及其理解与适用之相关内容，并结合部分已有司法实践判例观点，例如，“文某与云南某房地产开发有限公司缔约过失责任纠纷案”①和“杨某与湘阴县某航运总公司缔约过失责任纠纷案”，②总结如下：信赖利益损失一般是指信赖合同的有效成立并生效的一方缔约人在因另一方缔约人的过错导致法定或约定事由发生，最终致使合同不成立、无效或者被撤销等情形发生时所遭受的损失。信赖利益损失虽与合同履行利益的损失不同，但其赔偿范围原则上却亦应当不能超过履行利益上限，该原则体现于《九民纪要》第 32 条的规定中，合同不成立、无效或者被撤销的情况下，当事人所承担的缔约过失责任不应超过合同履行利益。

---

① 参见最高人民法院民事判决书，(2020)最高法民再 194 号。

② 参见湖南省高级人民法院民事裁定书，(2018)湘民申 2594 号。

（二）缔约过失责任是否需以合同的无效、不成立或被撤销为前提

笔者通过查阅众多公开司法判例发现，虽然现有司法实践判例多将缔约过失责任与合同的不成立、无效、被撤销等情形相关联，但这并不代表合同继续履行时，缔约人就无法向过错方主张缔约过失的赔偿责任，亦有部分司法判例支持合同继续履行时的缔约过失责任。即缔约过失责任并不以合同的无效、不成立或被撤销为前提，合同生效或成立后，缔约方仍可向缔约过错方主张缔约过失责任。例如，在“陈某与湛江某置业公司缔约过失责任纠纷案”中，法院认为，虽双方之间的商品房买卖合同已实际履行完毕，但基于开发商的行为明显违背如实告知以及诚实信用的先合同义务，造成购房人信赖利益损失，故开发商仍应承担相应的缔约过失责任，赔偿购房人因此造成的损失。① 又如，在“章某与溧阳某房地产公司商品房预售合同纠纷案”②和“济南某置业公司与赵某商品房销售合同纠纷案”③中，审理法院均认为，违反先合同义务给对方造成的损失，完全可能发生在合同成立或生效后，合同的成立或生效并不能当然避免对方当事人损失的发生，如果该损失仅因合同的成立或生效而无法得到赔偿，显然有失公平，故合同的成立或生效并不应消灭违反先合同义务行为人的法律责任，当事人承担违约责任还是缔约过失责任，并非根据合同是否成立和生效来判断，而是根据其违反的合同义务性质来判断，违反先合同义务的承担缔约过失责任，违反合同义务的承担违约责任。

（三）因虚假宣传被认定构成缔约过失时的法律后果

根据《民法典》第 500 条及《九民纪要》第 32 条之规定，并参考现有司法判例结果，笔者认为，因虚假宣传而被认定构成缔约过失时，其法律后果主要有合同无效、合同不成立、合同被撤销、合同被变更、信赖利益赔偿五种类型，其中，合同无效、合同不成立、合同被撤销、合同被变更的法律后果产生，还需同时符合《民法典》第 146～151 条等相关法律法规之规定，否则即使构成缔约过失，亦不会必然影响《商品房买卖合同》的成立与生效。但信赖利益损失在购房人有效举证的情形下，即使宣传内容不构成合同组成部分，亦可能得到审理法院的支持。例如，在“莫某、陈某

① 参见广东省湛江市霞山区人民法院民事判决书，(2021) 粤 0803 民初 3497 号。

② 参见江苏省溧阳市人民法院民事判决书，(2022) 苏 0481 民初 1126 号。

③ 参见山东省高级人民法院民事裁定书，(2022) 鲁民申 1079 号。

与湛江某置业有限公司缔约过失责任纠纷案”中，虽然法院认定湛江某置业公司已被行政处罚的广告内容不构成要约，但却认为该虚假宣传行为显然违背如实告知以及诚实信用的先合同义务，信赖利益损失应当得以支持。[①] 该司法判例支持了在缔约过失的前提下，即使广告内容不构成要约，缔约过失方亦应当进行赔偿的观点。又如，在“曹某、周某与王某、大理某房地产公司、三河市某房地产经纪公司缔约过失责任纠纷案”中，法院在缔约过失责任的案由下，认定案涉合同无效的依据并非《民法典》第500条所规定的缔约过失责任的法律条款，而是《商品房买卖合同解释》第2条关于商品房预售合同无效的法律条款。[②] 可见，在因虚假宣传构成缔约过失时，合同是否无效还需依据相关合同无效的法律条款进行判定。

第三节　几种因商品房广告中的特殊承诺所产生纠纷的司法处理

一、因交通设施承诺产生的纠纷

交通设施，如地铁、公交、高铁等，对周边商品房的价格和购房者出行的便利有较大影响，已经成为购房者选房购房的关注重点。房地产公司往往也以此为卖点，在广告中宣传“××地铁站距离本小区××米”“本小区附近规划××号线地铁”等内容。针对该类广告宣传内容，如后续交通设施的实际情形与宣传不一致或宣传的交通设施未最终落地，购房者能否以此为由向房地产公司主张违约责任或损失赔偿？下文将结合案例进行说明。

以“高某与某置业有限公司房屋买卖合同纠纷案”为例，法院认为，被告虽在其案涉楼盘的宣传、销售中提及高铁、轨道交通及站点等周边交通情况，且其发布的广告也因违反《广告法》的相关规定被行政处罚，但市场监督管理局在对被告作出行政处罚过程中并未认定该情形构成欺诈。商品房的销售广告和宣传资料为要约邀请，且高铁、轨道交通的设置并不在被告开发规划范围内，因此，被告对此部分的宣传并不能视为要约或作为合同内容。另外，原告提供的售楼部现场讲解图片上

---

① 参见广东省湛江市霞山区人民法院民事判决书，(2022)粤0803民初1904号。

② 参见河南省周口市川汇区人民法院民事判决书，(2019)豫1602民初6983号。

亦显示标注了“沪乍杭轻轨规划”“嘉兴1号线规划”。根据原告、被告签订的《浙江省商品房买卖合同》第15条之约定，“非由出卖人负责实施的建筑区划的市政大配套未建成或未投入运营，导致建筑区基础设施及公共配套不具备使用条件，不视为出卖人违约，并由买受人自行向有关责任单位主张权利”，并无证据显示案涉楼盘周边的高铁或地铁等市政配套是由被告负责实施，在原告、被告双方签订的《浙江省商品房买卖合同》中双方也未就地铁、高铁等作明确约定或承诺。对于购房时被告是否明确承诺何时有地铁、地铁站位置在何处等事实并无充分证据证明，且原告也无证据证明双方对此有约定或达成补充协议。庭审中，原告称其之所以购房系看中地铁站离案涉小区近，交通方便。原告称其购房前仅来过两次，并未了解相关情况，出于信任销售的介绍即决定购房。然而，在原告与被告签订《浙江省商品房买卖合同》时被告宣传提及的高铁、地铁等实际均尚未建造的情形下，原告作为完全民事行为能力人，在作出购房这一重大家庭财产处分行为的过程中，应谨慎核实了解案涉楼盘的相关情况，特别是其关注的地铁问题。且有关地铁、高铁等的规划系公开信息，并不是原告无法查询的信息。综合上述分析，原告认为被告在案涉房屋宣传、销售过程中存在欺诈行为，并导致其作出错误意思表示而要求撤销与被告签订的《浙江省商品房买卖合同》《海盐“湖畔首府”储藏室购置协议》，依据不足，法院不予支持。①

司法实践中，法院往往将规划交通、市政设施的行为认定为政府行为，政府规划事项可能调整、变更，而是否调整、变更不属于房地产公司可以决定的事项。一般性的交通、市政设施规划及变更属于公开信息，购房者作为完全民事行为能力人，可以通过相关渠道获取信息。因此相关的广告宣传一般不会被视作具体明确的承诺，不构成要约也不构成买卖合同的组成部分。

二、因学区承诺产生的纠纷

房地产公司对于房地产开发项目所划分的学区，也是消费者购房过程中考虑的重要因素之一，因为这直接关系消费者子女的教育问题。房地产公司在广告宣传中，也往往会打出“某某区某某学校学区房”字样的宣传标语。若消费者购买房屋后最终孩子无法就读宣传的学区或特定学校的，消费者能否向房地产公司主张

① 参见浙江省海盐县人民法院民事判决书，(2019)浙0424民初4951号。

违约责任以及损失？下文以两个代表性案例的判决予以说明。

在“王某与宁波某房地产公司房屋买卖合同纠纷案”中，法院认为，房地产公司在报纸上发布了销售广告，在广告标题下方较为醒目位置印有“某某区外国语学校学区房 88$m^2$3 房 2 厅 1 卫 103 万起”字样，上述广告的内容是关于商品房相关配套设施的说明和允诺，具体确定，且根据一般社会经验，上述说明和允诺对商品房买卖合同的订立以及房屋价格的确定有重大影响，因此上述说明和允诺应视为要约，应视为合同内容。被告房地产公司提供的房屋不符合合同约定，构成违约，应承担违约责任。在原告未能举证证明其遭受的实际损失的情况下，结合双方当事人在订约、履约过程中的过错程度，酌定被告赔偿原告的损失。①

在“傅某田、傅某仙与浙江某房地产公司房屋买卖合同纠纷案”中，一审法院认为，该案的争议焦点有二：一是房地产公司对学区的许诺是否对其具有约束力，应否承担违约责任。该案中，房地产公司在售楼时的宣传以及销售人员对于业主子女入读实验小学的承诺，虽未以书面形式出现在商品房买卖合同中，但该承诺内容明确、表述清晰，且对合同订立具有重要影响，应视为“要约”附属于合同内容，对房地产公司具有法律约束力。现房地产公司未能履行上述义务，构成违约，应承担相应的违约责任。二是案涉商品房买卖合同应否解除。该案中，业主作为买受人已支付房价款，房地产公司作为出卖人也已协助完成案涉房屋的产权登记，应认定合同主要债务已履行完毕。业主称购买案涉房屋系为了外孙能享有优质的教学环境，现外孙未能入读实验小学，且整个小学阶段均无法入学，促使其购房的主要因素为学区问题已无法满足，故提出解除合同的主张。虽然让外孙入读实验小学是促使业主购买案涉房屋的重要因素，但事实上，当事人购房的目的一般在于取得房屋所有权并用于居住、孩子入学、投资等，其中孩子入学并非唯一的购房目的。且教育行政部门一般在小区楼盘完成交房、不动产办理登记后才会正式公布该小区的施教区划分，房屋销售过程中的学区广告本身即具有较大的不确定性。综合上述情况，一审法院认为，业主以外孙入读实验小学的目的无法实现为由主张解除合同，其依据不足，不予支持。二审法院认为，本案售楼过程中，房地产公司人员对购买案涉房屋后业主的外孙可以就读实验小学的承诺内容清楚、明确，且从业主提供的录音内容来看，其购买案涉房屋的主要目的系考虑外孙入学问题。业主基于该承诺签订

① 参见浙江省宁波市中级人民法院民事判决书，(2016)浙 02 民终 2201 号。

商品房买卖合同,系对承诺内容产生了信赖利益,承诺应视为要约,对地产公司具有约束力。现地产公司不能兑现承诺,已构成违约。①

司法实践中,若房地产公司对学区的宣传广告是上述案例中所示这般具体确定的,则被认定为要约的概率较大。学区的认定和划分最终是由相关教育部门决定,不属于房地产公司的可控范围,即使房地产公司基于惯常的经验和正常预判,在销售广告中将并非确定的学区予以宣传,也是存在一定过错的。所以在实践认定中,对学区的肯定承诺最终无法实现的,有较大可能会被审理法院认定为要约,进而导致房地产公司需要承担一定的违约赔偿责任。

三、因配套商业设施承诺产生的纠纷

房地产公司的房地产开发项目周围是否有配套的商业商圈,也是消费者购房过程中考虑的因素,因为便利的商业配套设施可以方便业主在之后的居住过程中体验到购物的便利。房地产公司在广告宣传中,时常会使用"小区周边配套某某购物广场,步行仅需 5 分钟"字样的宣传标语,若消费者购买房屋后最终周边未按广告宣传中的商业配套引入的,消费者能否向房地产公司主张违约责任以及损失?下文结合案例进行说明。

在"饶某某与安吉某房地产公司房屋买卖合同纠纷案"中,法院认为,饶某某所举新浪博客的发布时间为 2018 年 7 月 12 日,而饶某某签约购买商品房的时间为 2018 年 5 月 3 日。饶某某购房在先,有关案涉楼盘宣传的博客发布在后。因此,上述新浪博客即便构成要约,也属针对潜在消费群体,并不溯及已签约的房屋买受人,故该证据与本案无关。此外,饶某某所举网页截图和视频资料无法显示其来源和网上发布时间,且该部分证据所涉内容亦主要是针对案涉房产项目各功能区块分布,以及各区块商业运行模式的宣传和讲解,其中有关影视基地和商业配套的宣传和讲解内容也未达到合同条款所应具备的具体明确的要求。根据安吉县自然资源和规划局对饶某某代理人的公开答复来看,案涉楼盘规划用地的影视基地和配套商业设施亦非虚构。综上,即便上述证据与房产公司有关,该部分证据所涉宣传和讲解也应属要约邀请,故饶某某以此要求房地产公司承担违约责任,缺乏事实基础和法律依据,法院不予支持。②

---

① 参见浙江省金华市中级人民法院民事判决书,(2020)浙 07 民终 1953 号。

② 参见浙江省安吉县人民法院民事判决书,(2020)浙 0523 民初 3244 号。

从上述司法判例不难看出，销售广告中所提及的许诺仅是针对所售房屋的规划范围而言，如果商品房开发商在其发布的广告中宣称小区附近将建地铁、医院、购物中心、学校时，因为开发商根本不能代替政府进行决策，至于什么时候建造也不是开发商能决定的，购房者也应清楚这一点，所以该点往往不能被视为合同条款的一部分。

四、因销售说辞引起的合同纠纷

开发商将项目开发后，或自行聘请销售人员进行销售，或委托代理机构进行销售。无论何种情形，均是为了促进房地产项目销售，加快资金回笼。但销售人员在促进房地产项目销售的同时，为了促使购房人尽快签约，有时会做一些夸大的描述，等到购房人签约后收房时，发现开发商实际交付的房屋与销售人员描述的房屋不一致，便可能引起纠纷。

此类纠纷中，主要争议在于两个方面：一是销售人员的说法能否代表开发商对于拟交付商品房的承诺，即销售人员的说法是否构成表见代理；二是销售人员的说法能否被认定为要约。

依据《民法典》第171条的规定，销售人员是否能代表开发商，一方面，看销售人员是否有代理权的权利外观，即购房人客观上有理由相信销售人员有代理权；另一方面，看购房人对于销售人员的代理行为是否具有主观善意且无过错。

在确认销售人员有代理权的前提下，销售人员的说法是否构成要约，要依据《商品房买卖合同解释》第3条的规定进行认定。若销售人员的说法具体确定，并对商品房买卖合同订立及房屋价格有重大影响的，则构成要约。

实践中，购房人通常主张销售人员的承诺或说明能构成表见代理，理由是销售人员受开发商委派进行销售，且销售人员所做承诺或说明时的地点系在售楼处，若开发商交付的商品房无法达到销售人员承诺的交付标准，即应承担违约责任。

而开发商则认为，销售人员的承诺或说明不能构成表见代理，理由是销售人员所做的承诺或说明未经开发商许可或授权，且对于销售人员所做的承诺或说明开发商从未予以书面确认。

司法实践中，不同法院对此问题的裁判观点也不同。

一种观点认为，销售人员的承诺或说明不能构成表见代理。例如，在“耿某芳、某置业公司商品房预售合同纠纷案”中，法院认为，关于销售人员作出的赠送70平方米复式楼的承诺是否构成表见代理的问题，因赠送70平方米复式楼无论对开发商还是对购房者均是涉及重大利益的内容，仅以销售人员的口头承诺来约定，不能构成购房人相信销售人员有权代理开发商的事实和理由。购房人以承诺发生在售楼部以及购房款收据加盖了开发商的公章为由，主张销售人员的承诺构成表见代理不能成立。虽然开发商的销售人员曾向购房人作出过口头承诺，但未有充分证据证明销售人员的行为系获得开发商授权，销售人员超越代理权对外作出的承诺，事后未得到开发商追认，对开发商不产生效力。①

又如，在“康某与重庆某房地产开发公司商品房预售合同纠纷案”中，法院认为，销售人员在介绍房屋层高6.6米时表示，该层高是以拆墙顶挖地龙实现的，至于拆墙顶挖地龙是否合法、合规，购房人作为完全民事行为能力人，理应能够作出正确的判断。故虽然销售人员对于房屋层高6.6米作出承诺，但因购房人也有一定的过错，故销售人员的承诺并不构成要约，不属于合同内容。②

在“苟某与重庆某开发公司商品房预售合同纠纷案”中，二审法院认为，对于赠送空间的问题，双方在合同中并未进行约定，购房人在庭审中虽然举示了其他业主与销售人员的录音、证人证言等证据，主张案涉房屋投影下空间为赠送面积，支付的16万元系投影空间外2个车位的对价，但如此复杂的约定通过房屋销售人员口头承诺的方式完成，与常理不符，在开发商不予认可的情况下，原审法院对该口头承诺不予认定亦无不当。③

综合上述司法判例可知，法院认定销售人员的承诺或说明不构成表见代理，主要原因在于相对人并非善意无过失，均认为购房人作为完全民事行为能力人，在涉及商品房重大利益时仅依据销售人员的说辞，不审查销售人员是否有代理权、是否超越代理权和代理权是否超过期限等情形而直接主张构成表见代理，是不能支持的。

另一种观点认为，销售人员的承诺或说明能构成表见代理。例如，在“吕某、王某与杭州某房地产开发公司商品房预售合同纠纷案”中，购房时，销售人员在《信息确认表》（载明了优惠详情）上写明“如公司有再大的优惠会给到客户”，并有销售人员的签名；后续开发商推出更大优惠，购房人将开发商诉至法院要求适用更大优惠。法院认为，上述“如公司有再大的优惠会给到客户”未对时间作出限制性约定，

① 参见广西壮族自治区高级人民法院民事裁定书，(2020)桂民申3777号。
② 参见重庆市高级人民法院民事裁定书，(2019)渝民申3154号。
③ 参见重庆市高级人民法院民事裁定书，(2018)渝民申2178号。

作为开发商的工作人员，销售人员在履行职务过程中作出的承诺应由开发商承担责任，开发商若有更大的优惠，应当按照承诺给予购房人优惠。[①]

而在“柯某与宁波某置业公司商品房预售合同纠纷案”中，销售人员在销售房屋时，承诺购房人周边有拥有独立使用权的花园。后购房人起诉要求将独立使用权办理产权登记。法院认定该说明和允诺即使未载入商品房买卖合同，也应当视为合同内容的约定，销售人员的承诺属于合同内容。法律依据是《商品房买卖合同解释》第 3 条“商品房的销售广告和宣传资料为要约邀请，但是出卖人就商品房开发规划范围内的房屋及相关设施所作的说明和允诺具体确定，并对商品房买卖合同的订立以及房屋价格的确定有重大影响的，构成要约。该说明和允诺即使未载入商品房买卖合同，亦应当为合同内容”之规定。[②]

此外，在“番禺某房地产公司与罗某某等商品房预售合同纠纷案”中，购房人没有购房资格，销售人员在明知该情况的前提下，仍旧促成开发商与购房人签订《认购书》，后购房人因无购房资格要求解除认购书，并要求开发商退还已经支付的定金。法院认为，销售人员在已经知道购房人无购房资格的情况下，仍促使购房人签订《认购书》，基于开发商在购房交易中掌握着信息优势和签约地位优势等情况，判令开发商将购房定金退还业主。[③]

上述法院认定销售人员的承诺或说明构成表见代理的主要原因在于销售人员作出的承诺对于商品房买卖合同的订立具有重大影响，且承诺明确具体。

但是仔细分析不同裁判观点的案例，不难发现，法院在认定销售人员说法是否构成表见代理时，主要还是考量销售人员的说法本身，即销售人员所承诺的内容是否超出销售人员所能代理权限。对于哪些承诺超出销售人员代理权限，哪些承诺未超出销售人员代理权限，不同法院有不同裁判观点，这些不同的裁判观点背后实则是法院对于购房人与开发商利益平衡的考量。

笔者认为，销售人员的承诺或说明不能构成表见代理。

一方面，销售人员为了促进销售成交所做的承诺或说明并不能完全代表开发商的承诺或说明，若一味将销售人员的承诺或说明认定为构成表见代理，在开发商客观上无法实现该承诺或说明时，其必然面临违约风险以及违约带来的损失，不利

① 参见浙江省高级人民法院民事裁定书，(2015)浙民申字第 1457 号。
② 参见浙江省高级人民法院民事裁定书，(2016)浙民申 143 号。
③ 参见广东省高级人民法院民事裁定书，(2015)粤高法民一申字第 1429 号。

于保护开发商的合法权益。

另一方面，商品房不像其他商品，购房人在购房前应尽到自身的合理注意义务，全面审视所购商品房的有利因素和不利因素，而不能仅凭销售人员的承诺或说明就选择购买某一商品房。对于购房人有决定因素的购房特征，购房人应要求开发商写在商品房买卖合同中，对于商品房买卖合同中未约定的商品房特征，购房人不应予以信赖。

五、因销售现场公示材料引发的纠纷

房地产开发企业的销售渠道主要分为以下四大类：一是销售物料，如报刊广告、宣传单、网络广告、其他媒体广告、公司官网消息、微信公众号推文、短视频等宣传资料；二是销售说辞，如房地产公司自销团队或代理销售机构的销售说辞；三是销售案场；四是房地产公司供购房人参观的样板房。前述四类销售渠道对于促进商品房销售都有不可替代的作用，但同时这四类销售渠道引发的纠纷或风险也是不容小觑的。本部分仅就房地产销售现场的法律风险进行介绍与分析。

（一）各地对于商品房销售现场公示材料的规定

为了加强对商品房销售信息的监控管理，规范房地产企业对商品房销售现场信息的披露，保障购房人的知情权，2010 年 4 月 13 日，住房和城乡建设部发布《关于进一步加强房地产市场监管完善商品住房预售制度有关问题的通知》，对于房地产必须要在销售现场公开公示的材料进行了规定，其中提及，“房地产开发企业应将预售许可情况、商品住房预售方案、开发建设单位资质、代理销售的房地产经纪机构备案情况等信息，在销售现场清晰明示”，另规定了“对存在违法违规行为的，要责令限期整改，记入房地产信用档案，并可暂停商品住房网上签约；对拒不整改的，要依法从严查处，直至取消其开发企业资质，并将有关信息通报土地、税收、金融、工商等相关部门，限制其参加土地购置、金融信贷等活动”。

在此基础上，各地也出台了相应的商品房销售政策，对于房地产开发企业销售案场需要公示的材料进行细化，其中既有共性的部分，也有各地因地制宜的个性部分。

以杭州市、苏州市、无锡市、合肥市以及成都市为例，在这些城市中，均需要公示的是：房地产开发企业营业执照、房地产开发资质证书、商品房预售许可证、在售房源价格及销控表、已备案的商品房销售方案；委托销售情况下，还需要公布销售代理机构的营业执照以及备案证书。除此之外，杭州市、成都市、无锡市均要求公示物业临时管理规约或前期物业服务合同，合肥市和无锡市要求公布建筑节能信息，杭州市和无锡市要求公示在售商品房抵押权人同意销售商品房屋的证明材料、户型图、规划红线内外等不利因素、商品房预售资金监管银行和监管账号以及地下车库等相关信息，成都市另要求公示需要特别提示的购房政策等需要购房者注意的事项。在以上几个城市的公示材料中，杭州市要求公示的材料是最多的也是最详细的，苏州市要求公示的材料则是最少的。

（二）商品房销售现场未按规定公示材料的法律风险

房地产开发企业若不按照住房和城乡建设部以及所在市住房和城乡建设部门（或房管部门）规定的销售现场公示要求公示相应的材料，不仅要面临被行政处罚的风险，还有民事诉讼风险。

房地产开发企业若不按照有关部门规定在销售现场公示相应材料，轻则被有关部门责令整改，重则被限制网签销售甚至被纳入失信“黑名单”，影响后续购置土地以及住房销售。例如，蚌埠市《关于进一步规范商品房销售现场公示和代理销售行为有关事项的通知》规定，各级房地产主管部门在监督检查中发现有违法违规行为的，应视情节轻重对房地产开发企业、房地产经纪机构采取以下措施：(1)书面警示；(2)约谈企业负责人；(3)公开通报批评；(4)暂停网签销售；(5)计入信用档案，列入失信“黑名单”。

房地产开发企业若不按照有关部门规定在销售现场公示相应材料，有因未尽到提示义务而被购房人起诉的诉讼风险。例如，在“广州某房地产公司、钟某等商品房预售合同纠纷案”中，房地产开发企业变更了规划方案后，未在销售现场公示最终规划方案，也未更换相应的沙盘模型，使购房人依据变更前的规划方案和沙盘模型作出购房决定。即便商品房买卖合同中约定案涉房屋建设以最终规划为准，也不能免除其提前公示的告知义务，故该案经过一审、二审及再审，法院最终认定因销售现场公示的规划方案以及销售沙盘等宣传介绍资料对于购房人的购房选择有重大影响，而房地产开发企业未及时公示变更后的规划方案以及沙盘模型，判决房地产开发企业应承担建设情况与承诺不符的违约责任。[①]

① 参见广东省高级人民法院民事裁定书，(2020)粤民申6538－6540号。

第四章

商品房建设阶段有关纠纷

开发商与购房人从签订商品房买卖合同到实际交房、最终结算房款往往会经历较长的时间，在此期间，开发商有义务按照经批准的建设工程规划许可的内容以及建筑工程施工图设计文件、全装修住宅的室内装修工程施工图设计文件（如系全装修住宅）建设商品房，不得擅自变更。实践中，因开发商在商品房销售后擅自变更规划、设计引致的纠纷时有发生。此外，签订商品房买卖合同后，如遇到国家税收政策发生调整，购房人要求开发商调整商品房总价款引致的纠纷在商品房建设阶段亦很常见。本章拟就建设开发期间规划、设计变更和增值税税率发生调整的问题进行介绍和分析。

第一节　规划、设计变更引致的纠纷

鉴于现售商品房已经是竣工验收合格的商品房成品，基本上不存在销售后再进行规划、设计变更的可能性，而预售商品房在销售前已发生的规划、设计变更，因尚未签订商品房买卖合同，不存在开发商对购房人的合同义务，更不存在开发商向购房人书面通知的义务，因此开发商不需要向购房人承担规划、设计变更的责任。故本节讨论的商品房规划变更，是指就预售商品房，出卖人在与购房人签订完商品房买卖合同后、交付商品房前，对已批准的建设工程规划许可内容进行的变更；本节讨论的商品房设计变更，是指就预售商品房，出卖人在与购房人签订完商品房买卖合同后、交付商品房前，对建筑工程的施工图设计文件或全装修住宅的室内装修工程的施工图设计文件进行的变更。

一、商品房买卖合同关于规划、设计变更的约定

住房和城乡建设部和原国家工商行政管理总局（现国家市场监督管理总局）在2014年联合颁布了《商品房买卖合同示范文本》（建房〔2014〕53号），包括《商品房买卖合同（预售）示范文本》（GF－2014－0171）、《商品房买卖合同（现售）示范文本》（GF－2014－0172）。2018年2月6日，浙江省住房和城乡建设厅、原浙江省工商行政管理局在2014版《商品房买卖合同示范文本》的基础上制定了2018版《浙江省商品房买卖合同示范文本》（浙建〔2018〕2号），也包括预售合同示范文本和现售合同示范文本，其中，2018版《浙江省商品房买卖合同（预售）示范文本》第六章“规划设计变更”对规划变更和设计变更、开发商告知义务、购房人行使解除权等内容作了相关规定。

（一）关于规划变更的约定

2014版《商品房买卖合同（预售）示范文本》第14条第1款约定：“出卖人应当按照城乡规划主管部门核发的建设工程规划许可证规定的条件建设商品房，不得擅自变更。双方签订合同后，涉及该商品房规划用途、面积、容积率、绿地率、基础设施、公共服务及其他配套设施等规划许可内容经城乡规划主管部门批准变更的，出

卖人应当在变更确立之日起10日内将书面通知送达买受人。出卖人未在规定期限内通知买受人的,买受人有权解除合同。"

上述条款将商品房相关的规划用途、面积、容积率、绿地率、配套设施等规划许可内容的变更约定为开发商应当书面通知购房人的规划变更的范围,开发商未在规定的10日期限内履行书面通知购房人义务的,购房人将享有解除合同的权利。

2014版《商品房买卖合同(预售)示范文本》第14条第2款约定:"买受人应当在通知送达之日起15日内做出是否解除合同的书面答复。买受人逾期未予以书面答复的,视同接受变更。"

第3款约定:"买受人解除合同的,应当书面通知出卖人。出卖人应当自解除合同通知送达之日起15日内退还买受人已付全部房款(含已付贷款部分),并自买受人付款之日起,按照____%(不低于中国人民银行公布的同期贷款基准利率)计算给付利息;同时,出卖人按照全部房价款的____%向买受人支付违约金。买受人不解除合同的,有权要求出卖人赔偿由此造成的损失,双方约定如下:__________
____________。"

上述条款约定了购房人作出是否解除合同的书面答复的期限及购房人逾期不书面答复视同接受变更的法律后果,同时还约定了购房人选择解除合同或不解除合同情况下双方的具体权利义务及处理方式:(1)解除合同情况下,出卖人应返还购房人已付全部房款(含已付贷款部分),并支付利息以及违约金;(2)不解除合同情况下,出卖人应赔偿购房人损失。至于解除合同情况下出卖人应支付的利息标准、违约金标准以及不解除合同情况下出卖人的损失赔偿标准,则允许买卖双方自行具体约定。

(二)关于设计变更的约定

2014版《商品房买卖合同(预售)示范文本》第15条第1款约定:"双方签订合同后,出卖人按照法定程序变更建筑工程的施工图设计文件,涉及下列可能影响买受人所购商品房质量或使用功能情形的,出卖人应当在变更确立之日起10日内将书面通知送达买受人。出卖人未在规定期限内通知买受人的,买受人有权解除合同。1.该商品房结构形式、户型、空间尺寸、朝向;2.供热、采暖方式;3.__________
____________________……"

上述条款约定,将商品房结构形式、户型、空间尺寸、朝向、供热、采暖方式等可能影响购房人所购商品房质量或使用功能情形的设计变更（允许买卖双方增加约定有关情形）约定为开发商应当书面通知购房人的设计变更的范围，如开发商未在规定的10日期限内履行书面通知购房人义务，购房人将享有解除合同的权利。

2014版《商品房买卖合同（预售）示范文本》第15条第2款约定："买受人应当在通知送达之日起15日内做出是否解除合同的书面答复。买受人逾期未予以书面答复的，视同接受变更。"

第3款约定："买受人解除合同的，应当书面通知出卖人。出卖人应当自解除合同通知送达之日起15日内退还买受人已付全部房款（含已付贷款部分），并自买受人付款之日起，按照____%（不低于中国人民银行公布的同期贷款基准利率）计算给付利息；同时，出卖人按照全部房价款的____%向买受人支付违约金。买受人不解除合同的，有权要求出卖人赔偿由此造成的损失，双方约定如下：____________________。"

上述条款约定了购房人作出是否解除合同的书面答复的期限及购房人逾期不书面答复视同接受变更的法律后果，同时约定购房人选择解除合同或不解除合同情况下双方的具体权利义务及处理方式：(1)解除合同情况下，出卖人应返还购房人已付全部房款（含已付贷款部分），并支付利息以及违约金；(2)不解除合同情况下，出卖人应赔偿购房人损失。至于解除合同情况下出卖人应支付的利息标准、违约金标准以及不解除合同情况下出卖人的损失赔偿标准，则允许买卖双方自行具体约定。

近年来，随着商品房交易越来越多地采用全装修住宅交付的模式，部分地方在制定地方商品房交易示范文本时也对此予以关注并规范，如2018版《浙江省商品房买卖合同（预售）示范文本》在2014版《商品房买卖合同（预售）示范文本》的基础上细化，加入了与全装修住宅设计变更有关的约定："全装修住宅双方签订合同后，出卖人按照法定程序变更室内装修工程的施工图设计文件，涉及下列可能影响买受人所购商品房质量或使用功能情形的，出卖人应当在变更确立之日起10日内将书面通知送达买受人。出卖人未在规定期限内通知买受人的，买受人有权解除合同。1. 商品房使用分区和设计功能发生改变；2. 增加或减少室内楼梯的数量；3. 主要使用空间层高降低超过10%；4. ____________；5. ____________。"[①]该

① 参见2018版《浙江省商品房买卖合同（预售）示范文本》第16条第1项。

条款将全装修住宅中涉及商品房使用分区和设计功能发生改变、增加或减少室内楼梯的数量、主要使用空间层高降低超过10%等情形亦列为设计变更的范围,同时允许再另行填入其他有关情形,从而更加全面地规范全装修住宅交易模式,保障购房人利益。

二、关于规划、设计变更的争议

司法实践中,商品房规划、设计变更产生争议和纠纷的主要焦点问题包括:(1)争议的规划、设计变更是否属于应当书面通知购房人的规划、设计变更;(2)合同约定的或法律、法规、规章规定的规划、设计变更告知义务是否可以通过补充协议等另行约定的方式免除;(3)针对开发商的规划、设计变更违约行为,合同没有约定违约金数额或损失赔偿计算方法时如何确定损失赔偿数额。

(一)哪些规划、设计变更应当书面通知购房人

开发商在建设商品房过程中会基于各种原因进行调整,然而,并不是所有的调整都属于规划、设计变更,或者虽属于规划、设计变更但并不属于应当书面通知购房人的规划、设计变更。除商品房买卖合同约定外,《商品房销售管理办法》对应当书面通知购房人的规划、设计变更的情形也进行了规定。①

对于合同明确约定以及法律、法规、规章明确规定应当书面通知购房人的规划、设计变更情形,开发商往往主张其对商品房的规划、设计变更并不存在影响商品房质量或者使用功能情形的情况,变更并不涉及案涉购房人的商品房,没有对购房人造成实际的损害或影响,因此无须书面通知购房人。② 有的开发商则主张规划、设计变更给购房者带来了利益,即便开发商未履行告知义务也不构成违约。③

---

① 《商品房销售管理办法》第24条规定:“房地产开发企业应当按照批准的规划、设计建设商品房。商品房销售后,房地产开发企业不得擅自变更规划、设计。经规划部门批准的规划变更、设计单位同意的设计变更导致商品房的结构型式、户型、空间尺寸、朝向变化,以及出现合同当事人约定的其他影响商品房质量或者使用功能情形的,房地产开发企业应当在变更确立之日起10日内,书面通知买受人。买受人有权在通知到达之日起15日内做出是否退房的书面答复。买受人在通知到达之日起15日内未作书面答复的,视同接受规划、设计变更以及由此引起的房价款的变更。房地产开发企业未在规定时限内通知买受人的,买受人有权退房;买受人退房的,由房地产开发企业承担违约责任。”

② 参见湖南省岳阳市中级人民法院民事判决书,(2022)湘06民终1164号;湖北省宜昌市中级人民法院民事判决书,(2022)鄂05民终853号;浙江省宁波市中级人民法院民事判决书,(2014)浙甬民二终字第824号等。

③ 参见浙江省常山县人民法院民事判决书,(2017)浙0822民初2803号。

还有的开发商主张规划变更经政府审批，规划变更内容已通过政府的公示向购房人进行了通知，因此开发商的通知义务也已经履行。[①] 对于合同中事先已经约定但尚未经批准的规划、设计变更，在经批准后开发商是否需要书面通知购房人？开发商认为，合同已有约定即已经告知购房人，故在经批准后无须再次书面通知购房人。[②] 而购房人则往往认为开发商应按约定履行书面告知义务，否则即构成违约。

对于合同未明确约定以及法律、法规、规章未明确规定应当书面通知购房人的规划、设计变更情形（主要针对合同中概括性的约定及法律、法规、规章中涉及的概括性规定），争议在于是否属于“公共服务及其他配套设施等规划许可内容”“影响商品房质量或者使用功能的情形”，进而判断是否应当书面通知购房人。开发商往往会主张其对商品房的规划、设计变更并不属于法律规定或合同约定的应当书面通知购房人的规划、设计变更，并不存在影响商品房质量或者使用功能情形的情况，没有对购房人造成实际的损害或影响，进而认为其变更不构成违约。[③] 而购房人则往往认为，开发商没有按照合同的约定进行建设，存在影响商品房质量或者使用功能情形的情况，对其产生了损害，属于应当书面通知购房人的规划、设计变更，从而要求开发商承担违约责任。

（二）合同约定或法律、法规、规章规定的规划、设计变更告知义务是否可以通过补充协议等另行约定的方式免除

有的开发商为规避规划、设计变更责任或者简化程序，会与购房人签订补充协议或类似文件，对原来商品房买卖合同明确约定或法律、法规、规章规定的应书面告知购房人的规划、设计变更情形进行另行约定，限定规划、设计变更告知义务的范围、期限，或者排除一定条件下的告知义务。[④] 一旦发生争议，开发商往往以双方有明确约定为由进行抗辩，而购房人则往往主张有关约定系格式条款，因存在免除开发商责任、加重购房人责任、排除购房人主要权利的情形，属于无效条款。

---

① 参见云南省西双版纳傣族自治州中级人民法院民事判决书，(2014)西民二终字第 17 号。

② 参见浙江省杭州市中级人民法院民事判决书，(2015)浙杭民终字第 3157 号。

③ 参见云南省西双版纳傣族自治州中级人民法院民事判决书，(2014)西民二终字第 17 号。

④ 参见浙江省宁波市中级人民法院民事判决书，(2015)浙甬民二终字第 653 号；重庆市江津区人民法院民事判决书，(2016)渝 0116 民初 10369 号等。

(三)开发商的规划、设计变更违约行为,合同没有约定违约金数额或损失赔偿计算方法时如何确定损失赔偿数额

针对开发商的规划、设计变更违约行为,2014 版《商品房买卖合同(预售)示范文本》第 14 条第 3 项和第 15 条第 3 项约定了购房人解除合同及不解除合同情况下开发商的违约责任条款,针对解除合同的情况只需要填写利息以及违约金的具体标准,一般不会遗漏,即使开发商有意不填写,负责合同备案审查的市场监管部门也会要求其补充填写完整。而针对不解除合同时开发商的损失赔偿责任则以下划线的方式要求补充完整,给予了开发商更大的空间,往往开发商会简单填写赔偿损失或赔偿直接损失等,而不会填写具体的违约金数额或损失赔偿计算方法。[①] 当出现未约定明确的违约金数额或损失赔偿计算方法的情况时,多数开发商会主张变更没有给购房人造成实际损失,因此即便构成违约也无须承担赔偿责任,并且如购房人认为造成了实际损失,应由购房人承担举证责任,如购房人不能举证,则应承担举证不能的后果。而购房人则会主张参照合同约定的其他违约责任条款,或自行确定一个赔偿金额,或者申请通过鉴定等方式确定损失,要求开发商进行赔偿。

三、关于规划、设计变更争议的司法处理

司法实践中,法院对上述争议问题存在不同的裁判观点。

(一)哪些规划、设计变更应当书面通知购房人

对于合同明确约定以及法律、法规、规章明确规定应当书面通知购房人的规划、设计变更情形,法院往往认为书面通知购房人规划、设计变更属于开发商的义务,如开发商未履行通知义务,则构成违约,应当承担相应的违约责任。

在"步某与杭州某房地产公司商品房预售合同纠纷案"中,法院认为,双方合同第 11 条规划设计变更的约定为:经规划设计单位同意、规划行政主管部门批准的规划设计变更,导致商品房结构形式、户型、空间尺寸、朝向变化,影响商品房质量或使用功能等,出售方应当在有关部门批准同意之日起 10 日内,书面通知购房人。购房人有权在通知到达之日起 15 日内作出是否退房的书面答复,未按期作出书面答复

---

① 当然这种情况也不是绝对的,笔者服务的部分开发商在将商品房买卖合同文本提交市场监管部门备案审查时,已经有部分市场监管部门要求必须填写明确的违约金金额,否则不予通过备案审查。

的，视同接受变更。若出售方未在规定时限内通知购买方，购买方有权退房。现开发商经相关政府部门同意后，调整卫生间外墙致使卫生间面积扩大，露台面积减少。规划变更后，开发商并未按合同的约定向购房人书面告知规划变更的事项，构成违约，由此产生的不利法律后果应由开发商承担，购房人有权要求退房。① 该案中还有一个特殊情况，开发商将尚未经批准的规划、设计变更的内容载于买卖双方签订的商品房买卖合同附件一的房屋平面图中，购房人也已在该房屋平面图上签字确认，开发商据此主张签订合同的时候已经告知购房人此项变更，之后就是依照相关政府部门的流程办理，无须再另行书面告知购房人。而法院认为，开发商并未告知购房人所签订的合同附件一的图纸就是规划变更修改后的内容，直到购房人的母亲要求政府信息公开后才知道变更规划修改所涉及的内容，虽然购房人签订合同时已经在合同附件一的房屋平面图上签字，但不能免除开发商的告知义务，由此产生的不利法律后果应由开发商承担。②

对于合同未明确约定以及法律、法规、规章未明确规定应当书面通知购房人的规划、设计变更情形，法院会重点考察是否属于合同中概括性的约定及法律、法规、规章中涉及的概括性的规定范围，即是否属于“公共服务及其他配套设施等规划许可内容”“影响商品房质量或者使用功能的情形”，是否“实质上影响购房人的权利”，进而判断开发商是否应当书面通知购房人、开发商未书面通知是否构成违约。

例如，在“张某知、中建三局宜昌某公司商品房销售合同纠纷案”中，法院认为，案涉楼栋的规划许可历经两次变更，均在案涉合同签订之后，开发商没有提交证据证明向购房人履行了书面告知义务，虽然开发商辩称两次变更均不涉及商品房本身，其无书面告知义务，但购房人所购商品房并非独立存在的个体，整个楼栋设计规划的变更，包括取消配电房使用性质、建设规模（建筑面积）的变更，理应属于《宜昌市商品房买卖合同》第 14 条约定的应当书面告知的内容范围。③

又如，在“西双版纳某公司与唐某香商品房预售合同纠纷案”中，一审法院认为，本案预售房屋的规划、设计变更虽然经得了相关部门批准、同意，但是购房人对

① 另可参见：浙江省衢州市中级人民法院民事判决书，（2021）浙 08 民终 210 号；浙江省湖州市南浔区人民法院民事判决书，（2022）浙 0503 民初 136 号；重庆市第一中级人民法院民事判决书，（2009）渝一中法民终字第 355 号；湖南省岳阳市中级人民法院民事判决书，（2022）湘 06 民终 1164 号等。法院判决均认为开发商构成违约。

② 参见浙江省杭州市中级人民法院民事判决书，（2015）浙杭民终字第 3157 号。

③ 参见湖北省宜昌市中级人民法院民事判决书，（2022）鄂 05 民终 853 号。

预售房屋的设计、规划变更享有知情权，进而在知晓变更事由后享有是选择继续买房还是退房的权利，而开发商未将该变更事由通知购房人，影响了其知情权、选择权的行使；并且购房人所居住房屋的单元由原设计的平行布置变更为错落布置，房屋回车场的位置、出入的通道发生了变更，在一定程度上影响了购房人的居住、通行。开发商的行为侵犯了购房人的合法权益，应该承担相应的违约责任。二审法院则进一步认为，诚实信用原则是合同当事人应当遵循的基本原则，根据该原则，通知义务作为合同的附随义务，即使合同未约定也应当履行。开发商没有履行通知义务违背了合同的附随义务，构成了违约，应承担相应的违约责任。开发商认为规划内容已通过政府的公示向购房人进行了通知，但未提交任何证据予以证明，故法院不予采信。①

而在“张某与宁波某公司商品房预售合同纠纷案”中，法院认为，从合同约定来看，房屋规划设计变更后的告知义务，涉及导致该商品房结构形式、户型、空间尺寸、朝向变化（一般为影响购房人所购商品房质量或使用功能等）的情况，即应与该房屋紧密相关，而公共大厅的结构变化显然不属于合同约定的告知义务涉及的情况，不在需要开发商书面告知的范围内。从公共大厅的结构来看，系电机房建设导致21层大厅部分地面凸出一定高度，未发现该凸出部分对房屋质量或使用功能产生影响，不影响购房人所购“商品房结构形式、户型、空间尺寸、朝向变化”。从法律规定来看，购房人行使合同解除权应以开发商违约并导致合同目的不能实现为依据，但从合同约定看，开发商并未违约，公共大厅地面因电梯机房导致的凸出对公共大厅整体结构并未产生根本性影响，也没有影响房屋的质量和使用功能并致合同目的不能实现，故购房人所提出的解除事由亦不符合法定的解除事由。②

在“黄某诉温州某置业公司商品房预售合同纠纷案”中，购房人主张开发商拟交付的商品房存在擅自变更设计、与原宣传承诺的品质不符的情形。法院查明，涉及购房人所在房屋楼幢的设计变更包括调整屋面保温材料、烟道位置、更改电梯门井洞、管道井移位、调整局部阳台栏杆做法等内容。法院认为，开发商的设计变更不存在导致商品房结构形成、户型、空间尺寸、朝向变化等影响购房人所购商品房质量或使用功能的情况，不属于《商品房买卖合同》第11条约定的应当在有关部门批

① 参见云南省西双版纳傣族自治州中级人民法院民事判决书，(2014)西民二终字第17号。

② 参见浙江省宁波市中级人民法院民事判决书，(2014)浙甬民二终字第824号。

准同意之日起 10 日内书面通知购房人的情形。①

(二)合同约定的或法律、法规、规章规定的规划、设计变更告知义务是否可以通过补充协议等另行约定的方式免除

针对免除开发商规划、设计变更告知义务的另行约定的效力,实践中,法院的观点并不统一。

例如,在"黄某英与重庆市某置业公司商品房销售合同纠纷案"中,买卖双方签订的《重庆市商品房买卖合同补充协议》中关于规划变更、设计变更的特别约定,将开发商对房屋进行的优化设计或变更,不需要政府审批的规划变更、设计变更情况等列入开发商可不通知购房人的范围,并约定购房人同意不以此为由要求开发商退房或承担责任。但法院认为,该补充协议是开发商为了重复使用而预先拟定,且在订立合同时未与购房人协商的条款,系格式条款,不能作为开发商免除案涉房屋设计变更告知义务的抗辩理由。而提供格式条款一方免除其责任、加重对方责任、排除对方主要权利的,该条款无效,且采用格式条款订立合同的,提供格式条款的一方应当遵循公平原则确定当事人之间的权利和义务,并采取合理的方式提请对方注意免除或者限制其责任的条款,按照对方的要求,对该条款予以说明。虽然开发商对补充协议中的免除或限制其责任的条款加有下划横线,但开发商没有提供证据证明对该条款作出了合理的重要提示,该免除或限制其责任的条款无效。②

而在"某置业公司与孙某芬商品房预售合同纠纷案"中,针对《商品房买卖合同》第 11 条"规划设计变更的约定",补充合同第 8 条约定将《商品房买卖合同》第 11 条中"设计变更"限定为"仅指合同生效后,出卖人对合同附件一'房屋平面图'明示的内容因改动而发生的变化"。法院认为,案涉《商品房买卖合同》及其补充协议均系双方当事人的真实意思表示,且未违反法律、行政法规的强制性规定,应属合法有效,故双方当事人均应按约履行。虽双方当事人在《商品房买卖合同》第 11 条中约定,经规划设计单位同意、规划行政主管部门批准的规划设计变更,导致该商品房结构形式、户型、空间尺寸、朝向变化的,开发商应当在有关部门批准同意之日起 10 日内书面通知购房人。但补充协议第 8 条另载明《商品房买卖合同》第 11 条中的设计变更仅指合同生效后,开发商对合同附件一即"房屋平面图"明示的内

① 参见浙江省温州市瓯海区人民法院民事判决书,(2014)温瓯民初字第 564 号。
② 参见重庆市江津区人民法院民事判决书,(2016)渝 0116 民初 10369 号。

容因改动而发生的变化。因此，双方当事人约定的设计变更应以“房屋平面图”为准予以认定。①

（三）针对开发商的规划、设计变更违约行为，合同没有约定违约金数额或损失赔偿计算方法时，如何确定损失赔偿数额

对于这个问题，法院拥有相当的自由裁量权，法院主要考虑开发商的规划、设计变更违约行为是否实质上对购房人使用房屋造成影响、是否导致购房人损失，参照法律、法规规定，合同约定的其他违约责任条款，并结合考虑房屋价款、开发商违约可获得的利益、开发商过错程度等因素，综合确定是否赔偿以及赔偿情况下的损失赔偿数额。

在“邵某与岳阳市某房地产公司商品房预售合同纠纷案”中，一审法院认为，根据查明的事实，确定地上车位规划确实进行了变更，开发商也未书面通知购房人。根据双方签订的合同第 14 条规划变更的约定，开发商擅自变更涉及购房人商品房的规划设计，购房人不要求解除合同的，开发商对购房人造成的实际损失进行赔偿。由于本次车位的规划变更并未导致地上车位数量减少，购房人未举证证明该车位的规划变更对其造成的实际损失，故对于购房人该请求不予支持。二审法院进一步认为，合同所约定的“擅自”变更，是指开发商未经规划行政部门批准进行的变更，而不是变更须经购房人许可。根据《民法典》第 577 条的规定，若购房人认为开发商变更规划设计造成了其损失，便应当提供其相关损失的证据；在未提交证据证明损失的情况下，其仅以开发商“擅自”变更、未履行变更告知义务为由主张违约赔偿，没有事实和法律依据。②

在“刘某兵与唐某凤商品房销售合同纠纷案”中，购房人认为，开发商擅自变更案涉房屋层高且未书面通知购房人构成违约，要求开发商按照合同处理面积误差的约定计算开发商应承担的损失赔偿金额。法院认为，在确定赔偿损失时，因双方未对层高不足造成的损失如何计算进行约定，现行法律、法规对层高不足造成的损失的计算方式、处理原则亦未作明确规定；而《商品房买卖合同解释》（2003 年）第 14 条规定了出卖人交付使用的房屋套内建筑面积或者建筑面积与商品房买卖合同

---

① 参见浙江省宁波市中级人民法院民事判决书，（2015）浙甬民二终字第 653 号。

② 参见湖南省岳阳市中级人民法院民事判决书，（2022）湘 06 民终 1164 号。

约定面积不符的处理方式[①],双方在商品房买卖合同中也作了相同的约定。购房人完全据此计算层高不足的损失金额,有部分参照意义,但存在不尽合理之处。首先,房屋价值受到诸多因素的影响,如坐落位置、周边环境、交通情况、开发商品牌、小区规划等,但决定房屋价值最主要的因素是土地取得成本、土建成本、管理成本等开发成本和开发利润等,而土地成本主要通过面积体现,因此房地产交易市场的交易习惯也是按照房屋面积与房屋单价的积来确定房屋总价。其次,在层高达到国家标准层高的前提下,房屋高度的降低虽然会对房屋的使用功能、舒适度产生影响,亦会对建筑成本等有一定影响,但其对使用性能的影响显然小于面积对使用性能的影响,对房屋总价的影响权重显然也小于房屋面积对房屋总价的影响权重。因此,如果将面积误差对房屋总价的影响权重系数确定为1,那么层高误差对房屋总价的影响权重系数则酌情确定为0.6为宜。[②]

在"成某与重庆某房地产公司房屋买卖合同纠纷案"中,法院认为,开发商擅自变更规划许可超建楼层,导致购房人所购买房屋的实际居住环境和综合使用条件发生改变,违反了合同约定,属于违约行为。因开发商的违约行为,楼盘增加48套住宅,容积率提高,住户数量增加,客观上导致购房人所购房屋的居住环境和使用条件变差,房屋价值相对下降。开发商违反诚实信用原则,履行合同义务不符合约定,已经给购房人造成了损失,依法应当予以赔偿。由于购房人的损失数额难以确定,综合购房人遭受损害程度、开发商违约超建行为可能获得的利益等因素,酌情确定赔偿数额。[③]

在"史某萍、周某丰等商品房销售合同纠纷案"中,法院认为,开发商未提供已就案涉设计变更向购房人发出通知的证据,故可以认定为开发商交付设计变更后的房屋给购房人不符合双方合同约定。该设计变更降低了案涉房屋的使用功能,

① 2003年发布的《商品房买卖合同解释》第14条规定:"出卖人交付使用的房屋套内建筑面积或者建筑面积与商品房买卖合同约定面积不符,合同有约定的,按照约定处理;合同没有约定或者约定不明确的,按照以下原则处理:(一)面积误差比绝对值在3%以内(含3%),按照合同约定的价格据实结算,买受人请求解除合同的,不予支持;(二)面积误差比绝对值超出3%,买受人请求解除合同、返还已付购房款及利息的,应予支持。买受人同意继续履行合同,房屋实际面积大于合同约定面积的,面积误差比在3%以内(含3%)部分的房价款由买受人按照约定的价格补足,面积误差比超出3%部分的房价款由出卖人承担,所有权归买受人;房屋实际面积小于合同约定面积的,面积误差比在3%以内(含3%)部分的房价款及利息由出卖人返还买受人,面积误差比超过3%部分的房价款由出卖人双倍返还买受人。"2020年修正的《商品房买卖合同解释》删除了原第14条的规定。

② 参见浙江省衢州市中级人民法院民事判决书,(2021)浙08民终210号。

③ 参见重庆市第一中级人民法院民事判决书,(2009)渝一中法民终字第355号。

开发商交付设计变更后的房屋给购房人不符合双方合同约定,购房人可随时就开发商未按约交付房屋主张权利。开发商应就该设计变更行为赔偿购房人的各项实际损失。综合考虑开发商变更设计对购房人的影响及其过错和购房人的实际损失,酌定被告赔偿购房人各项损失131,771.7元。①

四、关于规划、设计变更争议的倾向性意见

规划、设计变更往往对购房人购买的房屋造成较大影响,主要体现在对小区品质、公共服务功能及配套设施的影响,甚或直接影响所购商品房质量或使用功能。这也是法律、法规以及各地出台的商品房买卖合同示范文本对该类行为进行重点规范的原因。从司法实践的倾向看,司法机关也结合开发商发生此类行为时是否违反法律、法规规定及合同约定,以及是否对购房人产生法律上的损害或影响等因素进行考量,进而认定是否构成违约、是否需要承担违约责任。

笔者认为,判断是否属于开发商应当书面通知购房人的规划、设计变更,在有明确法律、法规规定或合同有明确约定应书面通知的情况下,并不需要考虑未通知是否会导致购房人损失的后果,甚至哪怕这种变更会导致购房人受益,也应当直接认定开发商未履行通知义务即构成违约。在法律、法规未有明确规定,合同也未有明确约定应书面通知的情况下,则需要进一步考察涉及的规划、设计变更是否落入法律、法规概括性规定或合同概括性约定的范畴,具体判断的标准应从宽掌握,应当对开发商赋以更为严格的通知义务,对购房人给予相对倾斜的保护,这不仅是诚信原则的体现,也是保障购房人知情权和选择权的需要。当然,并不是所有的规划、设计变更均需要履行书面通知义务,从宽掌握并不是没有标准或原则,是否属于"公共服务及其他配套设施等规划许可内容""影响商品房质量或者使用功能的情形",是否实质上影响购房人的权利,必须以一个客观合理人的标准衡量,结合生活常识、交易惯例等实际情况综合研判,而不能仅以购房人个人好恶等主观因素为依据。另外,如存在开发商利用制定格式条款的便利,通过补充协议等形式限缩通知义务范围、免除或减轻开发商违约责任等情况,则应区分实际情况,严格审查是否存在格式条款的无效情形。

针对开发商的规划、设计变更违约行为,购房人可以根据合同约定主张权利。

① 参见浙江省湖州市南浔区人民法院民事判决书,(2022)浙0503民初136号。

在合同没有约定违约金数额或损失赔偿计算方法时，对于购房人而言，往往其损失难以量化，且较难以组织证据举证损失，如简单依据“谁主张，谁举证”原则要求购房人承担举证不能的不利后果，对购房人较为不利，不符合公平和诚信原则，无疑是对违约行为的纵容，不符合司法的价值取向，且与商品房其他纠纷类似，规划、设计变更纠纷也容易引发群体性事件，简单驳回处理不仅起不到定分止争的效果，反而容易激化矛盾。因此，除客观上确实对购房人不存在影响，或购房人客观上受益的情形外，其他情况下应根据规划、设计变更违约行为对购房人造成的影响或损害程度，结合开发商过错程度、房屋价值等因素综合考量，给予相对公平的赔偿。这符合司法利益衡平的考量，对督促开发商诚信履约也可起到正向引导作用，亦有利于规范房地产市场秩序。根据笔者经验，各地的监管部门对商品房买卖合同的备案审查日趋严格，针对规划变更有关损失赔偿允许的自由约定也提出了更为具体的要求，例如，浙江省杭州市某区的市场监督管理部门针对2018版《浙江省商品房买卖合同（预售）示范文本》第15条、第16条第3款[①]规定的不解除合同情况下出卖人的损失赔偿标准，在审查时即明确要求约定具体的违约金标准。

第二节　增值税税率调整引致的纠纷

近年来，税收政策作为宏观调控的有效手段被广泛使用。根据财政部、国家税务总局2016年3月23日发布的《关于全面推开营业税改征增值税试点的通知》（财税〔2016〕36号）的规定，自2016年5月1日起，在全国范围内全面推开营业税改征增值税试点，建筑业、房地产业等全部营业税纳税人纳入试点范围，由缴纳营业税改为缴纳增值税，其中销售不动产增值税税率为11%。2018年4月4日，财政部、国家税务总局发布《关于调整增值税税率的通知》（财税〔2018〕32号），规定自2018年5月1日起，纳税人发生增值税应税销售行为或者进口货物，原适用17%和11%税率的，税率分别调整为16%和10%。2019年3月20日，财政部、国家税务总局、海关总署发布《关于深化增值税改革有关政策的公告》，规定自2019年4月1日起，增值税一般纳税人发生增值税应税销售行为或者进口货物，原适用16%税率和

① 对应2014版《商品房买卖合同（预售）示范文本》第14条、第15条第3款。

10%税率的,税率分别调整为13%和9%。

而开发商与购房人从签订商品房买卖合同到实际交房、最终结算房款往往会经历较长的时间,其间国家税收政策发生调整导致增值税税率调整时,购房人可否以增值税税率下调为由要求开发商调整商品房总价款并退回增值税税率下调导致的税款差额? 这一问题引致的纠纷在实践中时有发生。本节拟就建设开发期间增值税税率发生调整的问题进行介绍和分析。

一、《商品房买卖合同》关于商品房价款和税费的约定

2014版《商品房买卖合同(预售)示范文本》第6条约定了商品房的计价方式和价款。根据该条的约定,商品房价款既可以按照(套内)建筑面积与每平方米单价的乘积计价,也可以直接约定整套商品房总价款,还可以由买卖双方自由约定。2018版《浙江省商品房买卖合同(预售)示范文本》进一步增设了商品房总价与分价形式,买卖双方可以选择两种说明商品房价款内容的方式,其中分价形式将装修部分价款另行单独约定。[①] 根据2014版《商品房买卖合同(预售)示范文本》第7条和第8条的约定,商品房价款的计价方式、总价款、付款方式及期限的可以在附件四中再进行具体约定。

有关税费的约定,2014版《商品房买卖合同(预售)示范文本》仅在第23条约定:"双方应当按照国家的有关规定,向相应部门缴纳因该商品房买卖发生的税费。因预测面积与实测面积差异,导致买受人不能享受税收优惠政策而增加的税收负担,由__________承担。"该约定对税费承担的责任进行了分配,并没有涉及发生增值税税率调整情况时的具体处理方式。

二、关于增值税税率下调是否应退还税款差额的争议

对于该问题,购房人认为商品房总价款应相应调整,开发商应该将因增值税税率下调产生的税额差退还。购房人的主要理由在于:其一,商品房买卖合同中约定的合同价款由不含税价款和税额两部分组成,当增值税税率下调后,房屋的不含税价款并未发生变化,依据不含税价款计算出来的增值税税款则相应减少了,商品房总价款应做相应调整,差额应退还给购房人。其二,税额减少意味着商品价格可以

① 参见2018版《浙江省商品房买卖合同(预售)示范文本》第7条第2项。

进一步降低，虽然开发商系纳税义务人，但实际税负承担人却是购房人，按照增值税的原理，增值税是一种间接税，可以转嫁，纳税人可以将其承担的部分纳入价格中转嫁给购房人。作为最终的纳税主体，购房人理应享受国家减税政策带来的商品房降价优惠。[①] 还有购房人认为，开发商通过与购房人约定不含税价款来锁定企业利润，将增值税的缴纳义务转嫁给购房人，由购房人承担增值税税率上调的风险。但增值税税率下调导致开发商缴纳的增值税额降低，开发商应当退还多预收的增值税额。开发商在已经通过不含税总价明确企业利润的情况下，非法占有购房人预缴纳的增值税额，而增值税的受益人只能是国家财税不能是企业，因增值税税率下调所获收益属于不当得利，应该按照法律规定予以退还。[②]

而开发商抗辩的主要理由有如下几点：其一，商品房买卖合同没有对税率调整、总房价可以变动等进行明确约定，约定的是价税合一的总价款，是按单价乘以建筑面积的计价方式计算总价的。其二，商品房含税总价并不是通过不含税价加税额计算出来的，而是根据单价与建筑面积结合得出，其中不含税总价系通过已经确定的合同总价和各税种适用税率计算得出，不含税价格并非交易价格，在商品房总价计算中写明不含税总价的本意是按该写明金额可减少双方印花税额的计税依据。其三，开发商销售商品房发生增值税应税行为，产生的增值税由开发商缴纳，开发商是案涉增值税纳税义务人，购房人非增值税纳税义务人，因此增值税的税率、税额变化系开发商销售商品房的固有商业风险，因增值税税率下调带来的税收获益应由开发商享有。同样地，若增值税税率上调，对商品房的总价款亦无影响。其四，国家出台降税措施的直接目的是减轻企业税负，激发企业活力，该项政策的直接受益人应是企业，并不意味着企业已签订的合同必须重新核算合同价格。[③]

---

① 参见浙江省台州市中级人民法院民事判决书，(2020)浙10民终1909号；浙江省杭州市中级人民法院民事判决书，(2019)浙01民终9830号；浙江省杭州市中级人民法院民事判决书，(2019)浙01民终5205号；浙江省余姚市人民法院民事判决书，(2018)浙0281民初13045号等。

② 参见浙江省杭州市中级人民法院民事判决书，(2019)浙01民终5205号。

③ 参见浙江省台州市中级人民法院民事判决书，(2020)浙10民终1909号；浙江省杭州市中级人民法院民事判决书，(2019)浙01民终9830号；浙江省杭州市中级人民法院民事判决书，(2019)浙01民终5205号；浙江省余姚市人民法院民事判决书，(2018)浙0281民初13045号等。

三、关于增值税税率下调的司法处理

(一)法院观点

对于增值税税率下调是否应相应调整商品房总价款并退还购房人因增值税税率下调导致的税款差额的问题,司法实践中法院的观点较为统一,即商品房买卖合同履行过程中增值税税率下调的,商品房总价款不应作相应调整,开发商无须退还购房人税款差额。[①]

例如,在"沈某、施某佳商品房预售合同纠纷案"中,法院认为,(1)《商品房买卖合同》约定了商品房的计价方法,即房屋总价款以建筑面积乘以每平方单价来确定,除了合同第6条约定的存在面积差异原因进行调整外,未有其他变动商品房总价款的约定。双方已通过商品房买卖合同作出固定商品房总价款的约定。合同中并没有关于增值税税率若发生调整,商品房销售总价亦发生变化的约定,即购房人需要支付给开发商的总房款是明确的。[②] (2)购房人购买案涉商品房的增值税包含在商品房总价款中,而增值税是以商品(含应税劳务)在流转过程中产生的增值额作为计税依据而征收的一种流转税。从计税原理上说,增值税是对商品生产、流通、劳务服务中多个环节的新增价值或商品的附加值征收的一种流转税。开发商销售案涉房屋后,发生了增值税应税销售行为,应当缴纳增值税,故增值税的纳税义务人为开发商并非购房人。(3)在没有降税即降价明确约定的情形下,开发商是否缴税,缴税的具体金额、种类对于商品房总价款不产生任何影响。换言之,如果增值税税率并非下调而是上调,对商品房总价款亦无影响。开发商系基于国家增值税税率的调整而减税,该减税获益具有国家税收政策的调整依据,亦不构成购房人所称

---

① 持同样观点的判决还有:浙江省金华市中级人民法院民事判决书,(2020)浙07民终2785号;浙江省台州市中级人民法院民事判决书,(2020)浙10民终1909号;安徽省芜湖市弋江区人民法院民事判决书,(2020)皖0203民初879号;浙江省杭州市中级人民法院民事判决书,(2019)浙01民终9830号;浙江省杭州市中级人民法院民事判决书,(2019)浙01民终5205号;浙江省余姚市人民法院民事判决书,(2018)浙0281民初13045号等。

② 参见浙江省金华市中级人民法院民事判决书,(2020)浙07民终2785号:法院认为,案涉商品房的交易价格根据房屋建筑面积与单价的乘积予以确定。该计价方式符合此类商品房买卖的交易习惯。另可参见浙江省杭州市中级人民法院民事判决书,(2019)浙01民终5205号:法院也认为,案涉商品房类型的交易价格根据面积与单价的乘积予以确定系该类商品房买卖的交易惯例,双方当事人亦是按照双方主合同所约定的计价方式实际进行了履行,而根据税率的变动调整房屋交易价格的观点,显然不符合现行此类商品房交易的惯例。

非法获益。①

在“黄某君、潘某芬商品房预售合同纠纷案”中，法院还进一步对补充协议约定不含税价格和增值税税额进行了论述，认为案涉补充协议关于不含税价格和增值税税额的约定，系双方在固定购房总价的基础上，适用当时的税率后计算出的不含税价，该不含税价系双方在固定总价款的前提下，对适用税率的列明，属于双方对税种、开票种类的约定，仅是对合同房款组成因素的客观罗列和说明，不能视为对合同房款总价或者房款计价方式的变更，亦不具有降税即降价的意思表示。②

在“余某、金华市某房地产公司商品房预售合同纠纷案”中，法院则进一步阐明，“营改增”后，根据计税政策，如合同所载金额和增值税分开注明的，则契税、印花税等均按不含增值税的合同金额确定计税依据；未分开注明的，以合同所载金额为计税依据，故买卖双方均有在合同中分开载明价款和增值税的利益驱动。本案双方当事人应该也是基于减少计税基数的目的而在补充协议中对不含税价款和增值税进行罗列和说明，而并非对购房人应当支付给开发商的实际房款进行变更。③

此外，有的法院还从国家降低增值税税率的政策目的方面进行论述，认为国家降低增值税税率的直接目的是给企业减轻税负，激发企业活力。④ 还有的法院从维护交易稳定的角度出发，认为商品房等不动产属于家庭大额财产，不动产买卖事宜关系重大，其中房屋交易价格是房屋买卖合同中的重要内容之一。通过合同作出固定总价款的约定，既有利于保障交易双方的权利，也有利于维护商品房交易秩序的稳定。⑤

（二）意见与建议

笔者认为，首先，商品房总价款根据房屋建筑面积与单价的乘积予以确定，当

---

① 参见浙江省杭州市中级人民法院民事判决书，(2019)浙01民终9830号；类似观点可参见浙江省杭州市中级人民法院民事判决书，(2019)浙01民终5205号。

② 参见浙江省台州市中级人民法院民事判决书，(2020)浙10民终1909号。

③ 参见浙江省金华市中级人民法院民事判决书，(2020)浙07民终2785号。

④ 持同样观点的判决还有：浙江省金华市中级人民法院民事判决书，(2020)浙07民终2785号；安徽省芜湖市弋江区人民法院民事判决书，(2020)皖0203民初879号；浙江省余姚市人民法院民事判决书，(2018)浙0281民初13045号等。

⑤ 持同样观点的判决还有：浙江省台州市中级人民法院民事判决书，(2020)浙10民终1909号；浙江省杭州市中级人民法院民事判决书，(2019)浙01民终5205号；浙江省余姚市人民法院民事判决书，(2018)浙0281民初13045号等。

实测绘建筑面积与约定的预测绘建筑面积不一致时，商品房总价款可以进行补差调整，除此之外不予调整，这已经是行业惯例。开发商和购房人通常会在补充合同或附件中根据签订合同时适用的增值税税率进一步约定不含税价格和增值税税率及增值税税额，其目的是明确契税、印花税等计税依据，避免今后产生税务风险，并非对购房人应当支付给开发商的实际房款进行变更。

其次，在开发商与购房人的商品房交易中，开发商才是增值税纳税义务主体。自国家推行“营改增”政策以来，为应对经济下行压力、优化经济结构、激发市场活力，国家实施调降增值税税率的优惠政策，其直接目的系给作为增值税纳税义务人的企业减轻税负，从长远来看也必将产生一系列的积极效应，惠及消费领域和广大消费者。另外，增值税税率的增减以及税额的变化，均是企业作为纳税义务人应承担的商业风险，与购房人无直接关系。

开发商与购房者发生上述纠纷，主要原因为商品房买卖合同未明确约定增值税税率变动是否调整商品房含税总价款，当增值税税率发生下调时，开发商在商品房总价款不变的情况下直接相应调高了商品房不含税价格、调低了增值税税额并据此开具增值税发票，导致与原约定的商品房不含税价格和增值税税额不相符，从而引起购房人的不满和误解。① 为了避免纠纷并降低税务风险，笔者建议在商品房买卖合同或其附件中明确约定以下内容：

(1)明确约定合同约定的商品房总价款为含增值税价款；

(2)明确约定适用的增值税税率，以及不含税价格和增值税税额，同时明确约定不含税价格的计算公式为商品房总价款÷(1+增值税税率)，增值税税额的计算公式为不含税价格×增值税税率；

(3)明确约定合同生效后如遇增值税税率调整，合同约定的商品房总价款不变，开发商按最新增值税税率开具发票。

---

① 参见浙江省金华市中级人民法院民事判决书，(2020)浙07民终2785号。法院特别指出，开发商提供的合同条款存在含义模糊之处，在税率有变化时容易引发合同双方对房屋实际交易价格的争议，应引以为戒，及时对相关条款予以调整和明确。

第五章

交付使用纠纷

商品房交付，是商品房出卖人履行商品房买卖合同的重要义务，交付阶段前后承接着施工阶段和物业管理阶段，同时也因为房屋的交付使用、转移占有，买受人通过查验和居住使用，发现了房屋户型、面积、质量、基础设施和配套等与合同约定不一致的地方，由此产生纠纷。另外，交付程序、交付时间等也容易导致纠纷。因此，交付环节也是买受人和出卖人之间产生争议最多的环节之一。

本章围绕交付条件、交付标准和交付时间三个方面，就交付引发的纠纷展开讨论。

第一节 交付条件

一、交付的法定条件和约定条件

《商品房买卖合同解释》第 8 条第 1 款规定："对房屋的转移占有，视为房屋的交付使用，但当事人另有约定的除外。"此处的"交付"和《城市房地产管理法》第 27 条第 2 款规定的"房地产开发项目竣工，经验收合格后，方可交付使用"中的"交付"属于同一概念，与物权变动理论中不动产登记产生所有权转移法律效果的交付分属两个概念层面和立法目的。为清晰区分，前述法律和司法解释均采取了"交付使用"的表述，但也有直接用"交付"等同于"交付使用"之处，[①]在《商品房销售管理办法》等规章里也有简称为"交付"的情形出现。笔者理解，凡此类情形是为表述商品房符合交付使用条件后转移买受人占有的，内涵均为"交付使用"。

上述规定的意义在于平衡风险负担。《民法典》第 604 条规定："标的物毁损、灭失的风险，在标的物交付之前由出卖人承担，交付之后由买受人承担，但是法律另有规定或者当事人另有约定的除外。"此条中的"交付"为物权理论上的交付，但司法解释并没有在不动产以登记为唯一交付方式之外创设所有权转移的效果，因为商品房买卖合同中从出卖人已经向买受人交付使用房屋到办理不动产产权登记还有一段时间，而此时，房屋已在买受人的占有和使用、照管下。此外，还存在完成竣工验收后通知买受人收房，但买受人无故迟延收房或以无法成立的理由拒绝收房等情形，此时，仍由出卖人承担毁损、灭失的风险，有失公平。因此，《商品房买卖合同解释》第 8 条第 2 款规定："房屋毁损、灭失的风险，在交付使用前由出卖人承担，交付使用后由买受人承担；买受人接到出卖人的书面交房通知，无正当理由拒绝接收的，房屋毁损、灭失的风险自书面交房通知确定的交付使用之日起由买受人承担，但法律另有规定或者当事人另有约定的除外。"上述规定与《民法典》第 604 条并不矛盾，也非对其的修正，两者实际上是共同调整民事法律关系，起着各自的作用。

---

① 例如，《城市房地产管理法》第 45 条规定："商品房预售，应当符合下列条件：……（三）按提供预售的商品房计算，投入开发建设的资金达到工程建设总投资的百分之二十五以上，并已经确定施工进度和竣工交付日期；……"

商品房交付条件，是指商品房开发建造达到了法律规定和合同约定的可以办理交房手续的条件。根据意思自治原则，开发商和购房人之间可以自由约定房屋要具备何种条件才达到交付标准。

为了维护买受人作为相对弱势方的权益，原建设部和原国家工商管理总局从1995年开始推广合同示范文本，最新的为住房和城乡建设部和原国家工商管理总局2014版《商品房买卖合同示范文本》（包括预售合同示范文本和现售合同示范文本），各省、市因地制宜，也发布了示范文本。这些示范文本，将法定的、重要的条款作为固定条款和选择条款编入合同，在订立合同时，能够切实引导买受人在合同中有效约定保障自己权利的交付条件。例如，2014版《商品房买卖合同（预售）示范文本》第9条“商品房交付条件”第1款规定：“该商品房交付时应当符合下列第9.1、9.2、____、____项所列条件：1.该商品房已取得建设工程竣工验收备案证明文件；2.该商品房已取得房屋测绘报告……”该条第2款规定：“该商品房为住宅的，出卖人还需提供《住宅使用说明书》和《住宅质量保证书》。”又如，《北京市商品房预售合同》（BF－2016－0116）为引导双方有效约定，提供了明确的选择项包括：满足出卖人承诺的基础设施设备、公共服务及其他配套设施达到的条件；已取得消防、人民防空、环境卫生设施、防雷装置等验收合格证明文件；出卖人已取得该商品房所在楼栋的不动产权证书；商品房所在项目已签订《白蚁预防合同》，出卖人应当向买受人出具该项目的《白蚁预防合同》或其他实施房屋白蚁预防的证明文件，提供的《住宅质量保证书》中必须包括白蚁预防质量保证的内容等。而浙江省的示范文本因浙江省全面推广全装修交付，特别针对全装修住宅增加了须取得第三方专业检测机构出具的住宅分户空气质量检测合格报告的条件。

一般来说，约定交付条件高于法定交付条件。在两者的关系方面，合同约定的交付条件高于法定条件的，以合同约定为准；合同约定的交付条件低于法定条件的，则以法定条件认定。商品房价值巨大，关乎生命财产安全，又要符合居住使用的要求，因此法定的最低标准应该从质量安全和建筑物、配套设施的完成度来确定。随着国务院取消“住宅小区等群体房地产开发项目竣工综合验收”行政审批项目，虽然对于该标准的态度相对统一，但是也有不同的观点存在。

观点一，经过建设单位组织竣工验收。如江苏省高级人民法院《关于审理房地产合同纠纷案件若干问题的解答》第33条规定：“商品房交付标准如何确定？如果地方政府对于商品房交付有相关规定的，应当按照地方政府的规定执行。如果地方政府对此没有规定，当事人选择了经竣工验收合格，该交付标准只需设计、建设、监理、施工四方验收合格即可，无需经过验收备案。”

观点二，经过竣工验收备案，取得《建设工程竣工验收备案表》。

观点三，提供《建设工程竣工验收备案表》《房屋测绘报告》，住宅商品房还需提供《住宅质量保证书》《住宅使用说明书》才能交付。

笔者认同第二种观点，且该观点也是目前司法实践中的主流观点。

首先，根据验收的流程和内容，需要施工单位对工程质量进行检查之后提出竣工验收报告，并由项目经理和施工单位有关负责人审核签字，监理单位要出具负责人审核签字的工程质量评估报告，勘察设计单位要出具负责人审核签字的质量检查报告，并且满足有完整的技术档案和施工管理材料，有主要建筑材料和构配件、设备的进场试验报告及工程质量检测和功能性试验资料，施工单位签署了工程质量保修书等要求，对于住宅工程还需要进行分户验收，出具《住宅工程质量分户验收表》①。这些流程均在建设单位牵头下完成，没有政府部门或其委托的机构介入监督。而根据《建设工程质量管理条例》《房屋建筑和市政基础设施工程竣工验收规定》《房屋建筑和市政基础设施工程竣工验收备案管理办法》等相关规定，建设单位需要在完成竣工验收 15 日内申请备案，备案应当提交工程竣工验收报告，规划、消防、环保等部门出具的认可文件或者准许使用文件，施工单位签署的工程质量保修书及其他文件，住宅工程还应当提交《住宅质量保证书》《住宅使用说明书》。建设行政主管部门或其他有关部门发现建设单位在竣工验收过程中有违反国家有关建设工程质量管理规定行为的，责令停止使用，重新竣工验收。可见，完成备案既满足了规划、消防、环保等部门的验收和批准使用②，又引入了工程质量行政管理部门的监督，更能有效保障建筑的质量，维护买受人的利益。如果只有设计、建设、监理、施工四方验收，未经规划、消防等部门验收，不但违反了相关法律、行政法规有关“经验收合格方可交付使用”的规定，也容易造成安全隐患。

---

① 参见《房屋建筑和市政基础设施工程竣工验收规定》第 5 条的规定。

② 《城乡规划法》第 45 条第 1 款规定：“县级以上地方人民政府城乡规划主管部门按照国务院规定对建设工程是否符合规划条件予以核实。未经核实或者经核实不符合规划条件的，建设单位不得组织竣工验收。”《消防法》第 13 条规定：“国务院住房和城乡建设主管部门规定应当申请消防验收的建设工程竣工，建设单位应当向住房和城乡建设主管部门申请消防验收。前款规定以外的其他建设工程，建设单位在验收后应当报住房和城乡建设主管部门备案，住房和城乡建设主管部门应当进行抽查。依法应当进行消防验收的建设工程，未经消防验收或者消防验收不合格的，禁止投入使用；其他建设工程经依法抽查不合格的，应当停止使用。”

在"海南某房地产公司与张某义商品房预售合同纠纷案"中,关于商品房交付条件的理解问题,最高人民法院认为,建设单位组织设计、勘察、施工、监理等部门进行竣工验收并取得验收合格的确认文件,只是建设单位接收建设工程并交付使用应满足的基本条件。还应当由规划、环保、消防等部门予以认可并由建设行政主管部门等进行审查,最终以备案的方式确定建设工程质量符合国家要求和标准。建设工程质量安全监督站质检站作为对建设工程行使监督管理职能的机构,对本案所涉商品房是否验收合格享有审查权和监督权,其出具的商品房竣工验收备案表是认定本案所涉商品房竣工验收合格的唯一有效法定证明文件。海南某房地产公司关于由其组织建设工程竣工验收合格后即已达到《商品房买卖合同》约定的交房条件、无须建设工程质量安全监督站质检站出具验收备案表的主张因无法律依据而不能成立。① 可见,最高人民法院也持该观点。

其次,交付的法定条件,决定了交付是否达到期待的法律效果,即风险有无转移,有无及时履行合同义务。对于交付条件的认定标准应该在合理的程度。为实现更全面保护买受人的利益的目的而在法定条件里过度添加不同行政管理事项和其他民事法律关系,则不利于建设单位即开发商的权益保护,也会过度偏离交付制度的设置目的。例如,测绘制度的主要价值是确定交付面积、户型和规划设计的差异,并作为办理不动产权登记的必要程序,不反映建筑物的质量和使用安全。根据原建设部《商品住宅实行住宅质量保证书和住宅使用说明书制度的规定》的有关规定,《住宅质量保证书》应当包括以下内容:(1)工程质量监督部门核验的质量等级;(2)地基基础和主体结构在合理使用寿命年限内承担保修;(3)正常使用情况下各部位、部件保修内容与保修期:屋面防水 3 年,墙面、厨房和卫生间地面、地下室、管道渗漏 1 年,墙面、顶棚抹灰层脱落 1 年,地面空鼓开裂、大面积起砂 1 年,门窗翘裂、五金件损坏 1 年,管道堵塞 2 个月,供热、供冷系统和设备 1 个采暖期或供冷期,卫生洁具 1 年,灯具、电器开关 6 个月,其他部位、部件的保修期限由房地产开发企业与用户自行约定;(4)用户报修的单位,答复和处理的时限。《住宅使用说明书》的内容则是对住宅的结构、性能和各部位(部件)的类型、性能、标准等作出说明,并提出使用注意事项。一般应当包含以下内容:(1)开发单位、设计单位、施工单位,委托监理的应注明监理单位;(2)结构类型;(3)装修、装饰注意事项;(4)上水、下

① 参见最高人民法院民事裁定书,(2015)民申字第 1045 号。

水、电、燃气、热力、通信、消防等设施配置的说明;(5)有关设备、设施安装预留位置的说明和安装注意事项;(6)门、窗类型,使用注意事项;(7)配电负荷;(8)承重墙、保温墙、防水层、阳台等部位注意事项的说明;(9)住宅中配置的设备、设施生产厂家的使用说明书。上述“两书”由开发企业自行印制,内容为承诺和说明,因此不宜将该“两书”纳入法定条件,但这并不妨碍该“两书”作为约定交付条件,在更充分保护买受人利益方面起积极作用,若在商品房买卖合同中约定出卖人必须交付“两书”而没有交付的,构成逾期交付。

最后,不提高法定交付条件标准,也并不影响住房和城乡建设部门和地方政府通过推行商品房买卖示范文本、对交付使用设置行政审批、颁发批准文件等方式扩大对买受人利益的保护。

二、商品房相关配套设施设备交付条件

商品房的相关配套设施设备分为基础设施设备和配套公共服务设施。基础设施设备的概念的外延和一级开发之后的“七通”大致重合,《闲置土地处置办法》规定,国土资源部门(现为自然资源部门)供应土地应当规划条件明确,且具备动工开发所必需的其他基本条件。但因为“七通”是为了开发企业顺利开展二级开发,而此处的配套基础设施设备是生活居住的基本必要和现代生活所需的便利条件,两者所处阶段不同,略有差异。2014 版《商品房买卖合同示范文本》列举了供水和排水、供电、供暖、燃气、电话通信、有线电视和宽带网络 7 项基础设施设备交付条件。从示范文本来看,用水、用电、燃气和供暖(未供暖地区则无此必要)如未满足约定交付条件,适用合同的逾期交付责任条款,该条款存在买受人的约定解除权,其逾期交付责任规定在第 12 条,依据该条第 1 款第 2 项的规定,逾期超过一定天数,买受人可以解除合同。概因没有水、电、燃气无法实现居住使用商品房的合同目的,依此价值判断和背后法理,即便在商品房买卖合同中未约定买受人解除权,买受人亦可通过行使法定解除权并要求赔偿损失的方式救济。

配套公共服务设施,是指与居住人口规模相对应配建的、能满足居住区居民物质与文化生活需要、提供公共服务的设施总称,包括教育、医疗卫生、文化、体育设施和行政管理设施、服务设施、福利设施、公园及市政公用设施等①。配套公共服务设

① 参见《广州市居住区配套服务公共设施管理暂行规定》第 2 条。

施又分为规划红线内的设施和红线外的设施,区分红线内外设施的意义在于,红线外配套设施由政府建设提供,出卖人的义务是在领取建设工程规划前缴纳大市政配套费即可,不对迟延交付承担责任。对于红线内的公共服务和其他设施,2014 版《商品房买卖合同示范文本》列举了绿地、非市政道路、规划的车位、车库、物业服务用房、医疗卫生机构、幼儿园和学校等。

在司法实践中争议比较大的是,因毛地出让等历史原因,住宅小区内的水、电、暖、燃气管网已经安装完成,具备开通条件,但由于市政基础设施配套尚未建成的原因导致无法开通,出卖人是否应当承担逾期交付的责任。

肯定的观点认为,出卖人不因此免责。主要理由是违约责任是严格责任,不能因为出卖人主观没有过错而免除其违约责任,否则相当于将政府迟延建设市政基础设施的后果归于买受人承担。

否定的观点认为,出卖人应当因此免除或减轻责任。因为相关责任在政府建设行政部门,让出卖人承担逾期责任有失公平。

笔者认同肯定的观点,即出卖人应承担逾期交付的违约责任。理由有如下两点:

第一,出卖人完整的交付义务为交付可以开通使用具备功能的该等基础设施,而非仅建设完成管网而已。这一点可以在各类示范文本的条款中得到印证。例如,2014 版《商品房买卖合同(预售)示范文本》规定:交付时供水、排水配套设施齐全,并与城市公共供水、排水管网连接。使用自建设施供水的,供水的水质符合国家规定的饮用水卫生标准;交付时纳入城市供电网络并正式供电,交付时供热系统符合供热配建标准,使用城市集中供热的,纳入城市集中供热管网;交付时完成室内燃气管道的敷设,并与城市燃气管网连接,保证燃气供应。如果还不能正常并网使用其功能,商品房的基础设施即为尚未达到交付条件。

第二,若当事人没有在商品房买卖合同中约定此种情形为出卖人免责事由,则否定观点无法在民法典体系下找到法定免责事由依据。无论是《民法典》第 180 条规定的不可抗力,还是第 533 条规定的情势变更原则,因市政基础设施工程迟延至少不符合商品房买卖合同订立时"无法预见"要件,均无适用基础。并且"第三人原因"免责只能在侵权法领域适用,在合同违约领域则不能免责。所以此处并没有法定免责事由依据。若法院在个案中扩大、创设免责事由,对合同违约责任体系是严重破坏。

因此,在这种情况下,不宜免除出卖人逾期交付的责任。

如前所述,建设单位在组织验收之前,必须通过规划部门的前置验收,具体为规划部门按照建设工程是否按照建设工程规划许可证及其附件、附图确定的内容进行建设施工现场审核,对于符合规划许可内容要求的,发给建设工程规划核实证明;对于违反规划许可内容要求的,及时提出处理意见。经规划核实不合格的或是未经规划核实的建设工程,建设单位不得组织规划验收。

因此,虽然2004年5月19日发布的国务院《关于第三批取消和调整行政审批项目的决定》(国发〔2004〕16号)将"住宅小区等群体房地产开发项目竣工综合验收"行政审批项目取消之后,竣工综合验收制度仅在少数地区保留,但通过土地使用权出让合同约定、工程规划许可审批和竣工规划核实、竣工验收备案等行政程序及其时序安排,能够充分保障基础设施设备按建设工程规划要求交付。

尽管如此,在商品房买卖合同中对基础设施和公共设施进行具体深化的约定,仍然是不可或缺的。行政部门的监督管理不能替代民事合同的权利义务约定,行政监督管理有时存在失效的可能,尤其是非住宅类商品房涉及特殊用电、排水、排污等设施条件,如未获满足则无法开展正常经营。如教育设施、医疗卫生设施、养老设施等,对个别买受人可能具备特别重要的价值,如交付较晚或不符合合同约定,其该部分合同目的不能实现,这类主观目的应通过合同明确约定客观化,才能得到法院的支持。

三、业主委员会是否具备原告主体资格

如前所述,取得《建设工程竣工验收备案表》是商品房法定交付条件,配套基础设施设备和公共设施的未达到使用条件并不影响交付,但超过合同约定的交付时间尚未建设完成或建设完成的公共设施与合同约定不符,常见的如未按照规划要求配置车位、未按照标准交付物业管理用房、绿地率不足等问题,需要通过诉讼维权时,关于业主委员会能否在业主大会的授权下代表全体业主提起诉讼的问题,实务中有两种截然相反的观点:

观点一认为,业主委员会依照法律规定成立,具有一定目的、名称、组织机构与场所,管理相应财产,是《民事诉讼法》规定的"其他组织"。业主委员会依据业主共同或业主大会决议,在授权范围内,以业主委员会名义从事法律行为,具备诉讼主

体资格。①

观点二认为，业主委员会的诉讼主体资格范围由法律、法规规定的业主委员会的职责和权限决定，只限于与业主共有和物业共同管理事项有关的范围。基于商品房销售合同形成的权利主张是特定主体之间的权利义务关系，不属于业主共有和物业共同管理事项的范围，业主委员会无权代为主张，也不能通过业主授权或业主大会决议取得诉讼主体资格。②

两种观点都是由具体案件归纳出的裁判要旨，因其归纳不够周延，才产生了冲突。笔者认为，应从具体诉请涉及的公共设施是否为业主共有以及请求权基础选择的角度来协调两种观点。观点一案例中，原告诉请确认以《建设工程规划许可证》规划定点图记载的物业管理用房归小区全体业主共有，请求转移案涉争议建筑物所有权登记的诉请符合法律规定，法院经过审理，予以支持。笔者还检索了持同样观点的案例，③均为请求交付或确认物业管理用房。《民法典》第 274 条规定："建筑区划内的道路，属于业主共有，但是属于城镇公共道路的除外。建筑区划内的绿地，属于业主共有，但是属于城镇公共绿地或者明示属于个人的除外。建筑区划内的其他公共场所、公用设施和物业服务用房，属于业主共有。"第 275 条规定："建筑区划内，规划用于停放汽车的车位、车库的归属，由当事人通过出售、附赠或者出租等方式约定。占用业主共有的道路或者其他场地用于停放汽车的车位，属于业主共有。"《物业管理条例》第 30 条规定："建设单位应当按照规定在物业管理区域内配置必要的物业管理用房。"一些地方性法规亦明确了物业管理用房的配置标准和权属，如《上海市住宅物业管理规定》第 42 条第 1 款规定："建设单位应当在物业管理区域地面上配置独用成套的物业管理用房，其中物业服务企业用房按照物业管理区域房屋总建筑面积的千分之二配置，但不得低于一百平方米；业主委员会用房按照不低于三十平方米配置。在物业交付时，物业管理用房由建设单位交付物业

① 参见徐州西苑艺君花园（一期）业主委员会诉徐州中川房地产开发有限公司物业管理用房所有权确认纠纷案，载《最高人民法院公报》2014 年第 6 期。

② 参见龚雪林：《业主委员会不具有要求开发商履行商品房销售合同约定的建设公共配套设施义务并承担违约责任的诉讼主体资格——上诉人江西帝景置业有限公司诉被上诉人赣州市章贡区帝景豪园小区业主委员会商品房销售合同纠纷案》，载最高人民法院民事审判第一庭编：《民事审判指导与参考》总第 55 辑，人民法院出版社 2014 年版，第 198 页。

③ 参见北京市第三中级人民法院民事判决书，（2021）京 03 民终 18717 号；河南省商丘市中级人民法院民事判决书，（2021）豫 14 民终 3641 号；杭州市萧山区人民法院民事判决书，（2014）杭萧民初字第 2390 号。

服务企业代管，并在业主大会成立后三十日内无偿移交给业主大会。"《江苏省物业管理条例》规定，物业服务用房不计入分摊公用建筑面积，其所有权属于全体业主。《浙江省物业管理条例》第 27 条规定："物业管理用房依法属于全体业主共同所有。未经业主大会同意，不得改变其用途。"《民法典》和物业管理法规明确了绿地、物业管理用房、占用共有道路或共有场地的车位，以及建筑区划内其他公共场所、公用设施属于业主共有，最高人民法院《关于审理建筑物区分所有权纠纷案件适用法律若干问题的解释》（以下简称《建筑物区分所有权解释》）则解释性地规定了其他不属于业主专有部分，也不属于市政公用部分或者其他权利人所有的场所及设施等属于共有部分。该解释第 7 条还规定："处分共有部分，以及业主大会依法决定或者管理规约依法确定应由业主共同决定的事项，应当认定为民法典第二百七十八条第一款第（九）项规定的有关共有和共同管理权利的'其他重大事项'。"也就是说，业主大会及由其产生、授权的业主委员会就归属全体业主共有的设施以原告主体资格提起诉讼，并没有超出第二种观点"属于业主共有和物业共同管理事项"的范围，但基于合同相对性原则的限制，业主委员会不是商品房买卖合同的主体，不能以商品房买卖合同作为请求权基础。若选择以商品房买卖合同的约定作为请求权基础，则需要针对同一设施提起必要共同诉讼。

还有一些公共设施在权属上不属于业主共有，不需要无偿移交给业主或主管部门，但应当将公共配套设施按照规划用途提供给全体业主使用（有偿或无偿）。《民法典》第 275 条第 1 款"建筑区划内，规划用于停放汽车的车位、车库的归属，由当事人通过出售、附赠或者出租等方式约定"的规定即属于此种情况。这类设施虽不属于业主共有，但"应当首先满足业主需要"——《民法典》第 276 条体现了出卖人行使所有权应当受业主公共利益的限制的精神。[①] 因这类设施不属于全体法定共有，又因其权益属于全体业主，如允许个别起诉，则会出现重复起诉，所以需要以必要共同诉讼的方式处理。例如，在"杨某等与某房地产开发公司商品房预售合同纠纷案"中，法院认为，原告在本案中提出的要求完善安保系统、修建围墙、交付社区活动室、小区物业用房、保障规划的停车位等诉讼请求，系建筑区划内属于业主共有的权益，该共有权益诉讼应当由该小区全体业主共同行使，而不能由某一单个

① 参见王高应律师：《公共部分或公共设施的交付不符合商品房买卖合同约定的认定问题及司法裁判规则》，载微信公众号"房地产与基础设施法律实务前瞻"2019 年 12 月 31 日，https://mp.weixin.qq.com/s/lyQb_bMldK0PXoNfWNmGGA。

业主单独分别行使。鉴于全体业主就此的诉讼标的同一,全体业主需以必要共同诉讼的形式参加诉讼,最后由法院审理并判决。如果由各业主就同一诉讼标的分别单独提起诉讼,显系重复起诉,也有违一事不再理原则;且其诉讼请求即便得到法院的支持,法院针对从各业主分别单独起诉的案件可能作出内容完全同一的判项,显系重复裁判。[①]

四、是否可将买受人交纳物业费作为交房条件

在商品房预售之前,出卖人已经按程序选聘了前期物业管理服务企业(以下简称物业公司)。为了吸引优秀的物业公司,保证交付使用后的物业管理品质,出卖人有较强的动机去维护并保证前期物业管理服务费的收取。基于物业管理服务合同和商品房买卖合同是两重法律关系,若未在商品房买卖合同中进行相关约定,自然不能将之作为买受人义务,出卖人单方设置交付前置条件会导致己方被认定交付逾期的违约责任。但就是否在商品房买卖合同中作了约定即为有效,实践中也有两种观点。

一种观点认为,根据意思自治原则,不禁止买卖双方将交纳物业费作为交房的前置条件,但须在合同中进行明确约定。

另一种观点认为,买受人已经履行了买受人支付购房款的义务,出卖人亦应当履行出卖人交付商品房的义务。出卖人在《商品房买卖合同》中约定买受人的物业费交纳义务,并在房屋交付过程中以交纳物业费作为交房条件,显然加重了买受人的义务。因此,出卖人以买受人未结清物业费欠费为由拒绝交房,设置交房障碍,导致买受人不能收房的,应当对此造成的迟延交房承担违约责任。[②]

笔者支持前一种观点,如交纳物业费的合同义务作为交房的前置条件的合意已经进入商品房买卖合同中,则成为该购房合同的一部分,若不存在效力瑕疵的情形,应尊重当事人之间的意思自治。而且,结清或者依据合同约定预缴物业费,也是收房后买受人应当履行的合同义务,并没有加重买受人的义务。

---

① 参见重庆市第四中级人民法院民事判决书,(2015)渝四中法民再终字第00025号。
② 参见河北省唐山市中级人民法院民事判决书,(2018)冀02民终4844号。

第二节 交付标准

一、关于质量交付标准

《商品房买卖合同解释》第 9 条、第 10 条对于商品房质量问题作了区分规定，即分为房屋主体结构质量不合格和其他质量问题，而当其他质量问题达到严重影响正常居住使用的程度时，买受人可以像处理主体结构质量问题一样，请求解除合同和赔偿损失。对于其他一般质量问题，在保修期内由出卖人承担修复责任，不能解除合同。

质量是产品、过程或服务满足规定或潜在要求（或需求）的特征和特性的综合。《房屋建筑工程质量保修办法》第 3 条第 2 款规定："本办法所称质量缺陷，是指房屋建筑工程的质量不符合工程建设强制性标准以及合同的约定。"《民法典》第 511 条第 1 项规定："质量要求不明确的，按照强制性国家标准履行；没有强制性国家标准的，按照推荐性国家标准履行；没有推荐性国家标准的，按照行业标准履行；没有国家标准、行业标准的，按照通常标准或者符合合同目的的特定标准履行。"因此，如果合同没有对房屋建设工程的质量进行具体的约定，工程建设强制性标准就成为商品房交付的质量标准。根据《建设工程质量管理条例》关于保修期的规定，房屋质量问题分为地基基础工程和主体结构工程、防水工程、其他土建工程、电气管线、给排水管道的安装和装修及供热、供冷系统的质量问题。依据《建筑法》第 62 条的规定，建筑物在合理使用寿命内，必须确保地基基础工程和主体结构的质量。所以，《商品房买卖合同解释》第 9 条中规定的"主体结构"，应该包含地基基础工程。地基基础工程和主体结构工程出现质量问题一般表现为地基下沉、房屋倾斜、承重结构变形、墙体开裂、倾斜等严重的质量问题。

逻辑上，从房屋竣工验收合格，取得《竣工验收备案证》，即可以认定房屋符合规划、设计、施工的各种强制性标准，质量合格。在房屋质量引发的商品房买卖合同纠纷中，出卖人也经常以此作为抗辩理由，但该抗辩理由往往得不到法院的支持。

在最高人民法院 2010 年第 11 期公报案例"杨珺诉东台市东盛房地产开发有限公司商品房销售合同纠纷案"中，法院认为，法院依法独立行使审判权，在审理案件中以事实为根据，以法律为准绳。法院据以定案的事实根据，是指经依法审理查明的客观事实。建设行政主管部门的审批文件以及建筑工程勘察、设计、施工、工程监理等单位分别签署的质量合格文件，在关于房屋建筑工程质量的诉讼中仅属诉讼证据，对法院认定事实不具有当然的确定力和拘束力，如果存在房屋裂缝、渗漏等客观事实，并且该客观事实确系建筑施工所致，则法院应当依法认定房屋存在质量缺陷。①

在上述公报案例中，案涉房屋在江苏省，根据前文江苏省高级人民法院《关于审理房地产合同纠纷案件若干问题的解答》第 33 条规定体现的当地法院对可交付条件的态度，并不需要完成竣工验收备案，也没有实施综合验收。那么，在出卖人已经完成了竣工验收备案，即经过行政机关的审查和监督，获得了准予交付许可等批准文件的情况下，其能否达到抗辩的目的？

笔者认为，结果也是相同的。行政机关的备案、准予交付的批准文件也仅能作为诉讼证据，法院还应该基于查明的存在质量问题的客观事实进行审判。国务院《关于取消第二批行政审批项目和改变一批行政审批项目管理方式的决定》（国发〔2003〕5 号）中列明了国务院决定取消的第二批行政审批项目目录，其中第 76 项决定取消房屋建筑工程和市政基础设施工程竣工验收核准，改为告知性备案。国务院《关于第三批取消和调整行政审批项目的决定》（国发〔2004〕16 号）将“住宅小区等群体房地产开发项目竣工综合验收”行政审批项目取消之后，竣工综合验收制度也基本在各地取消。竣工验收备案制度规定，建设单位组织五方验收后，将备案所需材料提交给备案机关；而根据《房屋建筑和市政基础设施工程竣工验收备案管理办法》的相关规定，备案机关收到建设单位报送的竣工验收备案文件，验证文件齐全后，应当在工程竣工验收备案表上签署文件收讫。工程竣工验收备案表一式两份，一份由建设单位保存，一份留备案机关存档。竣工验收备案文件齐全，备案机关及其工作人员不办理备案手续的，由有关机关责令改正，对直接责任人员给予行政处分。

司法裁判也认为，竣工验收备案并不等于对工程实体质量的认定。例如，在“何某某、沈某某和绍兴市建筑业管理局建管工程竣工验收行政备案案”中，浙江省高级人民法院认为，被申请人（绍兴市建筑业管理局）在竣工验收备案中主要就备案文件是否齐全等进行审查，备案审查中并不涉及对于建设工程质量的实体认定，

① 参见江苏省东台市人民法院民事判决书，（2008）东民一初字第 28 号。

仅为告知性备案以供查考。①

所以，不能用行政机关依据工程与各类强制性标准的符合度得出的结果，去否定法院查明的房屋存在客观质量瑕疵的事实，前述公报案例裁判要旨所言之物即是。

二、如何判断"严重影响正常生活居住使用"

对于商品房是否存在质量缺陷，属于建筑工程专业问题，法官无法直接认定，需要委托法定鉴定机构鉴定才能认定。但是对于"严重影响正常居住使用"这一条件，《商品房买卖合同解释》没有作列举和判断标准的规定。笔者检索得到法院支持的案例涉及房屋下方设置的换热设施产生噪声，在采取整改措施后，室内噪声问题仍未得到有效解决；房屋顶板裂缝，对楼板结构的整体性和耐久性产生不利影响；客厅、卫生间、卧室的天花板、窗户、墙面、地板存在漏水、开裂、破损；顶楼楼板渗漏水；等等。② 类型化归纳似乎并不容易，但裁判都至少关注到了影响的严重程度以及出卖人的整改、维修等补救措施及其效果。

江苏省高级人民法院《关于审理房地产合同纠纷案件若干问题的解答》第35条对如何判断严重影响正常居住使用的情形作了列举式规定：(1)出卖人擅自变更商品房的朝向、户型等规划、设计条件的；(2)房屋存在渗漏、异响等，在合理期限内无法查明原因或经出卖人维修仍无法修复的；(3)水、电、气等基础设施无法实际投入使用的；(4)消防设施未经过验收合格或无法实际投入使用的；(5)订立合同时出卖人未披露房屋存在违反善良风俗情形的；(6)其他严重影响正常居住使用的情形。这些列举的情形有利于在具体案件中适用，但是笔者注意到有案件在裁判中直接以不属于列举的情形不予支持，表述略有失当，因为此条为不完全列举，只要影响正常生活居住的严重性相当于前五项列举的情况，法官应凭借日常生活经验法则，结合能否采取补救措施、出卖人采取补救措施的态度，和修复次数、修复结果等因素予以认定。

---

① 参见浙江省高级人民法院行政裁定书，(2015)浙行申字第393号。

② 分别参见山东省聊城市中级人民法院民事判决书，(2021)鲁15民终3692号；四川省成都市中级人民法院民事判决书，(2021)川01民终19350号；山东省巨野县人民法院民事判决书，(2021)鲁1724民初2008号；江苏省高级人民法院民事判决书，(2017)苏民再121号判决书。

三、质量保修期纠纷

《建设工程质量管理条例》《房屋建筑工程质量保修办法》等对建设工程的最低保修期限的规定如下：基础设施工程、房屋地基基础工程和主体结构工程，为设计文件规定的该工程的合理使用年限；屋面防水工程，有防水要求的卫生间、房间和外墙面的防渗漏，为5年；供热和供冷系统，为2个采暖期、供冷期；电气管线、给排水管道、设备安装和装修工程，为2年。但是，该等规定的主体限于建设单位和施工单位之间，保修义务和损失赔偿义务人为施工单位（承包人），保修期也是自竣工验收合格之日起计算，并非从商品房自交付买受人之日开始计算。

而基于商品房买卖合同关系的保修责任系在出卖人和买受人之间的约定，2014版《商品房买卖合同示范文本》有专章约定，如果商品房为住宅，则依据《住宅质量保证书》内容确定保修期。原建设部《商品住宅实行住宅质量保证书和住宅使用说明书制度的规定》第5条规定："《住宅质量保证书》应当包括以下内容：1. 工程质量监督部门核验的质量等级　2. 地基基础和主体结构在合理使用寿命年限内承担保修　3. 正常使用情况下各部位、部件保修内容与保修期：屋面防水3年；墙面、厨房和卫生间地面、地下室、管道渗漏1年；墙面、顶棚抹灰层脱落1年；地面空鼓开裂、大面积起砂1年；门窗翘裂、五金件损坏1年；管道堵塞2个月；供热、供冷系统和设备1个采暖期或供冷期；卫生洁具1年；灯具、电器开关6个月；其他部位、部件的保修期限，由房地产开发企业与用户自行约定。"《商品房销售管理办法》第33条第2款、第3款规定："商品住宅的保修期限不得低于建设工程承包单位向建设单位出具的质量保修书约定保修期的存续期；存续期少于《规定》①中确定的最低保修期限的，保修期不得低于《规定》中确定的最低保修期限。非住宅商品房的保修期限不得低于建设工程承包单位向建设单位出具的质量保修书约定保修期的存续期"。因此，如果合同中没有关于保修期的约定或者没有提供《住宅质量保证书》，应以施工单位出具的质量保修书上的期限为准。

《商品房买卖合同解释》第10条第2款规定，交付使用的房屋存在质量问题，在保修期内，出卖人应当承担修复责任。而在保修期届满后出卖人则不承担修复责任，为该条应有之义。然而在实际适用上，质量问题的原因和表现多种多样、发现

① 此处的《规定》是指原建设部《商品住宅实行住宅质量保证书和住宅使用说明书制度的规定》。

质量问题的时间不尽相同、维修态度及维修效果差异大等因素,造成了一些裁判观点差异,笔者通过检索案例发现有以下三种不同的观点:

观点一认为,保修期届满以后,出卖人即不负维修义务。

观点二认为,房屋保修期的功能和作用,在于可以在保修期内免除购房户证明房屋质量问题系开发商方面的原因所致的举证责任,但并不能免除开发商在合理期限内保证房屋质量的合同义务,开发商不能以已过保修期抗辩。

观点三认为,应区分是在交付之前即已存在质量问题还是在交付后正常使用状态下自然老化等问题,确定是否承担修复责任。

笔者认为,第一种观点本身没有错误,而第三种观点更加周延。第二种观点总结自裁判文书原文①,裁判法官认为,如果商品房确实存在质量问题,而出卖人无法证明该质量问题为自然力或买受人因素导致,即使过了保修期,出卖人仍有义务保修,保修期的功能和作用在于免除买受人的举证责任。笔者不同意该观点,质量保修是为了确保商品房各个功能及设施设备在保修范围和保修期限内发生质量问题时由出卖人及时免费维修,以保证其在合理寿命年限内正常使用,其并无分配举证责任的功能和作用。

买受人在交付时的验收能力是非常有限的,而且有些隐蔽质量瑕疵需要经过实际生活居住才会发现,而入住时间和交付时间往往隔了一到两年,甚至更久,从交付日开始计算,很多部位的保修期已经届满了。此外,一些出卖人对买受人在交付验收时提出的质量问题处理态度消极,反复修理、拖延修理的情况比比皆是。而此类质量问题实质仍为出卖人交付存在质量瑕疵的商品房,未全面、严格履行合同义务,出卖人合同法上的物的瑕疵担保义务不应该因为保修期届满而免除。在"陈某、戴某某与睢宁某房地产公司商品房预售合同纠纷案"中,法院也认为,商品房交付前的修复责任和交付后的保修义务均是开发商应承担的责任,但开发商将交付前存在的质量问题纳入保修期的保修义务,有违诚信原则,且会导致其怠于履行修复义务。②

四、环保验收纠纷

室内空气质量、建筑隔声和节能在2014版《商品房买卖合同示范文本》中作了

① 参见贵州省铜仁市中级人民法院民事判决书,(2020)黔06民终1070号。

② 参见江苏省睢宁县人民法院民事判决书,(2020)苏0324民初4229号。

规定，载于“商品房质量及保修责任”一章。可见，商品房的环保标准属于商品房的质量标准的组成部分。

（一）室内空气质量纠纷

2014 版《商品房买卖合同示范文本》规定，买卖双方可以约定适用室内空气质量国家或地方的具体标准，如室内空气质量经检测不符合标准，由出卖人负责整改，整改后仍不符合标准的，买受人有权解除合同。同时还对解除合同的通知、退还房款等程序，以及损失赔偿、检测费用承担等作了明确详细的规定，有利于纠纷解决。

虽然司法解释和法规没有对商品房室内空气质量纠纷作出规定，但质量为合同法律调整的重要对象，即便某些商品房买卖合同没有使用示范文本规定的内容，且没有对空气和噪声标准进行约定，也可以依据《民法典》合同编的规定，要求出卖人整改、承担相应损失赔偿责任，直至解除合同。由于大多数支持解除合同的案例均以商品房买卖合同约定的先行整改条款为裁判依据，在合同未对买受人是否能够检测室内空气质量不符合强制性标准作出具体约定的情形下径行诉请解除合同应否被支持，是一个值得讨论的问题。

笔者认为，裁判应当依据室内空气质量问题的性质和程度，治理、整改的成本和难度等因素，视情况支持解除合同。

首先，此种情形下，有关国家标准即可作为合同质量标准。《民法典》第 511 条第 1 项规定：“质量要求不明确的，按照强制性国家标准履行；没有强制性国家标准的，按照推荐性国家标准履行；没有推荐性国家标准的，按照行业标准履行；没有国家标准、行业标准的，按照通常标准或者符合合同目的的特定标准履行。”在商品房空气质量标准方面，《民用建筑工程室内环境污染控制标准》（GB 50325—2020）、《室内空气质量标准》（GB/T 18883—2022）等均为国家标准，应直接适用于合同的质量条款补缺。

其次，室内空气质量问题应达到“严重影响正常居住使用”的程度。除地基基础和主体结构质量问题外的质量问题，唯有达到此种程度才能解除合同，以此和《商品房买卖合同解释》第 9 条、第 10 条规定的体系协调。

最后，还应根据室内空气质量问题的性质和类型，治理、整改难易程度进行判断。《室内空气质量标准》（GB/T 18883—2022）分物理性、化学性、生物性和放射性4类,共22项指标。在这些指标中,物理性和生物性指标比较容易治理、整改,不应判决解除;放射性指标和部分化学性指标由于对居住使用人身体危害大,若其污染源位于基础的、深层的建材,在整改治理时需要大规模拆除、重新浇筑、破坏主体结构等,考虑买受人对于新建房屋的心理期待和整改治理对正常居住使用的影响程度,应当视情支持解除合同,并赔偿损失。

(二)建筑隔声标准纠纷

2014版《商品房买卖合同示范文本》对于建筑隔声的规定和室内空气质量标准一致,因此,对于建筑隔声不符合标准导致的室内噪声污染问题,在没有合同具体约定的情况下,理论上也应该适用前述《民法典》合同编的规定及《民用建筑隔声设计规范》(GB 50118—2010)等强制性标准对质量条款补缺,且可以根据是否"严重影响正常生活居住使用"等标准支持解除合同。

实践中,由于噪声是否超标不属于国家规定的竣工验收必备项目、买受人收房验收时不会特别针对噪声是否超标进行检测等原因,买受人多在实际居住使用感知后,再对室内噪声进行监测评估,以此作为依据请求解除商品房买卖合同,结果却往往得不到支持。其原因在于,建筑隔声标准作为质量标准,是对建筑设计、施工的要求,其相对稳定;但外部的噪声源却是不稳定的,在社会和经济快速发展的形势下,一般呈上升趋势。如果对商品房出卖人苛以长期的防治外部噪声义务,显然不当加重了其责任。

《噪声污染防治法》将"噪声"定义为:在工业生产、建筑施工、交通运输和社会生活中产生的干扰周围生活环境的声音。因此,噪声的类型众多,有临时的、偶发的,有历史存在的、持续的,也有商品房交付后新增的,无法罗列完全。又因为有时噪声纠纷属于买受人和噪声污染方的侵权法律关系(如建筑施工噪声),有时作为红线外不利因素存在,不受出卖人支配控制,属于买受人预见风险和谨慎义务项下,更多时候来自规划新增外部噪声污染源(如毗邻铁路、高速公路),若由出卖人承担相应责任,显然不公平,也不符合法理。

总之,商品房买卖是合同法律关系,如出卖人已按审批图纸建设,说明其已履行了合同义务,买受人因受超标噪声污染要求解除合同,不宜得到支持。

（三）开发商向生态环境部门出具的承诺函是否构成合同内容，是否作为交付条件

从承诺函的性质看，并非就规划范围内的商品房及相关设施作出。不符合《商品房买卖合同解释》规定的应当视为要约及合同内容的情形。《环境保护法》规定，建设对环境有影响的项目，应当依法进行环境影响评价，未依法进行环境影响评价的建设项目，不得开工建设。根据《环境影响评价法》[①]和《建设项目环境影响评价分类管理名录》的规定，房地产开发项目在涉及国家公园、自然保护区、永久农田、重点保护动物栖息地、文物保护单位等"环境敏感区"的时候，需要编制环境影响报告表，对产生的环境影响进行分析或者专项评价。也就是说，法律规定建设项目环境影响评价制度的目的，是评价建设项目对环境的影响程度。承诺函的内容一般包含对严格遵守环境保护法律法规的承诺、落实污染防治措施和责任的承诺、自觉接受社会监督的承诺等，也是对开发行为可能对周边环境产生的影响作出的承诺，因此商品房及相关设施不属于其承诺客体。

从承诺函的出具对象看，作出承诺的对象也并非买受人，将承诺内容作为商品房买卖合同的内容，也不符合合同相对性原则。

笔者认为，出卖人在办理环境评价时向生态环境部门出具的《环保承诺函》，不应该成为合同内容，承诺函中涉及商品房的内容也不应该成为交付条件。

五、红线内外不利因素引发的纠纷

红线内外不利因素，是指规划建设范围内和周边，对商品房买受人的利益有负面影响的客观存在。通常情况下，它不足以影响居住目的的实现，但对居住舒适度存在负面影响。这种不利因素既可能是对人的生理上产生负面影响的，如噪声、气味、烟尘；也可能是在心理上产生一定负面作用的，如墓地、公共厕所等。一些省市住房和城乡建设部门的规范性文件对此进行了列举性规定，如广东省住房和城乡

① 《环境影响评价法》第16条第1款规定："国家根据建设项目对环境的影响程度，对建设项目的环境影响评价实行分类管理。建设单位应当按照下列规定组织编制环境影响报告书、环境影响报告表或者填报环境影响登记表（以下统称环境影响评价文件）：（一）可能造成重大环境影响的，应当编制环境影响报告书，对产生的环境影响进行全面评价；（二）可能造成轻度环境影响的，应当编制环境影响报告表，对产生的环境影响进行分析或者专项评价；（三）对环境影响很小、不需要进行环境影响评价的，应当填报环境影响登记表。"

建设厅《关于进一步规范商品房销售信息公示的通知》规定，房地产开发企业或委托房地产经纪机构销售新建商品房的，应在商品房销售现场显著位置集中公示“可能影响居民生活的公共配套设施因素所在位置。包括垃圾分类收集房、建筑垃圾临时堆放点等垃圾处理设施，配电房、变电箱、变压器，燃气供应站，公共厕所、化粪池，通信基站，物业服务用房、社区服务用房，消防泵站、消防水箱、消防控制室，地下室通气口、采光井，公交首末站，肉菜市场，以及住房城乡建设主管部门及房地产开发企业认为其他需要公开公示的内容”以及“项目周边影响因素。1. 项目红线外1000米内油气库站、危险品仓库及其他危险场所。2. 项目红线外100米内高压线路、微波信道、无线通讯基站及其他辐射源。3. 项目红线外200米内规划的路桥、隧道、变电站及其他公共设施建设情况及其建设行为可能造成的影响。4. 房地产开发企业、房地产经纪机构认为可能影响业主利益或可能引起交易纠纷和业主投诉的其他因素”。

目前，开发商一般会针对红线外不利因素和红线内不利因素进行公示，例如，对于红线外医院、学校等非绝对有害的因素，可在销售现场设置示意图，标注名称，不评价影响；对与商品房销售价格有关的特定环境因素，需在销售沙盘上标注具体位置，并加入合同附件。对于红线内的不利因素，还需要以特别提示并附示意图的方式公示。可见，红线内的不利因素对受其影响的买受人的负面影响更大，对出卖人的披露要求也更加高。

《商品房销售管理办法》和《城市商品房预售管理办法》等行政规章均没有对不利因素的公示、提示作相应规定。为规范销售行为，保护买受人权益，近年来各地对此问题纷纷出台了一些地方性规章及住房和城乡建设部门的规范性文件予以明确规范。在司法层面，对红线内外的不利因素引发的纠纷也秉持着“内外有别”的裁判规则。原因在于，开发商对红线外的不利因素规划、建设的未来变化没有决定权。而且，买受人同样需要承担合理的注意义务，其可以通过踏勘、核实、从公开的渠道查询等方式获取相关周边影响因素信息。出卖人只要尽到合理的披露义务即可，法院一般也不会因此支持买受人以出卖人“欺诈”“隐瞒”为由提起的要求解除合同、赔偿损失等诉请——除非基于合同的约定，某种特定的合同目的因该不利因素不能实现。而对于红线内的规划、设计、建设等开发行为，出卖人充分完整的拥有控制力，和买受人之间形成了信息不对称，要达到实质的合同平等，必须保障买受人的知情权，充分披露信息。

《民法典》第 509 条第 2 款规定："当事人应当遵循诚信原则，根据合同的性质、目的和交易习惯履行通知、协助、保密等义务。"作为合同履行中的附随义务，在目前的司法实践中一般认为，如果出卖人没有公示或者提示不利因素系未履行"告知义务"，在有些案例中，法官直接以出卖人对房屋内外存在重大不利因素未尽告知义务，判定其承担违约责任。例如，在"陈某文、佛山某房地产公司商品房预售合同纠纷案"中，法院认为，案涉房屋所对的造型墙高达 3 米，影响采光、视线和通风，被告作为案涉房屋的开发商，在房屋销售过程中负有就该商品房的不利因素向消费者作出合理提示、说明的义务，而被告提供的现有证据不足以证明其在销售过程中已就案涉房屋房间外南向造型墙高度向原告尽到了合理的提示、说明、告知义务，被告构成履约瑕疵，应承担相应的违约责任。因此依据《民法典》第 509 条等判决被告酌定支付违约金。[①] 笔者认为该判决依据和判决逻辑值得探讨。

笔者认为，此处讨论的"告知义务"，无论是否包括在《民法典》第 509 条的规定中，在内涵上应该与该条的通知义务有所不同。"告知"是一种对有利或者不利于对方当事人的事项充分披露的义务，发生在合同订立之前，是一种先合同义务，违反先合同义务对应缔约过失责任，且因为缔约过失责任需要以合同不成立或者被确认无效或撤销为要件，本节讨论交付阶段的商品房买卖合同，合同生效且已经双方履行主要义务不在此处适用。所以，这里的违约责任并非违反了告知义务或合同其他附随义务的责任，其实质还是《民法典》第 582 条规定的瑕疵履行违约责任，或是在某些不利因素导致合同目的不能实现时买受人约定、法定解除权的行使。

另外，对于《商品房买卖合同解释》第 3 条"商品房的销售广告和宣传资料为要约邀请，但是出卖人就商品房开发规划范围内的房屋及相关设施所作的说明和允诺具体确定，并对商品房买卖合同的订立以及房屋价格的确定有重大影响的，构成要约。该说明和允诺即使未载入商品房买卖合同，亦应当为合同内容，当事人违反的，应当承担违约责任"的规定，可以理解为，红线内不利因素公示在销售现场，通过销售人员告知、提示，在广告或书面资料中作了具体确定的披露，同样可以作为合同的内容。如果受不利因素影响的买受人未在订立合同时就价款减少等提出要求，之后也将失去向出卖人主张违约责任的权利。

① 参见广东省佛山市三水区（市）人民法院民事判决书，(2022)粤 0607 民初 101 号。

六、商品房面积误差的处理纠纷

房屋面积是商品房买卖最主要的要素，也是买受人签订买卖合同的基础，如果面积误差过大，有违订立合同的初衷。为更好地保护当事人利益，避免合同缺款少项和当事人意思表示不真实、不确切，以减少纠纷，原建设部和原国家工商行政管理总局在1995年印发的《商品房购销合同示范文本》（已失效）对实际面积和暂测面积差异比例和处理方式规定完全由双方约定的基础上，在2000年发布的《商品房买卖合同示范文本》（GF－2000－0171，已失效）中进一步确定了"（1）面积误差比绝对值在3%以内（含3%）的，据实结算房价款；（2）面积误差比绝对值超出3%时，买受人有权退房。买受人退房的，出卖人在买受人提出退房之日起30日内将买受人已付款退还给买受人，并按________利率付给利息。买受人不退房的，产权登记面积大于合同约定面积时，面积误差比在3%以内（含3%）部分的房价款由买受人补足；超出3%部分的房价款由出卖人承担，产权归买受人。产权登记面积小于合同登记面积时，面积误差比绝对值在3%以内（含3%）部分的房价款由出卖人返还买受人；绝对值超出3%部分的房价款由出卖人双倍返还买受人"。

2001年原建设部制定的《商品房销售管理办法》第20条对上述问题作了一致规定。之后，此条表述又被纳入2003年最高人民法院发布的《商品房买卖合同解释》中。不过，这条实施了近17年的规定，在2020年年底发布的修正的《商品房买卖合同解释》中已被删除。对于删除该条款的理由，最高人民法院没有发布官方解释，或是基于对其合理性的反思，或因目前各地方制定的商品房买卖合同示范文本都在合同中约定了面积误差的处理方式，法院可以根据合同约定进行裁判，此条已无存在必要。《商品房销售管理办法》第20条依然存在，现行有效。

（一）合同约定最大差额比例大于法律规定3%能否认定有效

笔者认为，在《商品房买卖合同解释》删除关于面积差的规定前，讨论此问题主要关注该条款是否系出卖人一方提供的格式条款，从而以是否存在提供格式条款一方有《合同法》（已失效）第39条①规定的"采取合理的方式提请对方注意免除或者限制其责任的条款"和第40条②规定的"免除其责任、加重对方责任、排除对方主

① 参见《民法典》第496条。
② 参见《民法典》第497条。

要权利”之情形认定其是否有效即可。例如，最高人民法院民一庭认为，如果合同条款是销售方自行拟定的格式条款，交付面积明显小于约定面积时，法院可根据原《合同法》第 40 条的规定认定该条款无效；如果是双方协商一致达成的条款，符合自愿原则，但面积相差太大，显失公平时，当事人可以根据原《合同法》第 54 条①的规定申请撤销或变更，自当事人知道面积差异时起一年内不申请撤销或当事人以自己的行为放弃的，该约定有效；如果是双方协商一致达成的条款，符合自愿原则，且面积相差不大，法院应认定该约定有效。② 又如，江苏省高级人民法院《关于审理房地产合同纠纷案件若干问题的解答》第 39 条规定：“面积误差有约定时如何处理？商品房买卖合同订立时，房地产开发企业对商品房买卖合同中的面积误差条款等加重购房人义务的条款，应与买房人充分协商，并以足以引起买房人注意的文字、字体、符号或者其他明显标志作出提示并明确说明。没有提示说明的，适用《江苏省城市房地产交易管理条例》第 17 条的规定处理。有证据证明对于面积误差条款已经协商的，按照合同约定处理。”上述两个观点的核心正是围绕格式条款效力问题展开的关于具体适用和认定问题的讨论。

而在 2020 年修正的《商品房买卖合同解释》删除了面积差条款后，面积差处理方式只规定在《商品房销售管理办法》中，于是，此种讨论转化为合同约定面积差处理方式违反《商品房销售管理办法》第 20 条的规定是否有效。

笔者认为，违法无效的“法”限于法律、行政法规的强制性，违反规章原则上不影响合同效力，此种约定也不属于违背公序良俗无效的情形。《九民纪要》第 31 条认为，如果规章的内容涉及金融安全、市场秩序、国家宏观政策等公序良俗的，应当认定合同无效。该条进一步明确了“人民法院在认定规章是否涉及公序良俗时，要在考察规范对象基础上，兼顾监管强度、交易安全保护以及社会影响等方面进行慎重考量，并在裁判文书中进行充分说理”。对这条规定可作如下归纳理解：一是法院对于“违反规章无效”的态度是十分慎重的，而且要充分彰显理由。二是因为违反涉及金融安全、市场秩序、国家宏观政策等的规章无效，是违反了公序良俗导致的无效，并非违反规章本身的法律后果③。《商品房销售管理办法》规定 3% 的绝对

① 参见《民法典》第 151 条。

② 最高人民法院民事审判第一庭本书编写组编：《民事审判实务问答》，法律出版社 2005 年版，第 87 页。

③ 参见最高人民法院民事审判庭第二庭编著：《全国法院民商事审判工作会议纪要理解与适用》，人民法院出版社 2019 年版，第 256 页。

值，其历史目的在于治理开发商交付面积缩水的问题，该问题并不涉及金融安全、市场秩序和国家宏观政策。法院不能直接援引《商品房销售管理办法》第20条作为认定此种约定无效的裁判依据。

（二）因建筑物测量标准产生纠纷

商品房销售以建筑面积为面积计算单位。根据《商品房销售面积计算及公用建筑面积分摊规则（试行）》规定，商品房按“套”或“单元”出售的，销售面积为套内建筑面积加上分摊的公用建筑面积。套内建筑面积 = 套（单元）内的使用面积 + 套内墙体面积 + 阳台建筑面积。公用建筑面积由两部分组成：（1）电梯井、楼梯间、垃圾道、变电室、设备间、公共门厅和过道、地下室、值班警卫室以及其他功能上为整栋建筑服务的公共用房和管理用房建筑面积；（2）套（单元）与公用建筑空间之间的分隔墙以及外墙（包括山墙）墙体水平投影面积的一半。该规则还进一步规定了套内使用面积、套内墙体面积、阳台和公用建筑面积的计算和分摊方法。由于销售面积为套内建筑面积和公摊建筑面积之和，存在提高公摊建筑面积使套内建筑面积缩水后，在销售面积上却符合合同约定的漏洞，因此2014版《商品房买卖合同示范文本》除规定了按套计价、按套内面积计价或是按建筑面积计价外，在面积差处理条款中配套规定了如果涉及按建筑面积计价，则建筑面积、套内建筑面积误差比绝对值均在3%以内（含3%）的，根据实测建筑面积结算房价款；建筑面积、套内建筑面积误差比绝对值中有一项超出3%时，买受人有权解除合同。有效堵住了这个漏洞。

但是，预测是在商品房竣工验收前，通过施工图纸结合实地考察，依据测量规范对尚未施工的房屋面积进行一个预先测量计算的行为，为预售、房地产管理等提供参考依据。实测，是指商品房竣工验收后，出卖人委托具有测绘资质的房屋测绘机构参考图纸、预测数据及国家测绘规范对楼宇进行实地勘测、绘图、计算得出面积的行为。因为存在《房产测量规范》（GB/T 17986.1－2000）和《建筑工程建筑面积计算规范》（GB/T 50353－2013）两种测量依据。两者在诸如低于2.2平方米以下的面积、阳台面积、保温隔热层等的计算规则上不尽相同。各省、市也会制定关于面积测量的规范性文件或者省级标准①，如果预测时的合法标准在实测阶段进行了

① 如浙江省为统一两种规范的差异，于2018年施行浙江省住房和城乡建设厅等五部门联合发布的《建筑工程建筑面积计算和竣工综合测量技术规程》（DB 33/T 1152－2018）。

修正和调整，也会因测量标准调整导致面积差异。一般来说，在商品房买卖合同中，出卖人会在示范文本或其附件中补充约定因合同签订时所依据的面积计算依据发生变更导致预测面积与实测面积有差异的，双方依何种方式处理。如果没有进行约定，笔者认为，应当将这类合同风险归于出卖人，即买受人可以直接以实测面积和预测面积的差异结合合同面积差异处理条款进行处理。原因在于出卖人较之买受人对这一风险更有预见能力。另外，双方当事人在合同里约定最终的结算面积并不以实测面积为准，这种约定是有效的。因为实测面积主要是基于行政管理、公共政策的目的，并不排除当事人就房屋某一部分面积是否计算价款、如何计算价款的意思自治。

第三节　交付时间

《民法典》第 603 条规定，出卖人应当按照约定的时间交付标的物。商品房买卖合同多约定在某日前交付，一般不会出现因提前交付导致买受人损失从而引起纠纷的情况，因而本书不对提前交付问题进行讨论。

晚于合同约定的时间交付，即构成迟延交付，或称逾期交付，逾期交付的原因主要有以下两种：(1)法律上不能交付，如法院的查封(预查封)；(2)事实上未按期达到交付的条件和标准，如因为未按期竣工、未按期验收备案、由于地基基础和主体质量不合格或严重质量问题导致买受人拒收等。《商品房买卖合同解释》规定，逾期交付使用房屋的，按照逾期交付使用房屋期间有关主管部门公布或者有资格的房地产评估机构评定的同地段同类房屋租金标准确定。当然，如果出卖人能够证明存在构成逾期交付的不可抗力或其他免责事由，则可以免除或减轻逾期交付的责任。

一、标的房屋被查封(预查封)造成逾期交付

对商品房的查封，以是否完成不动产登记为依据，分为预查封和查封两种方式。预售和现售合同履行中，如果开发企业已经办理了首次登记，因出卖人和第三人的金钱债权发生对合同所涉商品房的查封，导致合同无法履行，所涉房屋还面临被拍卖、变卖等方式处置的风险：如果这种状态是暂时的，出卖人通过清偿债务解

除了对该房屋的查封，需要承担因此造成的逾期交付责任；如果这种状态是持续的，导致无法交付和转移登记，买受人只能解除合同，主张另一种违约责任。

还有一种情形：如果买受人在法院查封之前已与出卖人签订了书面买卖合同，所购商品房系用于居住且买受人名下无其他用于居住的房屋，已支付的价款超过合同约定总价款的50%，即买受人通过对登记在被执行的出卖人名下的商品房提出执行异议，符合最高人民法院《关于人民法院办理执行异议和复议案件若干问题的规定》(以下简称《执行异议和复议规定》)第29条的规定的三个条件的情形的，适用房屋消费者物权期待权保护规则。

至于预查封，最高人民法院、原国土资源部、原建设部《关于依法规范人民法院执行和国土资源房地产管理部门协助执行若干问题的通知》(法发〔2004〕5号，以下简称《规范执行和协助执行的通知》)第15条规定："下列房屋虽未进行房屋所有权登记，人民法院也可以进行预查封：(一)作为被执行人的房地产开发企业，已办理了商品房预售许可证且尚未出售的房屋；(二)被执行人购买的已由房地产开发企业办理了房屋权属初始登记的房屋；(三)被执行人购买的办理了商品房预售合同登记备案手续或者商品房预告登记的房屋。"同时，从该通知第16条"国土资源、房地产管理部门应当依据人民法院的协助执行通知书和所附的裁定书办理预查封登记。土地、房屋权属在预查封期间登记在被执行人名下的，预查封登记自动转为查封登记，预查封转为正式查封后，查封期限从预查封之日起开始计算"的规定可知，后两种情形的预查封并不影响房屋的交付和转移登记，并不会导致出卖人一方逾期交付责任。但因预查封的效力等同于正式查封，产生财产不能转移的后果，在第一种情形下，出卖人不能交付和转移登记，会造成逾期交付、无法完成转移登记的后果。

二、逾期交付的免责事由

我国《民法典》在合同编中规定的免责事由包括不可抗力和情势变更。《民法典》第180条规定，因不可抗力不能履行民事义务的，不承担民事责任。第533条规定，合同成立后，合同的基础条件发生了当事人在订立合同时无法预见的、不属于商业风险的重大变化，继续履行合同对于当事人一方明显不公平的，受不利影响的当事人可以与对方重新协商；在合理期限内协商不成的，当事人可以请求法院或者仲裁机构变更或者解除合同。法院或者仲裁机构应当结合案件的实际情况，根据公平原则变更或者解除合同。由于我国法律采用概括性描述方式对其定性，对责任分担也未详细规定，要明确界定履行合同过程中遇到的客观情况是否符合不可抗力和情势变更的内涵和外延，也实非易事。为了避免适用时的争议，当事人双方在商品房买卖合同中会通过免责条款约定免责事由，这类约定不违反合同效力规定，也会使约定的事由成为免责事由。

房地产开发过程中，尤其近年来在建设施工中相对突出的情况，诸如重大疫情及其防控措施、重要会议、大型体育赛事、环境治理禁令、大气污染防治管控措施等，法院会综合考量相关情况对不同地区、不同行业、不同案件的影响，准确把握防控措施与合同不能履行之间的因果关系和原因力大小，具体认定。

（一）疫情及防控措施

2020 年年初，我国和世界范围暴发新冠肺炎疫情，国家和地方政府采取了果断有力的防控措施。2020 年 2 月 10 日，全国人大常委会法工委发言人在答记者问时指出："当前我国发生了新型冠状病毒感染肺炎疫情这一突发公共卫生事件。为了保护公众健康，政府也采取了相应疫情防控措施。对于因此不能履行合同的当事人来说，属于不能预见、不能避免并不能克服的不可抗力"。① 由此可见，立法机关认为新冠肺炎疫情及其防控措施系不可抗力。而最高人民法院在《关于依法妥善审理涉新冠肺炎疫情民事案件若干问题的指导意见（一）》中同时作了不可抗力和情势变更量两种规定，其中第 3 条第 1 款规定，"疫情或者疫情防控措施直接导致合同不能履行的，依法适用不可抗力的规定，根据疫情或者疫情防控措施的影响程度部分或者全部免除责任"；第 2 款规定，"疫情或者疫情防控措施仅导致合同履行困难的，当事人可以重新协商；能够继续履行的，人民法院应当切实加强调解工作，积极引导当事人继续履行。当事人以合同履行困难为由请求解除合同的，人民法院不予支持。继续履行合同对于一方当事人明显不公平，其请求变更合同履行期限、履行方式、价款数额等的，人民法院应当结合案件实际情况决定是否予以支持"。最高人民法院《关于依法妥善审理涉新冠肺炎疫情民事案件若干问题的指导意见（二）》也同样将其作为一种情势变更事由进行了规定，即"疫情或者疫情防控措施

① 《企业因疫情不能正常履行合同怎么办？全国人大常委会法工委发言人臧铁伟说法律有相应规定》，载中国人大网 2020 年 2 月 10 日，http://www.npc.gov.cn/npc/c30834/202002/b9a56ce780f44c3b9f6da28a4373d6c3.shtml。

导致出卖人不能按照约定的期限交货，或者导致买受人不能按照约定的期限付款，当事人请求变更履行期限的，人民法院应当结合案件的实际情况，根据公平原则变更履行期限”。之所以有这样看似模糊的规定方式，是因为《民法典》将《合同法解释(二)》(已失效)第26条的规定作了修改，不再将不可抗力排除在情势变更事由之外，而是作为情势变更的一个原因；不可抗力事项的发生，致使继续履行合同对于一方明显不公平的，得适用情势变更制度。所以在我国现行法下，不可抗力和情势变更不是互相排斥的两个概念，两者都规范当事人在订立合同时不能预见、不能承受的其支配领域之外的客观风险。但不可抗力需要具备不可预见、不能避免且不能克服三个要件，一般表现为自然灾难、政府行为、社会事件等；情势变更则以不能预见和不能承受为要件，两者存在交叉。不可抗力为情势变更的事由，但情势变更可能由不可抗力引起，更可能是因为非不可抗力引起，情势变更的事由范围广于不可抗力。①

在疫情和防控措施作为不可抗力的适用上，时间是一个非常重要的维度，它直接影响“不可预见”要件能否成立。

根据法律规定，当事人迟延履行后发生不可抗力的，不免除其违约责任。因此，如若商品房买卖合同约定的交付时间早于疫情暴发的时点，则不能援引不可抗力抗辩免除其违约责任。另外，若商品房买卖合同订立时疫情已经出现，一般认为开发企业应当预见到疫情作为一种不可抗力会影响正常施工，也不能援引不可抗力抗辩，例如，在“北京某置业公司与孔某燕等商品房预售合同纠纷案”中，法院认为，案涉《北京市商品房预售合同》签订时疫情防控措施已经常态化，北京某置业公司应对疫情防控措施对施工进度的影响有所预见，在此情况下，北京某置业公司仍在案涉合同中约定于2021年5月31日前交付案涉房屋，应视为北京某置业公司对于能够按照约定日期交付房屋以及逾期交付房屋的后果具有明确认知，其再以疫情影响抗辩应免除逾期交房的违约责任缺乏法律依据。② 笔者认同此种观点，不可抗力必须符合“不可预见”的要件，类比在东南沿海夏秋两季常出现的灾害性天气台风，其为开发企业、发承包人传统认知能够预见的特殊天气现象，应当作为工期安排合理考虑的因素。上述案例发生时新冠肺炎疫情出现已近一年半，国家层面的

---

① 参见最高人民法院民法典贯彻实施工作领导小组主编：《中华人民共和国民法典合同编理解与适用》，人民法院出版社2020年版，第478~482页。

② 参见北京市第一中级人民法院民事判决书，(2022)京01民终8459号。

防控措施已经明确具体且常态化，对疫情本身和防控措施带来的影响，大众理性预见的能力也得到很大的提高。

不可抗力期间的计算，根据部分法院（如湖北、上海、广东等地高级人民法院）出具的通知类文件，通常为当地政府宣布启动重大突发公共卫生事件一级响应之日至疫情宣布解除或规定的疫情防控措施停止执行之日。一般掌握在降为三级响应后即认为不可抗力结束。例如，在“王某兵、鲁某某等商品房预售合同纠纷案”中，法院查明，2020 年 1 月 23 日，因新冠肺炎疫情影响，浙江省启动重大公共突发卫生事件一级响应；同年 3 月 2 日，浙江省重大公共突发卫生事件一级响应解除，下调为二级响应；同年 3 月 23 日，浙江省重大公共突发卫生事件二级响应解除，下调为三级响应，省政府授权各设区市政府作为三级响应防控措施的实施主体，将由各地从实际出发，及时调整防控策略和工作举措，在切实防止疫情反弹的前提下全面恢复生产生活秩序。据此，法院支持自 2020 年 1 月 23 日至 3 月 23 日为不可抗力期间。① 也有的以降为二级响应为界，如“赵某与北京某房地产公司房屋买卖合同纠纷案”②。也就是说，还应该结合实际上采取的防控措施对施工等开发行为的影响进行判决。

但是笔者认为，不能一概将政府响应级别作为裁判依据，而应当充分考虑疫情各类因素对案涉项目施工的影响，结合出卖人的举证，综合予以认定。如前所述，新冠肺炎疫情发生伊始，人们对其认识有限，各地采取突发公共卫生事件响应，是安全且负责的选择。但疫情持续三年，国家的防控经验越来越丰富，防控措施也越来越精准、有效，很少有一、二级响应出现。然而，不能否认的是，由于病毒变异、境外输入等因素，局部疫情一直持续，相关管理措施还是会对建筑工程的工期产生实质影响，不能说这种因疫情防控带来的影响是一定可以预见的。基于人类理性的局限，对其预见能达到何种程度，如果一概认为属开发企业应当预见的范畴，则无限扩大了开发企业的风险承担。所以，笔者认为，即使应当预见到疫情发生，对于疫情防控措施造成的影响的程度和范围还是存在不能预见的空间。在疫情导致的逾期交付责任纠纷案件中，法院应根据出卖人提供的证据情况，在查明各类事由与逾期

① 参见浙江省台州市黄岩区人民法院民事判决书，（2022）浙 1003 民初 3493 号。陕西省西安市灞桥区人民法院民事判决书，（2022）陕 0111 民初 5113 号；重庆市巴南区人民法院民事判决书，（2022）渝 0113 民初 7685 号；广东省湛江市中级人民法院民事判决书，（2022）粤 08 民终 3721 号等也持同样的裁判观点。

② 参见北京市昌平区人民法院民事判决书，（2021）京 0114 民初 11259 号。

交房因果关系的基础上,根据影响程度酌情处理。

(二)政府停工令

每逢重大会议、大型体育赛事,政府会要求建筑工地停工、限工,以配合环境保障。还有重度大气污染治理、环保行动时,也会下达阶段性的停工。法院对这类政府为达到不同管理目的的实施的停工令,主要围绕是否符合"不可预见"、停工令和逾期交房是否存在因果关系等方面进行审查。笔者通过检索案例,归纳了部分裁判规则。

首先,合同约定政府部门发布的环境治理停工令、大气污染治理管控措施、禁止扬尘施工时间的非有效施工日等为逾期交房免责事由的,只要出卖人有效举证约定的客观事由对逾期交付产生了确实影响,一般会得到支持。

其次,合同中没有约定停工令为逾期交房免责事由,出卖人抗辩免责,应当有效举证。证据主要有当地气象部门发布的大气污染等级、有关部门发布的停工限工措施文件、《施工日志》、《监理日志》、工期签证等,法院据此酌情认定顺延工期的天数。例如,在"史某某、洛阳某房地产公司房屋买卖合同纠纷案"中,法院认为,政府相关职能部门因执行国家治理污染、疫情防控的政策而下发的相关限制施工文件,对相关施工单位具有强制约束力。但现有证据不排除存在部分构成文件规定的停工条件、部分未构成文件规定的停工条件的事实,酌定相关文件致使被告受到限制施工的时间为7个月。① 又如,在"天津某房地产公司、卜某霞等商品房销售合同纠纷案"中,法院认为,2018~2021年政府及相关部门在出现天气重污染情况下多次发布持续时间不同的限制施工的行政措施,重污染天气政府发布停工令已比较常见,但法院还是综合双方合同签订时间,参照2018~2021年重污染天气天数,酌情支持了免责天数。②

再次,政府基于某种大气污染治理的常态化机制发布的停工令,因不符合"不可预见"要件,不能作为工期延误导致逾期交付的免责事由。例如,在"西安某公司、王某商品房预售合同纠纷案""西安某公司、崔某商品房预售合同纠纷案"等系列案件中,被告西安某公司提出的政府实施"治污减霾"政策,在天气监测部门认为空气中雾霾超标时,项目所在地港务区政府均会通知被告暂停室外裸露作业,受其

---

① 参见河南省洛阳市西工区人民法院民事判决书,(2022)豫0303民初3784号。

② 参见天津市第三中级人民法院民事判决书,(2022)津03民终3872号。

影响延误的工期应予以顺延的抗辩，未被法院采纳。法院认为，治污减霾政策相关文件下发于双方签订合同之前，为当地长治之策，被告作为房地产开发企业，应当能够预见，对可能影响工期的情况可预先计划。①

有一种观点认为，即便政府没有治理大气污染的长效机制，基于《大气污染防治法》的相关规定，②各地方政府对于大气重污染都建立了应急响应预案，预案中涉及停产停工的措施是公开发布的，因此开发企业应当对此类措施有所预见，不能将停工令作为抗辩逾期交房责任的免责事由。笔者不同意此观点，立法上的预见是一种提前设计，不能排除生活上的"不可预见"。类比来说，传染病防治领域规定了应急响应预案，但是新冠肺炎疫情的防控措施仍然作为不可抗力或情势变更的一种事由。人们对于重污染天气是否出现、何时出现仍然存在不可预见性。

最后，对于以政府配合大型会议、重要活动和体育赛事下达的停工令作为免责事由的抗辩，法院在查明该事由与逾期交房因果关系的基础上，根据影响程度酌情处理。前述"西安某公司、王某商品房预售合同纠纷案"等系列案件中，法院对"西安市住房和城乡建设局下发《十四运会和残特奥会住建领域环境保障实施方案》，要求在十四运会和残特奥会召开期间除民事保障及重大项目外，涉土作业工地一律暂停施工"的文件规定的停工区间支持了相对应的工期顺延。

在"唐某诉北京某房地产公司商品房预售合同纠纷案"中，一审法院以签订合同时奥运会举办时间已经明确，属于应当预见的情形为由，不支持北京某房地产公司以奥运会停工为不可抗力的抗辩。二审法院判决否定了一审法院观点，认为北京某房地产公司与唐某在订立合同时尽管对北京奥运会的举办是明知的，但对于北京市政府及有关部门采取的具体限行、限工措施是无法预见的。由于北京市政府及有关部门在奥运会举行期间采取限行、限工的措施，导致北京某房地产公司逾期交付房屋，如仍按原合同约定承担违约责任，则对北京某房地产公司明显不公平，对于北京某房地产公司请求适当减少违约责任的抗辩主张，应根据公平原则，

---

① 参见陕西省西安市灞桥区人民法院民事判决书，(2022)陕0111民初5113号；陕西省西安市灞桥区人民法院民事判决书，(2022)陕0111民初5091号。

② 《大气污染防治法》第96条第1款规定："县级以上地方人民政府应当依据重污染天气的预警等级，及时启动应急预案，根据应急需要可以采取责令有关企业停产或者限产、限制部分机动车行驶、禁止燃放烟花爆竹、停止工地土石方作业和建筑物拆除施工、停止露天烧烤、停止幼儿园和学校组织的户外活动、组织开展人工影响天气作业等应急措施。"

并结合实际情况，予以支持。显然，二审法院将这类“停工令”作为情势变更来处理。①

三、买受人因质量问题拒绝收房的逾期交付

对应《商品房买卖合同解释》第 9 条、第 10 条关于质量问题以及买受人主张违约责任的“三分法”的规定，关于买受人是否有权拒收存在质量问题的交付房屋，实践中法院的裁判思路也是“三分”，即根据主体质量、严重影响正常生活使用和一般质量瑕疵支持或不支持拒收。为统一法律适用，一些高级人民法院和中级人民法院通过通知、指引、会议纪要、解答作了明确规定，如北京市高级人民法院《关于审理房屋买卖合同纠纷案件若干疑难问题的会议纪要》第 13 条规定：“出卖人交付的房屋符合商品房买卖合同约定及法定的强制性交付条件和质量标准，买受人以房屋质量存在表面瑕疵为由拒绝接收房屋，并要求出卖人承担逾期交房违约责任的，一般不予支持，但买受人确有证据证明房屋在交付时存在功能性质量瑕疵以致严重影响正常居住使用的除外。买受人接收房屋不影响出卖人对房屋的质量瑕疵承担保修义务。”江苏省高级人民法院《关于审理房地产合同纠纷案件若干问题的解答》第 27 条第 3 款规定：“房屋经过竣工验收备案，交付时存在质量瑕疵，但不影响买受人正常使用的，买受人拒收房屋，要求出卖人承担迟延交房违约责任的，不予支持……”因《民法典》及司法解释出台而废止（但本条并不冲突）的广东省高级人民法院《关于审理房屋买卖合同纠纷案件的指引》第 25 条第 1 款规定：“出卖人交付的商品房符合合同约定及法定交付条件，买受人以商品房质量存在瑕疵为由拒绝接收，并要求出卖人承担逾期交房违约责任的，不予支持，但买受人有证据证明商品房在交付时存在严重影响正常居住使用的质量问题的除外。买受人接收商品房不影响出卖人对商品房质量问题承担保修义务。”深圳市中级人民法院《关于房屋买卖合同纠纷案件的裁判指引》第 7 条规定：“出卖人在房屋已符合法定和合同约定的交付条件后通知买受人接收房屋，买受人以房屋存在质量问题为由拒绝接收，并据此主张出卖人承担逾期交付违约责任的，人民法院不予支持，但买受人有证据证明房屋主体结构质量不合格或存在其他严重影响正常居住使用的质量问题的除外。”宁波市中级人民法院《关于审理商品房买卖合同纠纷案件疑难问题解答》

① 参见北京市第一中级人民法院民事判决书，(2010)一中民终字第 19989 号。

第4条规定："买受人能否以房屋质量存在瑕疵为由拒绝收房，并要求出卖人承担违约责任？答：如果房屋符合合同约定和法定的交房条件，虽然房屋质量存在一定瑕疵，但不影响正常居住使用的，买受人以此为由拒绝接收房屋，导致迟延交房的，出卖人不承担逾期交房的违约责任。"

裁判实践也基本遵照该等思路，例如，在"魏某学、天津某公司房屋买卖合同纠纷案"中，法院认为，交付的房屋存在漏雨等质量瑕疵，出卖人应当按照合同约定和法律规定承担保修等违约责任。买受人未提供证据证明上述质量问题属于主体结构质量不合格或因房屋质量问严重影响正常居住使用的情形，故出卖人对上述质量问题修复的期间，不应视为其逾期交付房屋期间。[①] 又如，在"孙某霞与淮安某公司商品房销售合同纠纷案"中，法院认为，虽然案涉房屋在通知交付时存在一定的质量问题，但并无房屋主体结构质量不合格或者严重影响正常居住使用的问题，故买受人以房屋存在质量问题为由拒绝接受交付并主张开发公司承担逾期交付违约责任，无事实及法律依据。[②]

综合来看，对于竣工验收合格的交付房屋，推定其符合质量要求，达到交付条件的观点为"主流"的观点，即买受人不能证明存在严重影响正常居住使用以上的质量缺陷，或只存在一般质量瑕疵，买受人拒收，不产生出卖人逾期交付的后果。也就是说，买受人应当"先收房，后维修"，而不能主张"先维修，后交房"。

但在"主流"观点之外，也有不同的意见。河南省高级人民法院《民事审判第四庭员额法官会议关于审理逾期交房逾期登记纠纷案件的纪要》的意见为：出卖人交付房屋时，房屋存在一般性瑕疵的，买受人可以拒绝接收房屋并请求出卖人采取维修等补救措施，由此造成的逾期交房违约责任由出卖人承担。也有法官著述认为，上述"主流"观点以瑕疵给付要达到根本违约才能拒绝接收，排除约定标准、强制标准和通常标准的适用，与我国合同法律关于不完全履行的规则体系不相协调。[③] 主张应当维修到位才能交付。笔者认为，"主流"观点下的裁判结果，与买受当事人对"新房子"的心理期待的确存在较大差距，而且失去"拒收"这一利器，将使买受人在请求出卖人积极、有效、及时维修方面陷入风险。

---

① 参见天津市第二中级人民法院民事判决书，(2022)津02民终3072号。

② 参见江苏省高级人民法院民事裁定书，(2017)苏民申716号。

③ 参见阮忠良：《商品房质量瑕疵与买受人拒绝受领权关系问题之探讨——以非主体结构性质量瑕疵为重点》，载《东方法学》2017年第3期。

第六章

商品房买卖合同解除权纠纷

随着房地产市场化的发展和相关法律法规的完善，商品房交易形式日趋复杂多样。商品房买卖的交易对象同时集合了房屋实体及服务内容，其在市场中的经济价值也在每时每刻发生着变化，这一系列因素，注定了商品房买卖合同解除权问题的复杂性。2018 版《浙江省商品房买卖合同示范文本》（包括预售合同示范文本和现售合同示范文本）不仅系统梳理了可能导致商品房买卖合同解除的各类型违约问题，而且就商品房预售、交付可能涉及的权利义务提供了规范性条款。

但为促成房屋交易，示范文本中并未对合同能够解除的具体情形及后果进行非常详尽的约定，而是在彼此之间保留着必要的“想象空间”，对于未必发生的相关问题暂时搁置讨论。本章拟从 2018 版《浙江省商品房买卖合同示范文本》出发，并结合相关法律法规、司法解释，详细阐述各类型问题所带来的合同解除情形以及解除后果。

第一节　商品房买卖合同解除权的理论基础和法律规范

一、商品房买卖合同解除权相关理论基础

(一)权利性质及溯及力

合同解除权为形成权,系依权利人的单方意思表示即可产生法律关系变动的效果,既无须征得对方的同意,也不必向法院或者仲裁机构以公权力救济的方式诉请解除。实务中,对于解除通知能否发生解除合同的效力;通知解除的效力是否还需要司法机关的确认;是否需要先履行通知义务,再诉请法院解除,即将通知作为前置程序;当事人能否不经通知而径直向法院或者仲裁机构诉请解除;"应当通知对方"是否意味着只能以通知的方式解除合同,而不能诉请解除等问题仍存在诸多疑问与争议。笔者认为,根据《民法典》的相关规定,通知即可产生解除合同的效果,这符合解除权作为形成权的性质,使当事人能够通过私力救济方式实现解除合同目的,避免增加当事人的诉累。且解除权的行使既可以通过向对方发出解除通知的方式进行,也可以直接通过公力救济的途径进行。概言之,合同解除权之行使,应向他方当事人以意思表示为之,行使解除权的意思表示应以诉讼上书状表示,或以诉讼外之书信言辞为之。

此外,就商品房买卖合同解除后能否产生溯及力的问题,需首先明确商品房买卖合同系继续性合同还是非继续性合同。继续性合同,通常是指具备明显的整体期间的特征,且已履行的合同期间内容基本都有其相应的合同对价或者合同目的主要体现在工作成果上的合同,如供用电水气热力合同、租赁合同、保管合同、仓储合同、服务类合同、承揽合同、建设工程合同等。而商品房买卖合同,系以支付房款为对价取得商品房物权的交易行为,而房款可以返还,物权登记亦可通过变更方式恢复至合同签订前的状态,故商品房买卖合同不具备前述整体期间且已履行期间有相应的合同对价的特征,属于非继续性合同,原则上商品房买卖合同的解除具有溯及力。

（二）行使时间限制

合同解除权条件的具备并不当然导致合同的解除，为了维护市场的稳定，法律规定解除权人必须在一定的期限内行使解除权，而不能使法律关系无限期地处于不稳定的状态。行使解除权的期限分为法定期限、约定期限以及未定期限三种。权利人在上述期限内未及时行使解除权，解除权即归于消灭。其中，就约定期限以及未约定行使期限如何处理在实务中存在较多争议。

1. 行使期限能否自由约定

结合现行法律法规以及司法解释，当事人就解除权行使期限进行约定并无任何限制性规定，而在实务中，对于行使期限若约定过长或过短是否影响解除权的行使效果存在较多争议。笔者认为，行使期限的约定系当事人意思自治的体现，双方当事人于合同签订时经过谈判及博弈，最终确定了解除权行使的具体期限，并自愿就该约定承担后果。故为维护法律谦抑性以及尊重双方当事人意思自治，笔者倾向于认为解除权的行使期限可自由约定。

2. 未约定行使期限的情形处理

根据《民法典》第 564 条第 2 款的规定，法律没有规定或者当事人没有约定解除权行使期限，解除权人应自知道或者应当知道解除事由之日起一年内，或者经对方催告后在合理期限内行使解除权，否则该权利消灭。而在商品房买卖合同领域，最高人民法院在 2020 年修正的《商品房买卖合同解释》第 11 条中将催告后的合理期限进一步明确为 3 个月，即经对方当事人催告后，解除权人应在 3 个月内及时行使解除权，逾期不行使的，解除权消灭。

二、商品房买卖合同解除权相关法律规范

《民法典》颁布之前，我国现有法律规范中涉及合同解除制度的大致有四类：(1)规定于原《合同法》总则中的关于合同解除的一般规则。(2)原《合同法》分则中有关各个典型合同解除的具体规则，散见于原《合同法》分则的各个部分。(3)最高人民法院有关合同法的司法解释，具体包括《合同法解释(二)》(已失效)、《商品房买卖合同解释》、《九民纪要》、《关于审理买卖合同纠纷案件适用法律问题的解释》。(4)其他民商事法律法规中涉及合同解除的规则，包括《海商法》《保险法》《消费者权益保护法》等法律法规中的相关规定。

上述有关合同解除制度的法律规范，确立了我国合同解除制度的基本框架，随着完善统一法律适用机制等司法体制改革意见的出台，以及《民法典》的颁布施行，合同解除之诉领域的法律规范越发完善、法律适用标准渐趋统一，包括：《民法典》第533条、第563条、第564条；《浙江省实施〈中华人民共和国消费者权益保护法〉办法》第19条等；为切实保障《民法典》的实施，保证国家法律统一正确适用，《商品房买卖合同解释》亦随之修正，其中除相应法律依据修改外，最需值得注意的是2020年修正的《商品房买卖合同解释》直接删除了原第8条、第9条、第14条，具体包括商品房权利状况与约定不符，以及面积存在差异情形下的处理，其他与商品房合同解除权相关条款包括《商品房买卖合同解释》第9条、第10条、第11条、第15条、第19条等；此外还有《城市房地产开发经营管理条例》第31条，《商品房销售管理办法》第20条、第24条。

第二节　商品房合同解除权行使情形及对应后果

一、无法办理不动产登记

交易的本质是权利的交换，因此为商品房办理不动产登记进而获取不动产所有权对于商品房买卖交易本身而言具有重要意义。《民法典》第209条第1款规定："不动产物权的设立、变更、转让和消灭，经依法登记，发生效力；未经登记，不发生效力，但是法律另有规定的除外。"只有准确、及时、有效地完成不动产登记，才能匹配商品房买卖双方尤其是买受人的初衷。然而在实际交易过程中，出卖方可能因自身或其他第三方原因而无法及时办理不动产登记，继而引发纠纷。

（一）权利来源

《商品房买卖合同解释》第15条以及2018版《浙江省商品房买卖合同示范文本》（此处以浙江省示范文本为例，其他省市商品房买卖合同示范文本亦有相似条款，以下统称商品房买卖合同示范文本）均就买受人因商品房无法办理不动产登记而有权行使解除权进行了规定或约定。两者不同的是，《商品房买卖合同解释》第15条不仅规定无法办理不动产登记系出卖方原因引起且逾期登记亦须达到一定的时限要求，而2018版《浙江省商品房买卖合同示范文本》并未就逾期登记时间进行约定，但要求商品房的权利状况与出卖方相关承诺内容不符，即若商品房权利状况与出卖方所作的“对该商品房享有合法权利、该商品房没有出售给除本合同买受人以外的其他人、该商品房没有司法查封或其他限制转让的情况”的承诺不符，进而导致商品房买卖合同不能在房产管理部门办理备案、房屋交易确认，以及不能在不动产登记部门办理不动产登记的，对此无过错的买受人则由此获得了合同解除权。

（二）权利行使及争议点

根据各地商品房买卖合同示范文本的规定，买受人因无法办理不动产登记而以书面形式通知要求解除商品房买卖合同后，出卖方需承担的解除后果主要包括三点：(1)退还买受人已付全部房款（含已付贷款部分）；(2)按照不低于中国人民银行公布的同期贷款基准利率承担自买受人付款之日起的利息；(3)给买受人造成损失的，支付已付房价款一倍或买受人全部损失的赔偿金。结合房地产市场现状，商品房价格不断波动，加之其本身所涉金额过大、具体损失难以估量等原因，解除后果中赔偿金的确定一直是司法实践中争议最大的焦点问题。

法院在确定赔偿金数额时的思路基本可以分为三类：(1)尊重当事人意思自治，执行“已付房价款一倍”的约定；(2)结合违约情形、实际损害等因素，综合考量确定；(3)要求买受人提供实际损失的依据进而确定。

1. 尊重当事人意思自治，执行“已付房价款一倍”的约定

有法院认为，若双方当事人已经在合同中明确约定了不违反强制性规范要求的内容，当相关条件成就时，法院有理由直接根据合同约定确定赔偿金数额，这是对双方意思自治的尊重。例如，在“俞某忠、周某军等与无锡某置业公司商品房预售合同纠纷案”中，开发商在明知开发的房屋中有部分属于自持房源，商品房所处的权利状态显然与其向买受人所作出的权利承诺相悖，但仍向买受人出售了相关房屋，故被法院认定属于“在销售时故意隐瞒未获得许可销售的情形”，最终法院援引双方合同中约定的确认方式判定赔偿金数额为“已付房价款一倍”。①

2. 结合违约情形、实际损害等因素，综合考量确定

有法院认为，虽然合同文本中默认的赔偿金数额为已付房价款一倍或买受人全部损失，但双方当事人若在合同签订时未作出选择，则赔偿金数额的确定方式仍

---

① 参见江苏省宜兴市人民法院民事判决书，(2019)苏0282民初13221号。

是不明确的，进而结合实际损害等因素就赔偿金数额予以调整。例如，在"某产业园公司、范某等商品房预售合同纠纷案"中，因出卖方原因案涉房屋的权利状况与约定不符，致使买受人不能完成合同登记备案及所有权转移登记，合同目的无法实现，且双方并未在合同中对赔偿金的确定方式进行选择，在此种情形下，法院结合出卖方的违约情形、实际损害等因素综合考量，判定赔偿金数额为"已付房价款一倍"的50%。①

3. 要求买受人提供实际损失的依据进而确定

有法院认为，尽管双方会在合同中就赔偿金数额进行相关约定，但并不妨碍赔偿金理应与买受人的实际损失相对应，或者说买受人至少应当从经济损失的角度对获得赔偿的合理性提供必要的说明。例如，在"左某平、南通某置业公司商品房销售合同纠纷案"中，法院认为，双方虽在合同中约定了"对给买受人造成损失的，由出卖方人支付【已付房价款一倍】的赔偿金"，但买受人一方并未提供确切证据证明其造成损失的具体数额，故倾向于认定买受人的损失仅限于资金占用层面，遂仅支持了除返还购房款之外的利息请求，而驳回了买受人要求出卖方承担赔偿金的诉求。②

（三）笔者意见

笔者认为，虽判决结果迥异，但多地各级法院在相关问题的裁判上已基本达成了相当程度的共识，即不单纯按照合同约定，亦需结合买受人由此产生的实际损失综合考量确定赔偿金的数额，具体而言：

首先，买卖双方在合同中明确选用某一种赔偿金的确定方式，系双方一致性意思表示的体现，也是法院尊重合同约定作出裁判的基础。其次，并不是只要合同有了约定就"万事大吉"，双方还应当就合同解除可能造成（或并不会造成）损害进行必要的举证和说明，毕竟赔偿金的存在应当有对应的损失作为"对价"。最后，考虑近年全国各地商品房价格从一路上涨转为弱势震荡，受此影响，理论上讲，买受人解除商品房合同后所遭受的损失或将降低，故双方均应对此态势有一定的心理预判，不排除法院在裁判时在合同约定的基础上进一步调低赔偿金数额。

① 参见湖北省荆门市中级人民法院民事判决书，（2021）鄂08民终1479号。

② 参见江苏省启东市人民法院民事判决书，（2021）苏0681民初6808号。

二、买受人逾期付款

出卖方通过出售商品房获取相应对价是其参与交易的初衷,也是其实现收益的来源,无法兑现购房款的买卖合同于出卖方而言几乎毫无意义。买受人作为负有金钱给付义务的一方,若不能准确、有效、及时地履行付款义务,将会对出卖方利益造成极大程度的直接损害。

(一)权利来源

出卖方因买受人逾期付款而获得解除权的权利来源主要包括《民法典》第563条、《商品房买卖合同解释》第11条的规定,以及商品房买卖合同示范文本对于该事项的约定。

根据《民法典》第563条的规定,合同履行过程中存在"当事人一方迟延履行主要债务,经催告后在合理期限内仍未履行"情形的,当事人可以解除合同。以该规定为基础,《商品房买卖合同解释》第11条以及2018版《浙江省商品房买卖合同示范文本》均就"合理期限"进行了进一步的明确,以避免可能由此引发的纷争。其中,《商品房买卖合同解释》明确了除双方另有约定外,催告后的"合理期限"为3个月,倘若将之与2018版《浙江省商品房买卖合同示范文本》中"除不可抗力外,买受人未按照约定时间逾期付款超过××日"的约定相结合,则可以对"合理期限"形成较为周延、清晰的确认。

(二)权利行使及争议点

根据2018版《浙江省商品房买卖合同示范文本》的规定,出卖方通过书面通知的方式在该种情形下解除商品房买卖合同的,将对买卖合同双方的权利义务产生的影响主要包括以下两点:(1)由买受人按照约定比例向出卖方支付违约金;(2)由出卖方退还买受人已付全部房款(含已付贷款部分)。

除违约金的具体数额确定属于核心争议焦点之外,考虑逾期付款的金额、时间、可归责买受人的程度等,买受人逾期付款行为是否足以使出卖方获得单方合同解除权,也同样在司法实践中存在一定的争议。

1. 违约金数额的确定

2018版《浙江省商品房买卖合同示范文本》将违约金条款约定为"按累计应付

款的____%向出卖方支付违约金”，故在此情况下违约金数额所涉及的争议仍是意思自治与司法干预之间的碰撞。有法院认为，违约金的数额确定并非单纯以出卖方与买受人的合同约定为准，而应结合违约程度、实际损失等因素综合考量。例如，在“台州某汽车零件公司与玉环某投资公司商品房销售合同纠纷案”中，二审法院因认为“被上诉人的实际直接损失主要是利息的损失”，对一审法院直接根据合同约定比例确定违约金数额的方式持不同意见，遂将违约金比例从合同约定的7‰每日大幅调整至3‰每日。① 后被上诉人不服二审判决，申请再审，浙江省高级人民法院以买受人欠付房款比例低、房屋质量存在争议、出卖方未主张实际损失等理由驳回了再审申请。②

显然，法院并不是完全根据合同约定做简单的数学题，而倾向于发挥自身公权力的干预效果，结合案件的事实情况来对违约金的数额进行一定程度的调整，以实现损害与赔偿的平衡。

2. 买受人逾期付款是否一定导致合同解除

由于逾期付款行为损害的是出卖方的主要权利，故出卖方作为合同订立的主导方，可就该损害后果所涉条文进行较为明确的阐述，相关触发条件及权利义务一般约定较为清晰。但即便如此，也不排除法院可能会根据其对合同解除必要性的理解，对相关权利义务甚至是否达到解除条件进行调整。例如，在“某房地产公司、陈某玲商品房销售合同纠纷案”中，两级法院就合同是否解除持有不同观点。一审法院认为，买受人已履行绝大部分的付款义务（95%以上），且没有拒不履行的意思体现，故解除合同不利于促成交易、维护市场稳定，遂未支持出卖方解除合同的诉讼请求；二审法院则认为，买受人的支付比例与其违约行为的认定无关，亦不影响出卖方解除权的行使。但值得注意的是，即便如此，二审法院仍基于买受人于一审判决作出后付清房款的新事实维持了原判决，但保留了出卖方继续主张违约赔偿的各项权利。③

由此可见，对于权利义务及责任后果清晰、符合法律意志的合同约定，法院并不希望凌驾于双方意思自治之上径直展开调控，但随着相关诉讼活动的推进，结合合同解除权利人一方主要目的已实现的情形，也不再一味地追求合同解除的结果。

① 参见浙江省台州市中级人民法院民事判决书，(2016)浙10民终309号。

② 参见浙江省高级人民法院民事裁定书，(2016)浙民申1745号。

③ 参见浙江省杭州市中级人民法院民事判决书，(2019)浙01民终9024号。

究其原因，一方面，是对双方当事人订立合同的初衷，即商品房所有权或购房款的考虑；另一方面，逾期支付进而导致合同解除的条款本身实际上只是双方实现合同初衷的保障方式，故从交易本身的角度而言，对于合同初衷的保护应凌驾于对保障性条款的遵循，在保证合同目的实现的前提下针对违约方的相关行为予以必要处罚，才是更合理的处理方式。

（三）笔者意见

违约金一般具备惩罚性或补偿性，从笔者的角度，法院试图对违约金进行调整的行为本身，就是从主观上倾向于认同该情形下违约金的补偿性。此外，商品房买卖合同的订立实际上并非一个磋商的过程，双方并没有从真正意义上对条款的构成、删减展开过讨论，因此双方（尤其是买受人）对合同中的违约金比例并没有一个清晰的认识和概念，在此状况下合同中违约金比例约定的“意思自治属性”相对薄弱，故更容易也更应当被调整。基于上述两方面的考量，审判机关再引用客观存在的一些事实情况作为其作出相关裁判的客观支撑也就更加合情合理。因此，买卖双方应当对违约金的数额问题有一个理性的判断，将合同约定的比例作为基础，在此之上再结合实际情况作出合理的预估。

合同解除与否的问题亦是同理，该问题的争议焦点在于：买受人的违约是否导致出卖方出售房屋以获取房款的初衷无法完整实现。笔者认为，买受人已支付房款比例不应成为判断合同是否解除的主要理由，哪怕买受人已经支付了99%的房款，也不影响对出卖方获得房款的目的没有实现的认定。但同时我们也须重视法院的司法审判倾向，即为促进交易并保障房地产交易的稳定性，如买受人确已支付绝大部分购房款，且在法院判决之前又支付了余款的，即便该余款系支付在出卖方行使合同解除权之后，法院仍有较大可能基于出卖方合同主要目的已经实现，不支持合同解除。

三、出卖方逾期交房

与出卖方参与交易的初衷相对应，买受人参与交易的初衷是真正意义上的占有使用商品房，真正发挥商品房对于买受人的使用价值。无法兑现房屋交付的买卖合同于买受人而言同样毫无意义。出卖方作为负有房屋交付义务的一方，若不能按时交付符合要求的房屋，也将会对买受人利益造成极大限度的直接损害。

（一）权利来源

买受人因出卖方逾期交房而获得合同解除权的权利来源同样包括《民法典》第563条、《商品房买卖合同解释》第11条的规定，以及商品房买卖合同示范文本中对于该事项的约定。

结合前述《民法典》第563条之规定，《商品房买卖合同解释》第11条以及2018版《浙江省商品房买卖合同示范文本》同样分别通过规定和约定两种方式就“合理期限”进行了明确。除此之外，有别于逾期付款的相关约定，2018版《浙江省商品房买卖合同示范文本》还对房屋的交付条件提出了具体要求，这也为实践中房屋交付条件是否成就、交付是否已完成的相关争议埋下了伏笔。

（二）权利行使及争议点

根据前述2018版《浙江省商品房买卖合同示范文本》的规定，买受人因出卖方逾期交付而以书面形式通知出卖方要求解除商品房买卖合同后，出卖方需承担的解除后果主要包括以下三点：(1)退还买受人已付全部房款（含已付贷款部分）；(2)按照不低于中国人民银行公布的同期贷款基准利率承担自买受人付款之日起的利息；(3)支付违约金。显然，出卖方逾期交付导致商品房买卖合同提前解除的情形下，出卖方付出的经济代价极为沉重，相应房屋是否存在逾期交付情形及违约金计取标准必然会成为买受人与出卖方的争议焦点，尤其是出卖方对买受人查验房屋时所提出的质量问题进行修复后再行交付是否构成逾期交付，是实践中争议颇大的问题。

1.“修复后再交付”是否构成逾期交付

针对“修复后再交付”是否构成逾期交付的争议，司法实践中，法院倾向性认定房屋的质量问题如属于合同约定的“修复后再交付”所列的质量问题中的任一情形的，则视为“交付行为未完成”，即构成“逾期交付”，除非合同其他条款或双方通过补充协议明确将前述需修复的质量问题排除于商品房交付标准之外，相关观点在本书第八章第三节“装修质量问题是否构成拒绝收房的合法事由”中作了较为详细地阐述，此处不再赘述。

2.违约金数额

对于违约金数额的认定，法院基本延续了前述两解除情形中赔偿金以及逾期付款行为所产生的违约金问题的处理标准,即以双方有效、合理的约定作为基础,结合实际情况在一定限度内作出调整。以“祝某琦、宁波某置业公司房屋买卖合同纠纷案”为例,法院确定违约金的逻辑顺序为:先认定利息及违约金的主张于约有据,再根据买受人已付购房款情况、房地产市场销售行情、出卖方已支付违约金情况、合同履行情况、当事人过错等因素酌情确定违约金。①

(三)笔者意见

笔者认为,针对“修复后再行修复”是否属于逾期交付的问题,虽然现行法律法规以及司法解释未予以明确规定,但在司法实践中已基本形成统一意见,交易双方应当重视商品房买卖合同中对于相关问题的具体约定,因为这将实际影响交房与否以及对交房时间的判定。

而对于违约金问题,由于违约金在商品房交易中扮演的仍是平衡双方损益的角色,司法实践中仍需要结合实际情况作出具体调整。因此,买卖双方在合同签订前同样需要就违约金调整存在合理的预见性,进而提前约定较为合理的违约金比例,后期再结合房屋价款、各方过错等情形对违约金数额予以判断。

四、面积差异

(一)权利来源

买受人因面积差异而获得解除合同的权利主要源于《商品房销售管理办法》第20条以及商品房买卖合同示范文本对于该事项的约定。

在此必须重点强调的是,2020年修正的《商品房买卖合同解释》删除了原司法解释中关于房屋面积差异的相关规定后,目前仅有《商品房销售管理办法》第20条就当事人在未就合同约定面积与产权登记面积发生误差约定处理方式时的情形提供了处理原则,但鉴于《商品房销售管理办法》属于部门规章,其在司法审判中只能作为参考依据而不能被直接援引,从而导致买受人实际无法在诉讼中就因面积差异要求退房或赔偿的相关主张找到有力的法律支撑。在此种情形下,商品房买卖合同示范文本的具体约定便有了重要意义,成了该情形的主要权利来源。

---

① 参见浙江省宁波市中级人民法院民事判决书,(2022)浙02民终996号。

（二）权利行使及争议点

根据2018版《浙江省商品房买卖合同示范文本》的规定，买受人因逾期交付而以书面形式通知解除商品房买卖合同后，出卖方需承担的解除后果主要包括退还买受人已付全部房款（含已付贷款部分）、给付利息两个部分，所涉及的争议问题相对较少。争议焦点还是集中在面积误差是否存在、是否达到了合同约定的误差比例，尤其容易产生纠纷的是所谓“赠送面积”是否应当被纳入面积误差判断的问题。

2018版《浙江省商品房买卖合同示范文本》中已对面积误差问题区分了按照套内建筑面积计价和按照建筑面积计价两种情形，并分别作出了不同表述，而在司法实践中，对于“赠送面积”性质的判定，归根结底还是要回归双方合同文本约定的内容之上。在“董某彪、绍兴某置业公司商品房预售合同纠纷案”中，二审判决书在事实认定部分载明，开发商明知该所谓“赠送面积”不在楼盘规划之上，交房时为镂空的区域，一旦进行浇筑即为违章建筑，但其销售人员仍以“赠送面积或可拓展面积”推销，并以组织购房客户签订浇筑镂空部分承诺函的形式暗示客户可以浇筑，把搭建违章建筑的责任转嫁给购房客户，故市场监督管理局作出行政处罚决定认定其行为构成虚假宣传。但针对由此引发的买受人提出以面积误差为由解除合同的主张，法院认为，虽然出卖方相关虚假宣传行为已经认定，但“赠送面积”仅在楼书宣传及样板房展示中有所体现，双方并未在合同中对该部分作出约定，由于出卖方向买受人交付房屋的户型结构及建筑面积均符合双方合同约定，最终一审、二审法院均驳回了买受人主张解除合同的诉讼请求。①

（三）笔者意见

在2020年修正的《商品房买卖合同解释》删除面积差异规定后，对于交易双方尤其是买受人一方而言，应当始终注意并更须重视以合同约定为准。

五、规划、设计变更

（一）权利来源

买受人因规划、设计变更或相应规划、设计变更未及时收到通知进而有权退

① 参见浙江省绍兴市中级人民法院民事判决书，(2019)浙06民终800号。

房、解除合同，该权利来源主要包括《商品房销售管理办法》第24条以及商品房买卖合同示范文本对于该事项的约定。

根据《商品房销售管理办法》第24条的规定，首先，需要确认的是相关变更是否属于导致商品房结构形式、户型、空间尺寸、朝向变化的变更，或是合同约定的其他影响商品房质量或者使用功能的情形，否则将不涉及出卖方通知的问题；其次，该模式下认定了买受人的默许是对规划、设计变更以及由此引起的房价款变更的接受。

根据2018版《浙江省商品房买卖合同示范文本》的规定，该情形所涉及的规划变更包括规划用途、面积、容积率、绿地率、基础设施、公共服务及其他配套设施等，设计变更包括该商品房结构形式、户型、空间尺寸、朝向，供热、采暖方式以及全装修住宅内的商品房使用分区和设计功能发生改变、增加或减少室内楼梯的数量、主要使用空间层高降低超过10%。

（二）权利行使及争议点

根据商品房买卖合同示范文本的相关规定，买受人可通过书面答复的方式解除商品房买卖合同，也可因出卖方的未告知而获得解除权后行使。合同解除将对买卖合同双方的权利义务产生的影响主要包括以下三点：(1)退还买受人已付全部房款(含已付贷款部分)；(2)按照不低于中国人民银行公布的同期贷款基准利率承担自买受人付款之日起的利息；(3)支付违约金。该情形下所涉及的争议在司法实践中很少独立于其他争议而存在，往往伴随对房屋质量和使用功能的影响、购买商品房的目的能否实现等问题。针对未经通知的规划、设计变更涉及合同解除的争议，主要焦点仍在于是否出现了需要通知的规划或设计变更情形。

首先，需要注意一种非典型性变更，即买受人在合同签订时就已确认的变更。例如，在“周某水、某房地产公司等商品房销售合同纠纷案”中，一审法院认为，买受人在签订购房合同时即在案涉商品房设计图纸上签字按印，应当视为对销售时所称层高进行变更的认可，遂认定出卖方已经对买受人尽到了层高变更告知义务。[①]由于此处变更所涉及的“原始状态”并没有生效合同的确定，因此从严格意义上来说，并不属于本节所讨论情形，但在实践中此类情形并不鲜见。

① 参见云南省昭通市中级人民法院民事判决书，(2022)云06民终1815号。

其次，对于是否出现了需要通知的规划或设计变更问题，以“顾某友、顾某与上海某房地产公司商品房预售合同纠纷案”为例，法院认为，根据竣工图，讼争商铺仍有铺设保温层的要求，而保温层缺失应属于商铺质量问题，而非设计变更，且保温层缺失并非预售合同所约定（楼层、面积、户型）的触发解约权的设计变更事项，故驳回了买受人的全部诉请，但认为其可就存在的质量问题另行主张维修。① 相对应地，在“史某萍、周某丰等商品房销售合同纠纷案”中，开发商其他楼新增门头的行为导致买受人所购商品房的客厅阳台窗户成了高台窗，严重影响了采光，法院认定该情形已经构成了设计变更。②

（三）笔者意见

在判断是属于质量瑕疵还是可能构成合同解除条件的规划、设计变更时，既需要依据合同约定，也需要结合施工图等技术资料综合判断，且买受人如对相应变更有异议，须及时发表意见，以免失权。

六、房屋质量问题

（一）权利来源

买受人因房屋质量问题而获得解除权的权利来源包括《商品房买卖合同解释》第 9 条、第 10 条，《城市房地产开发经营管理条例》第 31 条，以及《浙江省实施〈中华人民共和国消费者权益保护法〉办法》第 19 条第 1 款，2018 版《浙江省商品房买卖合同示范文本》等地方规范性文件对于该事项的约定。

该情形下相关的权利来源较多，而其中《商品房买卖合同解释》第 9 条、《城市房地产开发经营管理条例》及《浙江省实施〈中华人民共和国消费者权益保护法〉办法》中所涉及的具体情形，主要集中在房屋主体结构质量不合格以及其他构件结构开裂变形等问题。由于该类问题严重程度高、问题明显且对房屋影响大，对于此类问题所引发的解除争议相对较少。由于《商品房买卖合同解释》第 10 条所提及的“房屋质量问题严重影响正常居住使用”情形的影射范围不明确，可供解读的角度较多，也导致该部分所涉及的争议较多。

---

① 参见上海市宝山区人民法院民事判决书，(2018)沪 0113 民初 20906 号。

② 参见浙江省湖州市南浔区人民法院民事判决书，(2022)浙 0503 民初 136 号。

（二）权利行使及争议点

根据商品房买卖合同示范文本的相关规定，买受人可通过书面形式解除商品房买卖合同，合同解除将对买卖合同双方的权利义务产生如下影响：（1）退还买受人已付全部房款（含已付贷款部分）；（2）按照不低于中国人民银行公布的同期贷款基准利率承担自买受人付款之日起的利息；（3）支付赔偿金；（4）承担检测（包括整改后再次检测）费用（如有）；（5）该商品房室内空气质量或建筑隔声情况经检测不符合标准，因整改导致该商品房逾期交付的，出卖方应当承担逾期交付责任。

由于合同解除后的相关赔偿金数额主要根据双方合同约定或由法院根据事实情况裁量后取得，故并不存在法律认定层面上的争议；而对于"房屋质量问题严重影响正常居住使用"的界定，则直接决定了买受人能否因此享有解除该商品房买卖合同解除的权利，是该情形下最主要的争议焦点。

（三）法院观点

多地法院就"房屋质量问题是否严重影响正常居住使用"根据实践经验及理解作出了解答，为司法裁判提供了适用参考。如江苏省高级人民法院在《关于审理房地产合同纠纷案件若干问题的解答》中提出，应当被认定为严重影响正常居住使用的相关情况包括：朝向、户型、层高等变化，无法修复的渗漏、异响，基础、消防设施无法实际投入使用的，违反善良风俗等情形，并留下了兜底项。浙江省温州中级人民法院民四庭在《审理商品房买卖合同纠纷案件疑难问题参考意见》中提出，应当结合商品房是否对买受人的生命和财产安全、身体健康造成重大影响，是否严重干扰和影响了买受人的正常生活，可否修复等因素，综合判断。

司法实践中，法院倾向于结合案涉房屋类型、面积、装修、价值等多种因素，综合衡量房屋存在的质量问题是否严重影响买受人购房目的的实现。例如，在"昆山某房地产公司、朱某华商品房预约合同纠纷案"中，最高人民法院认可了一审法院根据房屋高额总价推定了买受人对房屋品质的较高期待，并依据该房屋出现质量问题的时间非常之早，强化了出卖方对相关质量问题的过错程度，进而支持买受人享有合同解除权的判定。[1] 从该案的相应裁判观点可以发现，法院作出裁判的重要切

① 参见最高人民法院民事判决书，（2019）最高法民申 1547 号。

入点为将购房目的的实现与“严重影响”相关联,故这也可以成为买受人或出卖方就相关争议需要配合收集、提供证据材料时着重阐述说明的焦点。

因此,结合司法实践,商品房交易除需满足买受人居住需要等一般性目的外,还要考量房屋所处的地理位置、售价、配套设施等因素的影响,存在就买受人购房目的进一步扩大解释的可能。

(四)笔者意见

笔者认为,因房屋质量问题所涵盖的范围非常广,消费者从交付取得房屋的那一刻开始,就在不断使用房屋的各个部分的各项功能,每一部分、每一项功能的质量都会对居住使用造成一定程度的影响。各地商品房买卖合同示范文本对房屋地基基础和主体结构、室内空气质量及建筑隔声情况等问题,亦均以相关国家及地方标准作为赋予买受人合同解除权的判断依据,且辅以检测结果加持,故对相关问题的判断过程较为清晰。

而对是否属于“严重影响正常居住使用”的情形进行判断时,笔者认为,需要争议双方锚定判断核心,从房屋及该商品房项目的特殊性、买受人的特殊性入手,去论证相关质量问题所造成影响是否存在特殊性、紧迫性以及无法解决性,以获得法院对己方观点的支持与认可。

七、未能订立商品房担保贷款合同

(一)权利来源

因无法订立商品房担保贷款合同而赋予当事人一方商品房买卖合同解除权的主要依据为《商品房买卖合同解释》第 19 条。根据该条款,针对商品房买卖合同约定买受人以担保贷款方式付款的情形,因当事人一方原因或不可归责于双方的原因未能订立商品房担保贷款合同并导致商品房买卖合同不能继续履行的,当事人可以请求解除合同。

由此可知,商品房担保贷款合同未能订立的原因可能来自三个方面:(1)可能为开发商原因,如未取得预售许可证进行销售;(2)可能为买受人原因,如其提供的资料不真实、信用记录不佳等;(3)还可能为非买卖双方的原因,如限购限贷政策调整等。商品房买卖一方或双方因此取得解除商品房买卖合同的权利。

(二)权利行使条件及合同解除后的责任划分

1. 权利行使条件

解除是权利而不是义务,该情形下的无过错方都可通过解除合同的方式来保障己方的利益,但也可以选择其他方式在继续履行合同的同时获得相应利益。在选择解除合同时,当事人需着重留意《商品房买卖合同解释》中提到的"以担保贷款方式付款""导致商品房买卖合同不能继续履行"两项条件是否同时成就,而其中,对于原约定以担保贷款方式付款无法实施的情形下是否可通过变更付款方式继续履行合同,在司法实践中经常产生争议,下文对其重点论述:

(1)约定付款方式变更的情形

合同双方当事人,尤其是买受人应当注意所涉商品房买卖合同的真实付款方式,即是否在合同附件或补充协议部分对买受人无法依约通过担保贷款方式付款的情形进行了特别约定,如相应条款约定"因买受人的原因导致贷款不能发放或者发放的贷款不足以支付剩余房款的,则买受人在此种情形发生之日起××日内付清剩余房款",则买受人在无法通过贷款方式付款的情形下,应当转为通过一次性付清的方式支付房款,商品房买卖合同继续履行,买受人无权解除合同,否则构成违约。

(2)未约定付款方式的变更方式,出卖方径直变更的情形

在仅约定通过商品房担保贷款方式付款的房屋买卖合同履行过程中,买方因未取得银行贷款而采取其他付款方式的,是否必然形成付款方式的变更?出卖方应否接受?针对该问题有以下几种观点:

第一种观点认为,若确实发生变更且出卖方应当接受,则依照《商品房买卖合同解释》第19条的规定,解除合同的条件即不复存在,出卖方必须接受买受人对于付款方式的调整。

第二种观点认为,单方面的、未能严格按照合同要求进行的支付方式在未经出卖方接受的情况下仅是买受人的单方意思表示,出卖方不接受的情况下,相应合同仍无法如约继续履行,出卖方仍可以此主张合同解除。

第三种观点认为,若买受人采取不劣于商品房担保贷款方式支付房款,如改用一次性付款方式的出卖方不会因买受人付款方式的变更导致利益受损,应接受此交易方案,相应合同应继续履行。

有法院认为，付款方式是否发生变更应结合买卖双方的实际履行行为进行判定。例如，在“邱某秀与北京某公司商品房销售合同纠纷案”中，买受人虽未按合同约定以贷款形式支付余款，但其自筹资金支付后被出卖方收取并发送交房入住通知书，法院因此认为双方系以实际履行变更了剩余购房款的支付方式。[①] 由此可见，倘若出卖方从行为上体现了对变更付款方式的接受，则不再享有依照本情形以买受人未能订立商品房担保贷款合同为由解除合同的权利。

2. 合同解除后的责任划分

根据前述无法订立商品房担保贷款合同的三种原因，出卖方或买受人由此承担的权利责任分担原则存在些许差异，具体分析如下：

(1)因出卖方原因无法办理按揭

常见情形包括开发商信用状况不佳、存在资金链断裂或项目烂尾风险、未办理预售合同登记备案、未及时报送材料等。在此种情形下，出卖方须承担相应违约责任，赔偿由此给买受人造成的全部损失，如首付款资金占用损失等。

(2)因购房者原因导致无法办理按揭

常见情形包括买受人征信问题、逾期办理手续等。若双方在合同中明确约定了在此情形下合同解除后买受人需要因此承担的违约责任，法院或在双方约定的基础之上进行适当调整。

(3)因不可归责于当事人任何一方的原因导致无法办理按揭

在此情形之下，需要重点关注的是相关事由是否确实不可归责于任何一方，以及是否存在一方或双方的过失。倘若其中一方或双方明知存在相关政策，可能对商品房担保贷款合同的办理产生影响，但未提出甚至隐瞒，按照民事法律关系的一般原则应当由各方依照过错比例分担相应责任。

(三)笔者意见

就前述未约定付款方式的变更方式，出卖方径直变更的情形，笔者倾向于第三种观点。笔者认为，可以参照《民法典》第 530 条第 1 款的规定：“债权人可以拒绝债务人提前履行债务，但是提前履行不损害债权人利益的除外。”即除非出卖方证明其利益因此受损，否则买受人主动变更为一次性付款的行为属于积极履约行为，

---

① 参见北京市朝阳区人民法院民事判决书，(2018)京 0105 民初 69837 号。

出卖方不得因此拒绝，鉴于合同仍未达到履行不能的状态，出卖方不得以购房者未能订立商品房担保贷款合同为由行使合同解除权。但若出卖方要求以分期付款方式支付所欠购房款，且分期次数、付款周期与商品房担保银行贷款相比明显更差，可能导致出卖方开发资金更长时间无法回笼的，则出卖方仍有权选择不予接受并解除合同。

而就前述因不同原因导致合同解除后的责任划分问题，笔者认为，无论是买受人还是出卖方，均应重点关注无法办理商品房贷款合同的原因，并就自身所主张观点侧重收集并提供相应证据，法院在司法裁量时将结合原因本质以及双方过错程度评判双方责任承担比例。

八、情势变更

近年来，房地产市场调控政策反复多变，以情势变更为由主张解除合同的案例时有发生。在房屋买卖合同纠纷中，情势变更原则有助于矫正合同双方利益的非自愿失衡，亦是民法中诚信原则和公平原则的体现。

（一）权利来源

买受人因情势变更而享有解除权的权利来源为《民法典》第 533 条之规定，即当合同的基础条件发生了当事人在订立合同时无法预见的、不属于商业风险的重大变化，继续履行合同对于当事人一方明显不公平，双方当事人在合理期限内协商不成的，可以请求法院或者仲裁机构变更或者解除合同。

（二）权利行使及争议点

1. 权利行使条件

情势变更作为契约严守原则的例外，在选择适用时必须采取非常谨慎的态度。该原则在适用中具有补充性，法定或约定风险分配方式均不存在时，才可以适用情势变更原则。具体适用时要满足以下条件：(1) 发生情势变更情形，即发生客观情势的重大异常变动是该原则适用的首要条件；(2) 时间性，即该情势的重大异常变化需发生在合同成立后履行完毕前；(3) 不可预见性，即该情势的重大异常变化须为当事人无法预见的；(4) 不可归责性，主要是指双方当事人对于情势变更的发生没有过错并且失去控制；(5) 继续履行会显失公平，即合同赖以成立的基础发生巨大变化,继续履行将导致一方明显有利,另一方明显受损,双方当事人的利益严重失衡。

2. 争议点:情势变更或商业风险

情势变更与商业风险十分相似,清楚地区分两者一直是司法实践中的重要难题。最高人民法院在《关于当前形势下审理民商事合同纠纷案件若干问题的指导意见》中也明确要求"人民法院要合理区分情势变更与商业风险"。具体来说,二者在可预见程度、对合同履行的影响程度、可归责性上存在较大差异。

情势变更要求当事人对相关事由既没有预见的能力也没有预见的可能,而正常的商业风险虽然同样具有不确定性,但仍然遵守正常的商品生产交换的价值规律。另外,情势变更不可归责于合同当事人,而商业风险在客观上是可以预见的,当事人没有预见可能是由于其预见能力不足、经验不够或者未遵循市场经济规律,应当对自己的行为承担后果。以"安某与邵某珍房屋买卖合同纠纷案"为例,双方在合同中约定将房屋先租后卖,而租期结束后,房屋价格大幅度上涨,客观情况发生重大变化,卖方遂以情势变更为由要求变更合同。法院认为,房屋市场价格高出约定价格近三倍,虽属于重大变化,但仍属于正常的商业风险,故对变更合同诉请未予支持。①

由此可见,在商业风险中,变化的客观情况可能仅是增大履行合同的成本,没有改变合同目的,合同仍然具有履行的可能性,情势变更中变化的客观情况已导致合同履行的可能性大大降低,若仍然严守契约,已无期待可能性。

(三)笔者意见

基于房地产市场调控大背景,政府出台相关调控政策的情形时有发生,而其中就购房者的贷款主体资格等方面的政策的出台将切实影响已签订商品房买卖合同的继续履行。因情势变更的特殊性,为避免滥用情势变更原则造成的诉讼乱象,在商品房买卖合同纠纷中,法院对该原则的适用一般十分严格,只有发生政策性变化等确为当事人无法预见且继续履行将严重损害一方当事人的利益的情形,且在谨慎核实当事人的真实意思表示、双方当事人在履行合同中的能力、所发生的情形给合同继续履行增加的障碍比例等因素后,才会考虑适用情势变更判定解除合同。

① 参见最高人民法院民事判决书,(2017)最高法民再26号。

因此，依据情形变更原则诉请解约存在较高的诉讼风险，商品房买卖合同当事人在适用情势变更原则时需要理性判断，谨慎采用。

此外，对于商品房买卖合同中情势变更的认定需要严格比对该事由是否完全符合情势变更的构成要件，并结合合同赖以成立的基础及继续履行后对双方当事人产生的影响来认定。合同解除后，因解除事由为不可归责于任意一方当事人的原因，出卖方应当将收受的购房款或定金返还给买受人，而互不承担违约责任或适用定金罚则。笔者认为，鉴于合同相对方并无过错，基于公平原则，如合同相对方因解约而遭受损失，申请解约方宜结合实际情况给予合同相对方适当损失补偿。

九、不可抗力

（一）权利来源

因不可抗力进而有权解除商品房买卖合同的权利主要源于《民法典》第 180 条第 1 款、第 563 条第 1 款及第 590 条第 1 款，即合同履行过程中存在因不可抗力致使不能实现合同目的的情形时，当事人可以解除合同，且互不承担民事责任。

（二）权利行使及争议

1. 权利行使条件

在商品房买卖合同中，不可抗力是指买卖双方在订立和履行合同过程中所不能预见、不可抗拒的外来力量，是不受买卖双方意志左右、支配并且影响商品房买卖合同正常履行的自然现象和社会现象。一般而言，不可抗力的构成要件包括：(1)不能预见，即按大众的标准去衡量，商品房买卖合同双方在尽到了应有的注意义务后仍不能预见，就具备不可抗力的主观要件，不可抗力的事由要发生在合同履行期间，也就是在签订合同的时候不能预见；(2)不能避免，即当事人对事件的发生不能进行控制，不可抗力的事由影响的法律主体是购房合同签订的双方，也就是开发商和购房者；(3)不能克服，即当事人对事件的发展及结果不能进行控制；(4)因果关系，不可抗力与造成合同不能履行或不能完全履行有因果关系，才可以作为免责的事由。

需要指出的是，适用不可抗力免责事由须以上 4 个要件同时具备，即若造成逾期交房或其他违约行为的理由符合上述 4 个要件，则该事由可被认定为构成不可抗力，买卖双方即可提出解除合同的请求。

2. 典型争议点:疫情是否为不可抗力以及能否以此为由解除商品房买卖合同

新冠肺炎疫情暴发期间,政府采取了相关防控政策,进而造成部分企业的停工、停产,开发商无法按期交付房屋或买受人房款履行不能的情形发生,由此产生的商品房买卖合同纠纷亦有增加。就疫情是否构成不可抗力,各地法院纷纷出台指导性审判意见,具体如下:

根据上海市高级人民法院《关于涉新冠肺炎疫情案件法律适用问题的系列问答之三(2022 年修订版)》问题 2 的答复,“疫情以及疫情防控措施一般属于法律规定的不可抗力。疫情或者疫情防控措施致使合同目的无法实现的,当事人可以根据《中华人民共和国民法典》第五百六十三条第一款第一项的规定主张解除合同;疫情或者疫情防控措施致使合同不能履行的,当事人可以根据《中华人民共和国民法典》第五百九十条第一款的规定主张免责或者部分免责。人民法院应根据疫情发生时间、发展期间、严重程度、地域范围等对合同履行的实际影响,考虑到疫情防控分区管理下封控区、管控区、防范区等区域阶梯式封控措施强度以及不同行业、不同纠纷受人员流动限制的影响程度等因素,综合判断疫情或者疫情防控措施作为不可抗力与合同履行障碍之间的因果关系”。受疫情或疫情防控措施影响房屋买卖合同履行困难的,可否以此为由合同解除,需区分不同情况看待。

最高人民法院《关于依法妥善审理涉新冠肺炎疫情民事案件若干问题的指导意见(一)》第 3 条第 2 项规定:“疫情或者疫情防控措施仅导致合同履行困难的……当事人以合同履行困难为由请求解除合同的,人民法院不予支持。……因疫情或者疫情防控措施导致合同目的不能实现,当事人请求解除合同的,人民法院应予支持。”最高人民法院《关于依法妥善审理涉新冠肺炎疫情民事案件若干问题的指导意见(二)》第 1 条第 2 款规定:“疫情或者疫情防控措施导致出卖人不能按照约定的期限完成订单或者交付货物,继续履行不能实现买受人的合同目的,买受人请求解除合同,返还已经支付的预付款或者定金的,人民法院应予支持;买受人请求出卖人承担违约责任的,人民法院不予支持。”

由此,新冠肺炎疫情虽构成不可抗力但不会当然产生合同解除的效果,法院在进行司法裁量时通常依据实际情况系仅造成了合同履行困难还是导致当事人合同目的不能实现来进行判断,如仅是前者则一般不会判决支持合同解除。以“岳某辉等与北京某置业公司商品房预售合同纠纷案”为例,法院认为,鉴于疫情对各行业造成的影响,延迟交付房屋并非开发商主观所期望或故意为之,且案涉楼盘的六个地块已分别于2021年5月3日和2021年6月19日竣工验收具备交付房屋的条件,结合本案实际情况,开发商延期交付房屋并未导致合同目的无法实现,因此开发商并不构成根本违约,买受人无权以不可抗力为由要求解除商品房买卖合同。[①]

(三)笔者意见

笔者认为,不可抗力的实际适用应区分不可抗力发展不同阶段,并同时根据不可抗力对当事人履行合同的影响程度、当事人履行合同是否具备可行条件等因素综合判断是否可以此为由主张解除合同。

在商品房买卖合同纠纷中,法院倾向于准确适用不可抗力规则,严格适用条件,坚持合同严守原则,鼓励保护合同的正常履行,这样亦能平衡各方利益,妥善化解纠纷矛盾,并最终达到保护当事人合法权益的目的。

第三节　商品房存在(预)查封、(预)抵押时的合同解除问题

合同解除权属于形成权,一般情况下,合同一方依照法律规定或约定,无须对方同意即可解除合同。但是,商品房买卖合同的标的物系不动产,根据我国现有的法律规定,房屋所有权人可以对房屋进行抵押,法院可以对所有权人的房屋进行查封;期房买受人可以对房屋进行预抵押(或称抵押预告登记、抵押权预告登记),法院可以对买受人购买的期房进行预查封。因此,本节中笔者将围绕以下两个问题展开讨论:

(1)若商品房存在预查封、查封、预抵押、抵押的情况,商品房买卖合同一方能否行使合同解除权?

(2)行使解除权后,相对人能否排除执行行为,开发商能否收回商品房?

一、存在预查封时合同的解除

预查封,是指对尚未在登记机关进行物权登记但又履行了一定的批准或者备

① 参见北京市第一中级人民法院民事判决书,(2022)京01民终5678号。

案等预登记手续的,被执行人享有物权期待权的房地产所采取的控制性措施。在我国现有法律框架中,尚没有对预查封的准确定义,仅有《规范执行和协助执行的通知》中对部分问题进行了明确。这里讨论的预查封的情形是,买受人作为被执行人,商品房尚未过户至买受人名下时的预查封。

(一)预查封的标的

《规范执行和协助执行的通知》第 15 条规定:“下列房屋虽未进行房屋所有权登记,人民法院也可以进行预查封:(一)作为被执行人的房地产开发企业,已办理了商品房预售许可证且尚未出售的房屋;(二)被执行人购买的已由房地产开发企业办理了房屋权属初始登记的房屋;(三)被执行人购买的办理了商品房预售合同登记备案手续或者商品房预告登记的房屋。”

第一种情形系开发商尚未出售房屋,不存在合同解除的情况。第二种情形指的是房屋虽然未进行网签或者所有权预告登记,但有证据证明被执行人购买了该房屋,并且该房屋已经办理房屋权属初始登记,该情形对申请执行人的举证责任提出了更高的要求,需要提供额外证据证明被执行人已经购买了该房屋,如已经同开发商私下签订商品房买卖合同,但未进行网签,这就需要开发商配合申请人举证。第三种情形是实务中最常遇到的,不同于第二种情形,申请人只需要持相关法律文书,前往当地房管部门查询网签信息,前往当地不动产登记部门查询预告登记信息即可。

结合《规范执行和协助执行的通知》第 15 条的规定讨论存在预查封时解除合同的问题,实际存在三种情形:(1)被执行人购买的房屋已由房地产开发企业办理了房屋权属初始登记;(2)被执行人购买的房屋已经进行网签备案;(3)被执行人购买的房屋已经进行所有权预告登记。下文将第三种情形作为讨论的重点,主要的原因是商品房所有权预告登记具有公示效力,并且《民法典》等位阶较高的法律对预告登记也有相关规定,法律对基于预告登记而进行的查封的保护比公示效力更低的网签备案的情形和没有公示效力的仅有证据证明被执行人购买了初始登记的商品房的情形的保护更高。因此,根据“举重以明轻”的原则,优先讨论基于预告登记而进行查封的情形,如果对于该情形下的查封合同双方可以行使合同解除权,那么另外两种情形更可以行使合同解除权。

（二）预告登记的定义和性质

《民法典》第221条第1款规定："当事人签订买卖房屋的协议或者签订其他不动产物权的协议，为保障将来实现物权，按照约定可以向登记机构申请预告登记。预告登记后，未经预告登记的权利人同意，处分该不动产的，不发生物权效力。"实务中，预告登记主要有两种情形：（1）基于签订买卖房屋的协议的预告登记。该预告登记为了保障将来实现的所有权，因此又称所有权预告登记。（2）基于买受人与银行签订的不动产抵押的协议。该预告登记为了保障银行将来实现的抵押权，因此又称抵押权预告登记，或抵押预告登记。

结合《中华人民共和国民法典物权编理解与适用》一书的相关内容[①]可知，预告登记具有从属性，预告登记权利人的债权债务关系因履行完毕、被解除等原因消失的，预告登记消灭。也就是说，虽然预告登记有限制他人处分该动产的效力，但其前提是预告登记人仍然享有预告登记的基础权利，如果该基础权利因履行完毕、被解除等原因消失，预告登记也消失。

（三）法院观点

笔者对有关被预查封的商品房是否可以行使合同解除权进行案例检索后发现，实务中各法院对该问题仍然存在争议，因此下文对各判决结果在"本院认为"中的主要说理理由进行摘录并分析。

1. 可以解除合同

在"温州某置业公司、中国银行某支行案外人执行异议之诉案"中，最高人民法院认为："买受人就其购买的房屋办理预告登记，并不意味着其就现实地取得了该房屋的所有权。……预告登记所登记的不是现实的不动产物权，而是将来发生不动产物权变动的债权请求权。……故人民法院对预告登记在买受人名下的房屋进行预查封，实质是对买受人基于买卖合同取得的财产权益进行预查封，而不是对房屋本身的查封。如果买卖合同被认定无效、被撤销、被解除，则意味着买受人享有要求出卖人交付房产、协助办理过户手续等合同权利消灭，预告登记亦随之失效。出卖人对房屋的所有权亦不再受到预告登记的限制。人民法院亦不能依据之前的预

① 参见最高人民法院民法典贯彻实施工作领导小组主编：《中华人民共和国民法典物权编理解与适用》（上），人民法院出版社2020年版，第113～120页。

查封行为直接对该房屋强制执行。”①

在“德辅公司、何某申请执行人执行异议之诉案”中，最高人民法院认为：“本案预查封保全的仅是何某基于商品房预售合同对恺泰公司享有的不确定的合同权利。只有在案涉房屋完成本登记，何某取得案涉房屋物权，预查封转为正式查封后，才能对案涉房屋进行拍卖、变卖、折价，以满足德辅公司对何某享有的债权。……预查封对象转变为恺泰公司应向何某退还的购房款，德辅公司可申请执行该款项。”②

在“鲍某鹏、沈阳市某房地产公司等申请执行人执行异议之诉案”中，辽宁省沈阳市中级人民法院认为：“房屋预告登记保全的是预告登记权利人未来请求实现不动产物权的权利，是对预告登记期间登记义务人处分房屋效力的排斥。预查封的效力实为冻结不动产物权登记簿的登记，以限制预告登记人未来对标的物的处分。通过预查封固定的是预告登记本身以及本登记完成之后对房屋的查封，预查封的效果取决于预告登记能否符合本登记的条件。房屋买卖合同解除后，房屋买受人不再享有相应的物权期待权，房屋出卖人有权向人民法院申请排除执行，故一审法院判决驳回上诉人鲍某鹏的诉讼请求并无不当。”③

而在“安邦公司、中国农业银行某支行案外人执行异议之诉案”中，四川省高级人民法院认为：“尽管在房屋买卖合同被解除、双方互负返还义务而案外人未返还价款的情况下，如果允许案外人排除金钱债权的执行，将会使申请执行人既执行不到被执行人名下的财产，又执行不到本应返还给被执行人的价款，的确有失公允，但是本案中安邦公司并非基于买卖合同被解除而对周某兰享有返还执行标的物的请求权，而是基于建造行为而原始取得的物权，物权自始至终未发生变动，不能据此认为安邦公司享有的所有权不得排除执行。因此，安邦公司享有的民事权利足以排除民事强制执行。”④

2. 不予解除合同

在“慈溪某房地产公司、浦东银行某支行第三人撤销之诉案”中，浙江省宁波市中级人民法院认为：“《最高人民法院、国土资源部、建设部关于依法规范人民法院执行和国土资源房地产管理部门协助执行若干问题的通知》明确了预查封的法律

① 浙江省高级人民法院民事判决书，(2020)浙民再13号。

② 最高人民法院民事裁定书，(2020)最高法民申2441号。

③ 辽宁省沈阳市中级人民法院民事判决书，(2022)辽01民终848号。

④ 四川省高级人民法院民事判决书，(2020)川民再487号。

效力等同于正式查封。在未依法解除预查封前，该预查封具有排他的法律效力。”“预查封的效力应当是禁止预查封机关以外的人对预查封的财产进行有害处分。当法院采取预查封措施后，即意味着司法公权力的介入，在未依法解除预查封前，该预查封就具有排他的法律效力，其他司法机关、仲裁机构及第三人不得对预查封的财产进行转移、设定权利负担或有其他有碍执行的行为，任何权力都不能对抗这种司法公权，即使出现合同约定或者法律规定可以解除合同的情形，在未依法解除查封之前，开发商也只可将有关证据材料递交法院审查，在征得法院同意，并将购房款交给法院，依法解除查封后方可解除合同。”①

江苏省高级人民法院2018年出台的《关于执行疑难问题的解答》第3条“被执行人购买的预售商品房，如何执行？”的解答中明确：“被执行人已将房款全部支付给开发商（被执行人自付一部分，银行贷款一部分），银行办理了抵押预告登记（预抵押登记），开发商在预售房产办理抵押权登记之前对银行贷款承担阶段性连带担保责任的商品房预售情形下，预售的商品房被法院预查封后，开发商或被执行人以仲裁或诉讼方式解除合同的，不得对抗人民法院的执行，人民法院可以继续执行预售房产。”但在该解答发布后，江苏省句容市人民法院和江苏省南京市中级人民法院就出现了截然相反的判例，句容市人民法院认为，预查封不影响行使合同解除权②；而南京市中级人民法院认为，解除合同系有碍执行行为而无效③。

（四）笔者意见

通过大量检索案例，笔者发现，多数法院认为开发商依法解除合同并未违反法律强制性规定，预查封不影响合同解除权的行使；少数法院将预查封等同于查封，认为解除合同因有碍执行行为而无效。

同时存在部分法院在认定开发商能否排除执行时认为，虽然相关生效判决已经认定合同解除，但由于开发商未返还已付款项，依据《九民纪要》第124条的规定，开发商不得排除执行行为。

结合案例检索以及相关学者观点，笔者认为，存在预查封的前提下，合同一方可以依据法定解除权、约定解除权解除合同。主要理由有以下三点：

① 浙江省宁波市中级人民法院民事判决书，(2016)浙02民终3821号。
② 参见江苏省句容市人民法院民事判决书，(2020)苏1183民初883号。
③ 参见江苏省南京市中级人民法院民事判决书，(2020)苏01民终7802号。

1. 自愿、公平原则

自愿、公平系《民法典》重要原则。守约方依照双方约定或法律规定行使解除权系双方意思自治的体现，无法律规定无效的应当认定为有效。行使合同解除权并不违反公平原则。

合同一方解除合同并未超出预查封申请人的预期，不构成对其利益的不当减损。顾名思义，预查封查封的仅是被执行人的一个物权期待权，并非物权本身，正如“温州某置业公司、中国银行平阳县支行案外人执行异议之诉案”中，浙江省高级人民法院所认为的，“预告登记所登记的不是现实的不动产物权，而是将来发生不动产物权变动的债权请求权”①。《中华人民共和国民法典物权编理解与适用》一书中的观点②亦认为，该请求权的基础仍然是商品房买卖合同，根据物债二分原则，合同的成立生效不必然导致物权的变动。再退一步讲，合同解除后，双方各负返还义务，作为开发商，其有义务返还已付价款，申请执行人可以将执行标的物变为开发商返还的价款。因此，由于合同履行的不确定性导致预查封执行标的变为到期债权，是预查封申请人申请预查封时就可以预见且应当预见到的结果，并没有因解除合同额外增加未知风险。

2. 存在道德风险

诚信原则也是《民法典》基本原则之一，不允许开发商依法解除合同的裁判导向会助长买受人虚构债务进行虚假诉讼，如果买受人通过虚构的债务对商品房进行预查封，开发商无法行使合同解除权，却因承担阶段性担保责任需要向银行偿还贷款，最后只能参与分配被执行人的财产，这将使开发商陷入“钱房两空”的境地，不利于房地产行业高质量发展。

3. 存在救济途径

首先，如果申请执行人认为存在法定无效或可撤销情形，可以提起民事行为无效、可撤销的诉讼。其次，合同解除后，申请执行人可以申请执行被执行人的债权，即合同解除后向对方返还的价款。

关于合同解除后能否排除执行。笔者认为，部分法院对《九民纪要》的理解有误，第 124 条“如果案外人提出执行异议之诉依据的生效裁判认定以转移所有权为

① 浙江省高级人民法院民事判决书，(2020)浙民再 13 号。

② 参见最高人民法院民法典贯彻实施工作领导小组主编：《中华人民共和国民法典物权编理解与适用》，人民法院出版社 2020 年版，第 116 页。

目的的合同(如买卖合同)无效或应当解除,进而判令向案外人返还执行标的物的”的规定,明确是判令案外人返还执行标的物,但所有权预告登记不同于物权登记,案外人自始至终从未实际取得商品房的所有权,因此不应当适用该条。

综上所述,笔者认为,存在预查封情况时,开发商可以解除合同,并且可以排除第三人的执行行为。若第三人认为有其他无效、可撤销情形,可以依法提起诉讼。

二、存在查封时合同的解除

一般情况下,商品房存在查封有两种情形,第一种情形是开发商名下的商品房被查封,第二种情形是商品房买受人名下的商品房被查封。第一种情形下,买受人依照相关规定解除合同的,开发商返还已支付的价款,并承担损失即可。因本节讨论的前提是合同的解除,故该部分主要讨论上述第二种情形,即商品房买受人名下的商品房被查封的情形下,基于法律规定、合同约定或者双方合意等原因,买受人与开发商签订的商品房买卖合同解除。

从实务角度分析,即便是上述第二种情形,实际发生的可能性仍然极低。第二种情形发生的前提是,商品房已经办理不动产权属证书并且过户至买受人名下,对于开发商来说,一般只有在买受人已经履行完全部付款义务后,才会配合将商品房登记至买受人名下,此时即便买受人名下的商品房被查封,因开发商主要利益并未受损,其单方解除商品房买卖合同的可能性极低。因与该情形相关的公开案例极少,故笔者仅根据相关法律规定进行探讨。

(一)法律规定

最高人民法院2020年修正的《关于人民法院民事执行中查封、扣押、冻结财产的规定》(以下简称《查扣冻规定》)第24条、《执行异议和复议规定》第26条、《九民纪要》第124条。

(二)笔者意见

《查扣冻规定》第24条规定了基本原则,即一般情况下,解除合同行为会被认定为有碍执行的行为,因为查封、扣押、冻结均具有公示效力,对商品房的查封可以凭借相关手续在不动产登记部门查询,故明知商品房被查封,仍然解除合同的,将被法院认定为妨碍执行的行为。

《查扣冻规定》第24条有一个潜在的前提条件，即查封早于解除合同。因此《执行异议和复议规定》第26条在《查扣冻规定》第24条的基础上进一步规定，在金钱债权的执行中，案外人依据查封作出前另案生效法律文书提出执行异议的，应当辨别该生效文书所载纠纷属于哪类纠纷，第一类纠纷是权属纠纷或者是不转移权属为目的的合同纠纷，第二类纠纷是除第一类纠纷以外的其他债权纠纷。如属第一类纠纷，则案外人基于生效法律文书所享有的权利是物权请求权，可以排除执行。这主要是因为：(1)权属纠纷文书生效后，案外人已是被执行财产的合法所有权人，有权要求返还原物；(2)不转移权属为目的的判决生效后，案外人自始至终是被执行财产的合法所有权人，生效文书确认第三人无权占有，赋予了案外人要求返还原物的权利。

《九民纪要》第124条在上述基础上进一步解释、限缩排除执行的条件。首先明确买卖合同解除后，案外人享有的请求权是物权请求权，符合上述第一种情形，但又增加了一个条件，商品房买卖合同解除后，双方互负返还义务，在案外人未返还价款的前提下，返还财产（即排除执行）有失公允，因此只有在案外人已经返还价款的情况下，才能排除普通债权人的执行。

综上所述，房屋被查封前，开发商解除合同的，在开发商返还已付款项的前提下，可以排除执行；房屋被查封后，开发商解除合同的，大概率会被法院认定为妨碍执行，不得对抗申请执行人。

三、存在预抵押时合同的解除

根据最高人民法院《关于适用〈中华人民共和国民法典〉有关担保制度的解释》（以下简称《民法典担保制度解释》）第52条的规定，预抵押又称抵押预告登记，抵押权的设立目的在于使权利人就抵押财产优先受偿，而抵押权预告登记是在买受人购买期房时，因尚未实际取得房屋所有权，但又面临向银行办理按揭贷款的需要，故法律在将来可能产生的所有权上设立了一个抵押权，采用抵押权预告登记形式保障预抵押权人的权益，能使其在将来处分抵押物时较其他担保物权人有更加优先的顺位，而不在于防止抵押人再次处分标的物。此处讨论的内容是：商品房买卖合同解除后，预抵押权人能否行使优先受偿权？开发商能否收回房屋？

（一）法律规定

《民法典》第221条，《商品房买卖合同解释》第20条、第21条，《民法典担保制度解释》第52条。

(二)法院观点

目前在司法实践中,针对商品房买卖合同解除后预抵押权人是否享有优先受偿权的问题,主流观点认为,因合同解除时抵押权尚未设立,预抵押人不具有优先受偿权。

例如,在"招行南湖支行、许某征等金融借款合同纠纷案"中,嘉兴市中级人民法院认为:"抵押权预告登记的并非现实的抵押权,而是将来发生抵押权变动的请求权,该请求权具有排他效力。因此,招行南湖支行作为涉案房屋抵押权预告登记的权利人,在未办理房屋抵押权设立登记之前,其享有的是当抵押登记条件成就或约定期限届满对涉案房屋办理抵押登记的请求权,并可排他性地对抗他人针对涉案房屋的处分,但并非对涉案房屋享有现实抵押权。故招行南湖支行主张在抵押权范围内对债权金额优先受偿,缺乏事实依据,不予支持。"①

在"建行恩平支行、朱某红等商品房预售合同纠纷案"中,广东省江门市中级人民法院认为:"本案中,建行恩平支行虽与朱某红办理了涉案房屋的抵押权预告登记,并已取得涉案房屋抵押权预告登记证书,但涉案房屋至今尚未办理所有权的首次登记,故依据前述规定,一审法院认定建行恩平支行尚未取得涉案房屋抵押权并判决建行恩平支行对涉案房屋处置所得价款不享有优先受偿权,并无不当,本院予以维持。"②

而在"农业银行东茅岭支行、吴某等商品房预售合同纠纷案"中,湖南省岳阳市中级人民法院认为:"关于农业银行东茅岭支行要求对案涉房屋享有优先受偿权的诉讼请求,本案中,案涉房屋未办理抵押登记手续,农业银行东茅岭支行亦未提交证据证实上述抵押房屋办理了建筑物所有权首次登记,故农业银行东茅岭支行主张的抵押权尚未设立,对该项诉讼请求,不予支持。"③

(三)笔者意见

依据《商品房买卖合同解释》第20条的规定,商品房买卖合同被解除,买受人

---

① 浙江省嘉兴市中级人民法院民事判决书,(2021)浙04民终1597号。
② 广东省江门市中级人民法院民事判决书,(2022)粤07民终2644号。
③ 湖南省岳阳市中级人民法院民事判决书,(2021)湘06民终4816号。

或者银行均有权主张解除商品房担保贷款合同。因此存在两种情形:(1)买卖合同和担保贷款合同一并解除。(2)买卖合同解除,担保贷款合同不解除。

第一种情形下,担保贷款合同解除,抵押权预告登记当然解除。第二种情形下,从常理角度分析,如果买卖合同解除,无论买受人还是银行均不大可能选择不解除担保贷款合同。对于买受人而言,已不存在买卖合同关系,原有借款目的已不存在,再向银行借款已无意义;对于银行而言,担保贷款合同明确约定贷款用于购买特定商品房,因此如果买卖合同解除,其大概率也会解除担保贷款合同。

通过案例分析不难发现,预抵押权能否实现与担保贷款合同是否解除并无关联。结合《民法典担保制度解释》第52条的规定,预抵押权人若想就预抵押财产主张优先受偿权,需要满足三个条件:(1)不动产已经完成建筑物所有权首次登记,即开发商已将不动产登记在开发商名下;(2)预告登记的财产与办理建筑物所有权首次登记时的财产一致;(3)不存在抵押预告登记失效的情形。一般情况下,纠纷多产生于商品房办理产权证前,不能满足上述第一个条件,因此不能优先受偿。依据《商品房买卖合同解释》第21条的规定,开发商应当将收受的购房贷款和购房款的本金及利息分别返还担保权人和买受人,并收回商品房。

四、存在抵押时的合同解除

商品房存在抵押的情形一般是商品房不动产权已经办理在买受人名下,买受人因担保贷款将商品房抵押给银行。此时,如果商品房买卖合同被解除,担保贷款合同一并解除的,抵押权人能否优先受偿?

(一)法律规定

《商品房买卖合同解释》第20条、第21条的规定。

(二)相关案例

1. 抵押权人可以优先受偿

在"刘某婷、安徽某置业公司等商品房销售合同纠纷案"中,安徽省阜南县人民法院认为:"原告以涉案房屋作抵押,现三方合同解除,原告对涉案房屋不享有所有权,涉案房屋产权归被告,但因涉案房屋设立的抵押登记仍然存在,第三人仍系涉案房屋抵押权人,虽然原告与第三人签订住房(商业用房)按揭借款/抵押合同,但借款资金由第三人直接汇入被告账户，故如被告不能按期履行其向第三人债务，依法处置抵押物即位于阜南县南阳××道××道××路××号楼××幢××房屋，第三人享有优先受偿权。”①

而在“湖南某房地产公司、杨某好等商品房销售合同纠纷案”中，株洲市荷塘区人民法院认为：“本案第三人抵押权预告登记的财产与办理建筑物所有权首次登记的财产是完全一致的，且不存在预告登记失效的情形，故第三人依法对案涉房屋享有抵押物权，其主张抵押物的优先受偿权的诉讼请求，符合法律规定，本院予以支持。”②

2. 抵押权人不得优先受偿

在“交通银行梅州分行、广东某投资公司等房屋买卖合同纠纷案”中，梅州市中级人民法院认为：“《商品房买卖合同（预售）》解除后，买受人张某煌、余某婷不可能最终取得房屋所有权，《个人房产抵押贷款合同》的合同目的已无法实现亦已相应解除，即合同约定的抵押关系已解除。上诉人提出其应就案涉抵押物优先受偿的请求，本院不予支持。”③

（三）笔者意见

结合相关判例，支持抵押权人优先受偿的法院的理由是抵押权已登记，故可以优先受偿。而不支持的法院认为，买卖合同解除、抵押贷款合同解除，抵押权不再存在，因此不得优先受偿。

笔者支持第一种观点，主要理由如下：

首先，根据抵押权登记生效的原则，即使合同解除，商品房应当返还开发商，根据《民法典》第405条的规定，抵押财产转让的，抵押权不受影响。其次，抵押权设立采取的是登记生效主义，抵押权消灭当然采取的也是注销登记后才消灭，因此抵押合同的解除不能导致依法登记的抵押权消灭。最后，如果产生如此司法导向，将存在买受人同开发商串通，解除买卖合同，侵害银行权益的可能性。

因此，笔者认为，存在抵押权的情况下，买卖合同、抵押贷款合同解除后，开发商应当向银行、买受人履行抵押贷款的返还义务，并收回房屋，并且银行可以在开发商无法履行债务的情形下要求对房屋拍卖款项优先受偿。

---

① 安徽省阜南县人民法院民事判决书，(2022)皖1225民初3130号。

② 湖南省株洲市荷塘区人民法院民事判决书，(2022)湘0202民初195号。

③ 广东省梅州市中级人民法院民事判决书，(2021)粤14民终2115号。

第七章

逾期履行违约金纠纷

在商品房买卖交易中,购房者按照合同约定向开发商支付房屋价款后,开发商负有按照约定的交房时间及条件向购房者交付指定房屋的义务,否则应当向购房者承担逾期交房的违约责任。在现实生活中,开发商逾期交房的情况时有发生,可能导致开发商被购房者诉至法院,要求按照合同约定支付逾期交房的违约金。本章拟结合司法实践就逾期履行违约金的相关问题展开分析。

第一节 逾期违约金诉讼时效及起算点

一、逾期付款、逾期交房及逾期办证违约金的诉讼时效

违约金是违约责任的一种承担方式。我国违约金的设置具有补偿性与惩罚性的双重功能,以补偿性为主,以惩罚性为辅。基于违约金债权请求权的性质,当事人在通过民事诉讼行使违约金请求权时也受到诉讼时效制度的约束。在房屋买卖合同纠纷中,房屋买卖合同一般约定当事人违反合同义务应承担一定数额的违约金,其诉讼时效期间从合同约定的义务履行期限届满之日起算。但是,在商品房预售合同纠纷中,类似"出卖人按日计算向买受人支付全部房价款万分之×的违约金"的表述最为常见,特别是在逾期付款、逾期办证、逾期交付等纠纷中,此类继续性违约金一般都是按逾期天数累计计算。那么,针对继续性违约金,其诉讼时效应当如何计算?

(一)两种观点及司法判例

第一种观点认为,违约期间内不断按日累计增加的继续性违约金为一个整体债权,且履行期限为不定期,因此应按照不定期债权的时效规则,将违约金债权视为一个整体性债权统一计算诉讼时效。例如,房地产开发公司逾期办证时间超过5年,假如将违约金债权视为一个整体的话,那么,对于前面5年的逾期办证违约金法院都予以保护。

在"方某玲、杭州某房地产公司房屋买卖合同纠纷案"中,购房人与开发商于2009年9月1日签订一份《商品房买卖合同》,约定开发商应当在2010年3月30日前将验收合格的商品房交付给购房人。经过审理,二审法院认为:"关于逾期交房违约金的诉讼时效问题。双方当事人在买卖合同中约定逾期交房超过90天,买受人要求继续履行合同的,合同继续履行,自合同规定的最后交付期限的第二天起至实际交付之日止,出卖人按日向买受人支付已交付房价款万分之二的违约金。从该约定内容分析,延迟交房的违约金是根据违约行为持续发生的状况而'累加计算'的,相对于买受人来讲,主张自合同约定的逾期交房之日至实际交房之日的违约金,是双方当事人在合同中所确定的一个整体的合同权利,而不是根据违约的天数具体分割为若干分别计算诉讼时效的独立的权利,买受人可以在该项整体权利

未能实现时提出主张。原审法院将本案违约金请求权分割为若干独立的请求权，并以分别计算的诉讼时效予以限制，违背了当事人意思自治的原则，本院予以纠正。”①故判决开发商于判决生效之日起15日内向购房人支付以3,191,850元为基数，自2010年3月31日起至该判决生效之日止按日2‰计算的逾期交房违约金（暂计至2017年2月28日为1,612,522.62元）。这个案例特别典型，法院认为违约金是根据违约行为持续发生的状况而“累加计算”的，应当将违约金债权视为一个整体性债权统一计算诉讼时效。由此法院判决从2010年3月31日起算违约金，连续计算了6年多的违约金。

第二种观点认为，继续性违约金可以按日分解为多个单日定期债权，违约一日就产生一日的违约金债权，根据违约的天数分别计算诉讼时效。按照现有法律规定，若以现在的时间点作为违约金起算点，那么，违约金倒推前面3年计算，对3年以前产生的违约金不予保护。

在“赵某风与某房地产公司商品房销售合同纠纷案”中，购房人与开发商于2012年11月22日签订一份《商品房买卖合同》，约定开发商应当在2014年10月31日前交付案涉房屋，并约定了违约责任承担。二审法院认为：鉴于案涉楼房已于2017年3月31日通过竣工验收备案，因此应以2017年3月31日为正式交房日期。双方签订的商品房买卖合同对房屋交付时间有明确约定，合同约定的房屋交付的时间届满后，开发商未交房，购房人应当知道其权利已受到侵害，故诉讼时效应自约定的房屋交付时间之次日起算。本案逾期交房违约金系以日计付的继续性债权，每个个别债权应分别单独适用诉讼时效，购房人于2019年12月10日向一审法院主张权利，其主张的2016年12月10日之前的违约金已超过3年诉讼时效，故一审法院认定违约金自2016年12月10日起算并无不当，二审法院予以维持。②

福建省高级人民法院《关于审理商品房买卖合同纠纷案件疑难问题的解答》对于第21个问题：“买受人请求出卖人履行协助办理房屋权属证书③之义务有无诉讼时效？买受人请求出卖人承担逾期交房、逾期办证的违约金的诉讼时效从何时起算？”的解答是：“……商品房买卖合同对逾期交房、逾期办证违约金的支付日期有约定的，诉讼时效从约定之次日起算；无约定的，一次性支付的违约金的诉讼时效

---

① 浙江省杭州市中级人民法院民事判决书，(2018)浙01民终983号。

② 参见山东省济南市中级人民法院民事判决书，(2020)鲁01民终7475号。

③ 根据2020年修正的《商品房买卖合同解释》，“房屋权属证书”修改为“不动产权属证书”。

从合同约定的应交房之次日以及《商品房买卖合同司法解释》第十八条第一款①规定的出卖人应承担逾期办证违约责任之日起算；按日计付的违约金的诉讼时效应当分别每一日单独计算。”北京市高级人民法院《关于审理房屋买卖合同纠纷案件若干疑难问题的会议纪要》在第23条“违约金诉讼时效的认定”中认为，“约定违约金为按日（月）计付的继续性违约金的，以每个个别的债权分别单独适用诉讼时效，当事人在诉讼中提出时效抗辩的，违约金保护范围为当事人起诉之日前两年”（按照现行法律，违约金保护范围为当事人起诉之日前3年）。

（二）笔者意见

笔者同意第二种观点，即按日累计计算违约金。将违约金视为每日独立债权分别计算诉讼时效，有效地平衡双方利益，渐成主流观点，因为这种违约金的设计初衷在于债权人通过违约责任大小与违约时间长短的正相关逐日施压，以督促主债权的尽早实现，将违约金视为每日独立债权，也更能兼顾诉讼时效制度，督促债权人及时行使权利。

二、开发商逾期办证违约金的起算点

商品房买卖中，开发商有义务按照合同约定按时交房和办理产权登记手续，购房人则有义务按时支付购房款。近年来，房地产市场受多种因素影响，开发商逾期交房的情况多有发生。一旦开发商逾期交房，随之而来的问题往往是逾期办理产权登记，进而导致购房人的违约索赔。下文拟以2018版《浙江省商品房买卖合同示范文本》为例，就开发商逾期交房情况下逾期办证违约金的起算点问题进行分析。

（一）2018版《浙江省商品房买卖合同示范文本》关于逾期办证起算点的约定

2018版《浙江省商品房买卖合同示范文本》约定了商品房交付时间条款和办理产权证的时间条款，以及出卖人即开发商逾期办理商品房交付和产权证的违约责任。一旦开发商出现逾期交房或逾期办证的情况，购房人均有权依据示范文本的约定要求开发商承担相应的违约责任。

① 此处适用的是2003年《商品房买卖合同解释》，相关规定参见2020年《商品房买卖合同解释》第14条第1款。

针对开发商逾期交房的违约责任，2018 版《浙江省商品房买卖合同（预售）示范文本》第 12 条“交付时间和手续”中约定了“出卖人应在________年____月____日前向买受人交付该商品房”，一旦开发商超过了示范文本约定的交付时间，即构成违约，应按照合同约定承担相应的违约责任。

针对开发商逾期办证的违约责任，2018 版《浙江省商品房买卖合同（预售）示范文本》第 21 条第 2 款约定的是“因出卖人的原因，买受人未能在该商品房交付之日起____日内完成该商品房的房屋交易手续和取得不动产权证的”，也就是说，一旦开发商未能在示范文本约定的商品房交付时间内取得不动产权证，即构成违约，按照合同约定承担相应的违约责任。

（二）关于逾期办证违约金起算点是约定交房之日还是实际交房之日的争议

因 2018 版《浙江省商品房买卖合同示范文本》中对于逾期办证违约金起算点的认定取决于商品房交付之日，由此带来的问题是，开发商提前交房或逾期交房的情况下，存在两个交房时间：一个是合同约定的交房时间；另一个是实际的交房时间。购房人若主张开发商赔偿逾期办证的违约金，对于违约金起算时间是合同约定的交房时间还是实际的交房时间，存在争议。

在开发商逾期交房的情形下，购房人通常主张从合同约定的交房时间开始计算开发商逾期办证的违约金。理由是逾期交付违约金和逾期办理产权证的违约金是不同的违约责任承担方式，不能因为开发商逾期交房反而减少其应该承担的逾期办证的违约责任。

开发商则认为，应该从实际交房时间开始计算逾期办证的违约金。理由是如果以合同约定的交房时间作为起算点，会对逾期交房的期间再计算一次逾期办证违约金，属于重复计算违约金，不仅违背了买卖双方的合意，还会加重出卖人的违约责任。

（三）法院观点

在司法实践中，不同法院对此问题的裁判观点也不同。

1. 主张逾期办证违约金起算点是实际交房之日

有法院认为，开发商逾期交房的情况下，逾期办证违约金的起算点为商品房实际交付之日。例如,在“李某、浙江某置业公司商品房销售合同纠纷案”中,开发商和购房人签订的商品房买卖合同系2008版《浙江省商品房买卖合同示范文本》,即合同分别约定了开发商交房的具体日期和办证的具体日期,买卖双方之间另行签订补偿协议,约定开发商逾期交房或购房人逾期收房的情况下,开发商逾期办证的时间相应顺延,后诉讼中购房人主张该条款无效。法院认为,买卖双方之间关于办证顺延的约定与浙江省住房和城乡建设厅、浙江省工商行政管理局推行使用的2018版《浙江省商品房买卖合同示范文本》第21条“房屋交易、不动产登记”中“因出卖人的原因,买受人未能在该商品房交付之日起日内完成该商品房的房屋交易手续和取得不动产权证的,双方同意按照下列第____种方式处理……”的行文逻辑一致,其内容并未免除出卖人的责任、加重买受人责任、排除买受人的主要权利,也不存在合同无效情形,应属有效。① 尽管本案中买卖双方明确约定了逾期办证的具体日期,但是补充协议约定开发商逾期交房情况下逾期办证时间相应顺延,法院认为该补充约定条款与2018版《浙江省商品房买卖合同示范文本》的约定一致,简言之,在开发商逾期交房的情况下,逾期办证违约金的起算点是实际交房之日。

有法院认为,开发商提前交房的情况下,逾期办证违约金的起算点也为商品房实际交付之日。例如,在“中山某建设发展公司与李某健、施某某商品房预售合同纠纷案”中,开发商与购房人的商品房买卖合同约定,开发商应在2014年12月31日前将案涉商品房交付给购房人使用。合同签订后,开发商于2014年9月20日将案涉商品房交付给购房人,于2018年1月31日取得不动产登记受理通知书。法院认为,开发商应于2014年9月20日起算720个工作日,即2017年8月14日前办理完毕房屋权属登记,但开发商于2018年1月31日才履行前述义务,应当承担相应的违约责任。②

2. 主张办证违约金的起算点是约定交房之日

有法院认为,开发商逾期交房的情况下,逾期办证违约金的起算点为商品房约定交付之日。例如,在“农某菲、陆某宝商品房预售合同纠纷案”中,开发商与购房人签订的商品房买卖合同约定,开发商应于2014年12月30日前交付该商品房,于商品房交付使用后720日内办理完毕案涉房屋产权证。开发商实际于2015年6月15日办理交房手续,于2019年1月8日通知办理案涉房屋产权证。法院认为,因案

---

① 参见浙江省杭州市中级人民法院民事判决书,(2020)浙01民终9269号。

② 参见广东省中山市中级人民法院民事判决书,(2020)粤20民终2566号。

涉合同约定的最后交房日期(2014 年 12 月 30 日)是买卖双方共同预期的,而开发商实际交房时间是买卖双方订立合同时不可预期的,也非购房人的意愿。且案涉商品房买卖合同是开发商提供,在合同条款存在两种以上解释时,根据格式条款解释规则应当作出不利于提供格式条款一方的解释。因此,结合该案实际情况,法院确认案涉合同办理产权登记条款的商品房交付之日所指的是商品房约定时间,而不是商品房实际交付之日。[①]

(四)笔者意见

笔者认为,2018 版《浙江省商品房买卖合同(预售)示范文本》中第 21 条第 2 款约定的交付之日应为实际交房之日。

首先,从文义解释角度来看,该示范文本第 12 条第 1 款约定,“出卖人应当在________年____月____日之前向买受人交付该商品房”。第 13 条约定了出卖人逾期交付的违约责任,根据该约定,存在出卖人在约定的截止日期前交房、约定的截止日期当天交房以及约定的截止日期后交房三种可能性,买卖双方在签订合同前对此应有预期,若坚持将示范文本中第 21 条第 2 款约定的交付之日解释为合同约定交房之日,即合同约定的交房截止日,是对示范文本第 12 条中交付之日的不完全理解。

其次,从设计意图来看,该示范文本将交房日期约定为具体日期前,却将办理产权证时间约定为商品房交付后多少日内办理完毕,也是考虑交房时间不确定,由此带来的办理完毕产权证的时间也不确定。如 2008 版《浙江省商品房买卖合同示范文本》对于开发商办理产权证时间是明确约定的,其中第 16 条第 3 款约定:“出卖人承诺于________年____月____日前,取得前款规定的土地、房屋权属证书,交付给买受人”;但 2018 版《浙江省商品房买卖合同示范文本》却改变了这一约定。若将该示范文本第 12 条第 1 款中的商品房交付日期解释为合同约定的交付日期,合同约定的交房时间在签订合同时是可以确定的,同理,办理完毕产权证的时间也可以确定,那么 2018 版修改 2008 版《浙江省商品房买卖合同示范文本》关于开发商办证时间的约定也就没有意义了。

最后,2018 版《浙江省商品房买卖合同(预售)示范文本》中第 21 条第 2 款约定

---

① 参见广西壮族自治区崇左市中级人民法院民事判决书,(2020)桂 14 民终 571 号。

的交付之日若解释为合同约定的交付之日，在开发商逾期交房的情况下，将会导致合同约定交房日期与实际交房日期间隔期间的违约金被重复计算，即买受人可以同时向出卖人主张此期间的逾期交房违约金和逾期办证违约金，违背违约金的损失填平原则；若解释为实际的交付之日，那么房屋实际交付日之前开发商只需要承担逾期交房的违约金，房屋实际交付日之后开发商只需要承担逾期办证的违约金，两种违约责任相互衔接。

需要特别说明的是，如果商品房买卖合同约定了确定的办证日期，如约定“出卖人应在________年____月____日将商品房不动产权证交付给买受人”，此种情况下开发商逾期交房和逾期办证的，可能要同时承担逾期交房和逾期办证的违约责任。

第二节　计算与调整

一、逾期违约金的计算与调整

合同双方当事人可以自由约定违约金的数额或具体计算方法，这是当事人意思自治、合同自由原则的要求与体现。违约金虽然为当事人约定事项，但是当违约金过低或过高时，不能以意思自治为由完全放任当事人约定，根据我国《民法典》第584条、第585条第2款，以及《商品房买卖合同解释》第12条的规定，在一方当事人提出调整的请求时，法院或仲裁机构可以根据诚信原则、公平原则予以合理调整，以此来认定合同约定违约金合理与否。

违约金的司法调整，就其本质而言，体现了国家司法机关对于双方约定违约金的过高或过低进行干预与调整，以维护民法的公平原则与诚信原则。若任由当事人约定，对于过高的违约金以意思自治原则为由不加干预，在有些情况下，无异于鼓励当事人通过不正当的方式获取暴利。违约金进行调整时应当以违约造成的损失为基准，这里的损失既包括实际损失，又包括预期利益损失、利息损失、逾期交付给购房者产生的租金损失等。违约金进行调整时应着重注意以下几个方面：

(1)约定的违约金超过“损失范围”的30%的，一般可认定为违约金过高。

(2)“损失范围”即《民法典》第584条规定因违约所造成的损失，包括合同履行后可以获得的利益，其上限不得超过违约方订立合同时可预见的损失(以下简称损失范围)。

(3)调整(增加)后的违约金数额不得超过前述损失范围,增加违约金后,不再支持赔偿损失。

(4)调整违约金应以损失范围为基础,结合履行情况、过错程度、公平原则和诚信原则等,综合衡量作出裁判。

(5)违约方请求适当减少违约金的,应当由违约方就违约金过高承担举证责任;相对人主张违约金合理的,相对人应就违约金合理性举证。

(6)当事人以约定的违约金过高为由请求减少的,应当以违约金超过造成的损失的30%为标准适当减少;当事人以约定的违约金低于造成的损失为由请求增加的,应当以违约造成的损失确定违约金数额。认定约定的违约金是否过高,一般应当以损失为基础进行判断,这里的损失包括合同履行后可以获得的利益,应当兼顾合同履行情况、当事人过错程度以及预期利益等因素综合确定。

二、逾期办证违约金的调整

逾期交房、逾期办证违约金的争议相对较少,但在逾期办证纠纷处理过程中,开发商往往以约定的逾期办证违约金过高为由要求调低,而买受人往往以相反的理由要求调高。由于买受人因逾期办证导致的损失金额无法计算,故在司法实践中很难提出准确的调整依据。

(一)不予调整的案例

在司法实践中,合同约定的逾期办证违约金不存在严重偏离交易习惯、损害公共利益的,法院一般不予调整。例如,在"奎屯某房地产公司与戴某奇、李某群商品房预售合同纠纷案"中,二审法院认为,本案的争议焦点是逾期办证违约金计算标准问题。本案中,双方当事人在《商品房预售合同》第15条中对产权登记的违约责任及违约金的计算标准进行了明确约定。故本案不适用《商品房买卖合同解释》第18条第2款[①]即"合同没有约定违约金或者损失数额难以确定的,可以按照已付购房款总额,参照中国人民银行规定的金融机构计收逾期贷款利息的标准计算违约金"的规定。且商品房预售合同涉及人数众多、具有群体性特征,如轻易突破双方

① 此处适用的是2003年《商品房买卖合同解释》,相关规定参见2020年《商品房买卖合同解释》第14条第2款。

合同约定，不利于保护交易安全，也会对市场经济的稳定发展造成不利后果。故本案在当事人对逾期办证违约金有明确约定，且不存在严重偏离交易习惯、损害公共利益的情况下，法院不宜对当事人合意约定的违约金标准进行调整。鉴于开发商已于2013年12月9日向购房人交付案涉房产，购房人亦未举证证明其因开发商逾期办理房屋权属证书的违约行为所遭受的实际损失数额，故依照双方合同约定支付违约金。①

（二）办证违约金约定明显过低，购房户申请调增的，法院支持的案例

1.法院认为约定违约金过低而调整

江西省高级人民法院《开发商逾期交房、办证违约责任纠纷案件审判指引》（以下简称《江西高院办证纠纷指引》）第6条【逾期办证违约金的调整】第2~3款规定："合同约定的逾期办证违约金每日标准在已付购房款或房屋总价款万分之零点五至万分之一点五（均含本数）范围内的，开发商主张约定过高请求调整的，原则上不予支持。购房人认为该约定低于其实际损失请求调整并举证证明的，可按实际损失予以调整。合同约定的逾期办证违约金每日标准低于万分之零点五或高于万分之一点五的，当事人请求调整的，可结合合同履行情况、违约方的过错程度、违约时间的长短、合同的预期利益、双向义务是否对等、社会经济发展等综合因素，根据公平原则和诚实信用原则，酌情调整到日万分之零点五至万分之一点五的范围内。对方当事人举证证明约定的违约金合理，无需调整的除外。"换言之，江西省高级人民法院认为逾期办证违约金的合理标准相当于年利率1.825%~5.475%。

例如，在"蔡某与信达公司商品房预售合同纠纷案"中，再审法院指出："案涉《商品房买卖合同》第十四条及合同附件六《合同补充协议》第五条约定买房人不能按约取得房屋权属证书时出卖人的责任为'每日按买受人已付款的0.0001%向买受人支付违约金'，且不超出'3000元'，二审判决认为该约定的'逾期办证违约金明显过低'，并认为'将违约金限定为3000元也将导致信达公司在长时间逾期办理案涉商品房所有权初始登记的情况下无需继续承担逾期办证违约责任'，且'相比于双方约定的逾期付款违约金也明显不对等，不符合公平原则及违约金所应具备一定的惩罚性原则'，因此支持买房人关于请求人民法院予以增加违约金金额的主

① 参见新疆维吾尔自治区高级人民法院伊犁哈萨克自治州分院民事判决书，（2019）新40民终808号。

张。二审法院该认定符合《中华人民共和国合同法》第一百一十四条第二款①规定。"②

2. 法院认为约定违约金的条款系格式条款而调整

《江西高院办证纠纷指引》第6条【逾期办证违约金的调整】第4款规定:"合同约定的逾期办证违约金并非以日为标准计算,而是按购房款固定比例计算的,应根据《中华人民共和国合同法》第三十九条、第四十条③对该条款效力进行审查。按固定比例计算违约金数额极低的,可认定为开发商免除或限制自己责任的无效格式条款,逾期办证违约金按照《最高人民法院关于审理商品房买卖合同纠纷案件适用法律若干问题的解释》第十八条第二款④合同没有约定违约金的规定处理。"

例如,在"金河公司与杨某东、美某商品房预售合同纠纷案"中,再审法院指出:"本院经审查认为,关于涉案《商品房买卖合同》第十二条中违约金为0%的条款的效力问题。《商品房买卖合同》由金河公司预先拟定,合同中除房屋的位置、面积、价款、付款方式等内容为双方协商的约定之外,其余条款均与金河公司与其他购买该小区房屋的购房人签订合同使用的条款相同,重复使用,属格式条款。合同第十二条第二款约定如由于金河公司的原因未在约定期限内办结房屋权属转移登记的按房屋价款的0%支付违约金,该约定免除了金河公司逾期办证的责任。因房地产开发企业负有协助商品房购买人办理房屋权属证书的义务,合同中也明确约定了商品房交付使用后720个工作日内,办结房屋权属转移登记。故《商品房买卖合同》第十二条中违约金为0%的条款不是当事人真实意思表示。原审判决依照《中华人民共和国合同法》第四十条规定,认定该条款无效并无不当,符合公平原则和交易习惯。"⑤

(三)开发商认为约定的逾期办证违约金过高,请求调整的,法院的处理

实务中,主要可分为以下几种情况:

(1)开发商认为约定的逾期办证违约金过高,请求调整,但未提供证据证明违

---

① 《合同法》已因《民法典》施行而废止,相关规定参见《民法典》第585条第2款。

② 福建省高级人民法院民事裁定书,(2021)闽民申3365号。

③ 相关规定参见《民法典》第496条、第497条。

④ 此处适用的是2003年《商品房买卖合同解释》,相关规定参见2020年《商品房买卖合同解释》第14条第2款。

⑤ 内蒙古自治区高级人民法院民事裁定书,(2019)内民申1300号。

约金过分高于造成的损失，法院不予支持。例如，在“肖某与云南某房地产公司房屋买卖合同纠纷案”中，再审法院指出：关于违约金的计算标准。双方当事人在合同中约定，计算标准为：如因开发商原因，购房人未能按本条约定取得产权证，按合同第9条第一种方式处理。第9条第一种处理方式为：开发商（甲方）如未按合同第7条约定的时间交房，则“自本合同约定的交房时间届满后的次日起至实际交房之日止90天内，甲方按每天50元向乙方支付违约金，合同继续履行”，逾期90天后，开发商“按乙方已付款的0.03%乘以逾期天数向乙方支付违约金，合同继续履行”。虽然开发商认为违约金过高，请求调整，但未提供证据证明违约金过分高于造成的损失。故本案违约金应当按照合同约定标准计算。从2012年10月30日至2013年1月27日的逾期办证违约金为4500元（50元×90天=4500元）。从2013年1月28日起至房屋产权登记实际办理完毕之日止，按每日1147.2元（3,824,000元×0.03%=1147.2元）计算，计算至开发商实际为购房人办理房屋产权登记手续为止。①

（2）如开发商认为约定的逾期办证违约金高于购房户实际损失，法院是否调低需要综合考量违约影响以及开发商违约的性质和程度、违约成本、违约金惩罚性、当地经济发展水平等因素。例如，在“林某洪、黄某燕商品房预售合同纠纷案”中，二审法院认为：关于办证违约金的调整标准，一审法院综合考虑购房人因开发商违约所受到的影响以及开发商违约性质和程度、违约成本、违约金惩罚性、当地经济发展水平等因素，在案涉《商品房买卖合同》约定逾期办证违约金以已支付房价款的0.1%计算的基础上，酌定逾期办证违约金按年利率2%计算，合理有据，购房人上诉主张应按年利率6%计算办证违约金，缺乏依据，二审法院不予支持。②

（3）因购房户已将案涉房屋出租盈利，与一般购房人的损失相比，其主张按照房款5%计算违约金明显过高，法院可酌情调减。例如，在“某发展公司与陈某福等商品房销售合同纠纷案”中，二审法院认为：开发商称，即使存在逾期办证行为，但违约金过高，请求予以调减。根据《合同法》第114条第2款③“约定的违约金过分高于造成的损失的，当事人可以请求人民法院或者仲裁机构予以适当减少”的规定，《合同法》有关违约金规定的立法本意是以补偿性为主，惩罚性为辅。违约方有

① 参见最高人民法院民事判决书，（2016）最高法民再417号。

② 参见广东省高级人民法院民事判决书，（2020）粤民终784号。

③ 相关规定参见《民法典》第585条第2款。

权请求法院对约定过高的违约金予以调减。通常,购房人收房后就可以占有、使用房屋,逾期办证并不影响购房人居住或出租,不会对购房人造成直接损失。诚然,购房人取得产权证后,可转让或将房屋抵押融资,逾期办证可能造成购房人不能及时交易或抵押贷款,但该损失并非不能实现收益,而是迟延实现可能错失交易机会而减少的可得利益。因该购房户已于2013年12月将案涉房屋对外出租盈利,与一般购房人的损失相比,其主张按照案涉房屋总价款的5%计算违约金明显过高。依据最高人民法院《合同法解释(二)》第29条第1款①"当事人主张约定的违约金过高请求予以适当减少的,人民法院应当以实际损失为基础,兼顾合同的履行情况、当事人的过错程度以及预期利益等综合因素,根据公平原则和诚实信用原则予以衡量,并作出裁决"的规定,法院对违约金的调整要以受害人的损失为基础,兼顾其他因素综合认定。从本案迟延办证给买受人造成的一般损失,综合本案合同的实际履行情况及当事人的过错程度等因素来看,一审法院酌情将违约金调整为40万元,认定事实清楚,适用法律正确,二审法院予以维持。②

(四)合同未约定违约金金额的,法院可根据公平原则和诚信原则,酌定违约金金额

例如,在"徐某龙、江西某公司商品房销售合同纠纷案"中,再审法院认为,本案争议焦点为出卖人如何承担逾期办证的违约责任。经查,本案双方当事人于2014年1月3日签订一份《南昌市商品房买卖合同》,约定由购房人向出卖人购买商品房一套,总金额为1,139,014元,购房人应于2014年1月3日之前一次性支付全部房款,出卖人应当在2014年5月31日之前将经验收合格的商品房交付给买受人使用。同时,合同第15条还约定:"出卖人应当在商品房交付使用后360日内,将办理权属登记需要由出卖人提供的资料报产权登记机关备案。如因出卖人的责任,买受人不能在规定期限内取得房产权属证书的,双方同意由开发商办理产权证"。出卖人虽未在合同约定的期限内将办理权属登记需要由其提供的资料报产权登记机关备案,但在合同签订当日即将案涉房屋交付给购房人使用,购房人已实际享有该房屋的收益,且合同中并未约定出卖人逾期将资料报备应承担违约责任,只是约定由此致使买受人不能在规定期限取得房产权属证书的,由出卖人承担办理产权证

① 此解释已因《民法典》的施行而废止。

② 参见四川省高级人民法院民事判决书,(2016)川民终947号。

的责任。因此，二审未适用《商品房买卖合同解释》第18条[①]的规定，而是综合合同的履行情况、当事人的过错程度以及预期利益等因素，根据公平原则和诚信原则，酌定出卖人按购房款的1%向购房户支付逾期办证的违约金，适用法律并无不当。[②]

第三节　开发商逾期办证的常见抗辩理由

逾期办证纠纷中，开发商往往以不可抗力、政府行为、购房户自身过错、合同约定的免责事由等原因作为抗辩理由。

一、不可抗力

《民法典》第180条第2款规定："不可抗力是不能预见、不能避免且不能克服的客观情况。"不可抗力一般包括自然灾害（如台风、地震等）和社会事件（如战争、重大疫情）。《江西高院办证纠纷指引》第7条【开发商免责情形】第1款规定："开发商主张免除逾期交房、办证的全部或部分违约责任的，存在下列情形的，可予以支持：（一）因灾害性天气、突发性公共卫生事件造成逾期交房或办证……"

但下列情形不属于不可抗力：

(1)政府行为不构成不可抗力。例如，在"某房地产公司与某电子进出口公司商品房预售合同纠纷案"中，二审法院认为，开发商上诉称未能取得案涉房屋权属证书及逾期为购房人办理权属转移登记系政府行为所致，系不可抗力，开发商并无过错，不应承担逾期办证的违约责任。然而，根据《物权法》[③]和《不动产登记暂行条例》的规定，开发商作为案涉房产的开发商，负有办理案涉房产首次登记的义务。依照规定，未办理不动产首次登记的，不得办理不动产其他类型登记。开发商一直未能办理案涉房产的首次登记，是导致购房人不能办理案涉房产转移登记的主要原因。协助办理转移登记系开发商对购房人的主要合同义务。北京市住建委不予

---

① 此处适用的是2003年《商品房买卖合同解释》，相关规定参见2020年《商品房买卖合同解释》第14条。

② 参见江西省高级人民法院再审裁定书，(2018)赣民申1065号。

③ 《物权法》已因《民法典》的施行而废止，相关规定参见《民法典》。

办理案涉房产首次登记，系因开发商与案外人一商集团纠纷所致，不属于不可抗力。[①]

（2）合同签订前的法律法规变化并非开发商签约时无法预见的、非商业风险的重大变化，故不属于不可抗力。例如，在“罗田县某置业公司、张某红房屋买卖合同纠纷案”中，关于本案是否存在免责事由，再审法院认为，开发商现申请再审称“两证合一”等法律法规变化系不可抗力，应属法定免责事由。《不动产登记暂行条例实施细则》第2条规定：“不动产登记应当依照当事人的申请进行，但法律、行政法规以及本实施细则另有规定的除外。房屋等建筑物、构筑物和森林、林木等定着物应当与其所依附的土地、海域一并登记，保持权利主体一致。”该细则于2016年1月1日施行，而案涉《商品房买卖合同》于2016年9月12日签订，即该细则施行之后。法院认为，其一，开发商作为长期从事房地产开发、销售的商事主体，应当知晓办理不动产权登记手续受各种因素制约以及可能带来的相关风险；其二，《不动产登记暂行条例实施细则》已经明确规定“两证合一”，在该实施细则施行后签订合同时理应充分评估并有效防范商业风险。故“两证合一”等法律法规变化并非开发商缔约时无法预见的、非商业风险的重大变化，不属于法定免责事由。[②]

反之，如因合同签订后履行期间国家或地方法律、法规及政策变化造成逾期办证，开发商免除全部或部分违约责任。如《江西高院办证纠纷指引》第7条【开发商免责情形】第1款规定：“开发商主张免除逾期交房、办证的全部或部分违约责任的，存在下列情形的，可予以支持：……（二）因履行商品房买卖合同期间国家或地方法律、法规及政策变化造成开发商逾期交房或办证……”

（3）迟延履行后发生不可抗力的，不能免除责任。《民法典》第590条第1款规定：“当事人一方因不可抗力不能履行合同的，根据不可抗力的影响，部分或者全部免除责任，但是法律另有规定的除外。因不可抗力不能履行合同的，应当及时通知对方，以减轻可能给对方造成的损失，并应当在合理期限内提供证明。”据此，当事人迟延履行后发生不可抗力的，不免除其违约责任。例如，在“大连某房地产公司、薛某商品房销售合同纠纷案”中，再审法院认为，当事人迟延履行后发生不可抗力的，不能免除责任。开发商在本案中迟延履行办理产权登记的义务发生在新冠肺

---

① 参见最高人民法院民事判决书，（2020）最高法民终611号。

② 参见湖北省高级人民法院民事裁定书，（2021）鄂民申4530号。

炎疫情之前,因此其要求扣减 60 日的逾期办证违约金的主张于法无据。[1]

(4)开发商未尽到通知义务,不能免除责任。依据《民法典》第 590 条“因不可抗力不能履行合同的,应当及时通知对方,以减轻可能给对方造成的损失”的规定,开发商如确实因不可抗力事件导致其不能按期交房的,应履行告知和减损义务,否则仍应承担相应违约责任。如《江西高院办证纠纷指引》第 7 条【开发商免责情形】第 2 款、第 3 款规定:“开发商因上述免责情形不能履行合同的,应当及时通知购房人,以减轻可能给购房人造成的损失。购房人要求开发商承担未及时通知而造成的扩大损失的,应予支持。开发商提出逾期交房或办证免责抗辩的,应当就存在法定或约定的免责事由,且该免责事由与违约行为之间存在因果关系及原因力大小承担举证责任。”

二、政府行为

政府行为虽然不属于不可抗力,但也并非绝对不可免责。在司法实践中,如果确系政府的原因导致开发商逾期办证,开发商有可能免责,但在绝大部分案例中,开发商不能免责。

(一)开发商免责的相关规定及情形

福建省高级人民法院《关于审理商品房买卖合同纠纷疑难问题的解答》对第 15 个问题的解答中认为,“由于行政部门或者其他非出卖人原因导致买受人未能在《商品房买卖合同司法解释》第十八条第一款[2]规定的期限内取得房屋权属证书的,出卖人不承担违约责任”。《江西高院办证纠纷指引》第 7 条【开发商免责情形】第 1 款规定:“开发商主张免除逾期交房、办证的全部或部分违约责任的,存在下列情形的,可予以支持:……(三)因执行行政命令造成逾期交房或办证,但行政命令系因开发商原因造成的除外……”

司法实践中,在“丁某怡与河南某房地产公司房屋买卖合同纠纷案”中,法院认为,因《商品房买卖合同》约定的向房管局办理初始登记现已实际变更为向不动产登记中心报送首次登记,政府职能的调整必然对被告报送首次登记资料产生影响,

---

① 参见辽宁省高级人民法院民事裁定书,(2021)辽民申 7541 号。

② 此处适用的是 2003 年《商品房买卖合同解释》,相关规定参见 2020 年《商品房买卖合同解释》第 14 条第 1 款。

酌定扣除四个月期间（即120日）不计算违约金。[①]

（二）开发商不能免责的情形

1. 举证不充分不能免责

在“邹某彬、彭某枝、乐山某房地产公司商品房销售合同纠纷案”中，再审法院认为，开发商辩称，是由于相关行政部门存在不履行行政职责才导致开发商不具备为购房户办理房屋权属证书的条件，但其没有提供充分证据予以证实。且即使该理由成立，亦不能因此免除其为购房户购买的房屋办理不动产权属证书的义务。二审法院作出的因相关部门尚未向开发商更换案涉土地的国有土地使用权证书，何时取得尚不能确定，导致开发商客观上不能协助购房户办理案涉房屋的不动产权证的认定不当，再审法院予以纠正。[②]

2. 开发商预留办理行政审批时间不充分不能免责

由于开发商未能尽早办理相关前置审批手续，为办证预留充分时间，其不能免责。例如，在“莆田市某房地产公司、陈某芳等商品房预售合同纠纷案”中，再审法院指出，开发商主张办理不动产首次登记时，行政机关要求开发商将此前取得的两本土地证合并后方可办理土地面积分摊，故在2019年9月20日土地证合并之前，因政府政策原因导致无法办理首次登记，也不应由开发商承担违约责任。法院认为，案涉商品房于2019年2月17日交付买受人使用，开发商于2018年10月23日申请办理规划条件核实，于2019年11月分批申请办理初始登记。案涉商品房即使存在因规划审批的平面图、建设工程规划许可证及施工图的数据不一致等原因而由莆田市自然资源局协调解决后才取得规划条件核实，以及行政机关要求合并两本土地证方能办理初始登记等情形，开发商未能尽早及时申请办理，预留充分履约时间，主张免责，显然不能成立。[③]

3. 当政府行为可认定属于商业风险时，开发商不可免责

开发商通常为具有专业资质及经验的主体，其对于部分政府行为是可以预见的，如国务院及其各部委、地方政府颁布行政法规和其他规范性文件时，必然要通过新闻媒体予以公布和进行宣传，合同当事人应有时间通过各种途径获知。因此，

---

① 参见河南省郑州高新技术产业开发区人民法院民事判决书，（2018）豫0191民初17115号。

② 参见四川省高级人民法院民事判决书，（2021）川民再71号。

③ 参见福建省高级人民法院民事裁定书，（2021）闽民申5817号。

根据出卖方的预见能力，对于出卖方在合同订立时可预见的事项，不能作为情势变更来免除开发商延期办证责任。

4. 政府配套设施不到位，在没有约定的情况下，开发商不能免责

例如，在“李某强与新疆某房地产公司商品房销售合同纠纷案”中，二审法院认为，双方并未约定政府相关基础配套设施不到位等情形可以作为开发商逾期办理房屋所有权登记的依据，因此，开发商以政府相关基础配套设施不到位导致逾期办证为由抗辩其不承担违约责任的，上诉理由不能成立，二审法院不予支持。①

5. 开发商主张因政策原因导致委托代办房屋权属证书履行不能而免责，其应及时告知购房户

例如，在“平潭某开发建设公司与薛某商品房预售合同纠纷案”中，再审法院认为，根据一审、二审查明的事实，因政策变动，双方当事人就委托代办房屋权属证书达成的合意已不能实现，案涉商品房应由开发商一次性提交申请材料，购房人自行前往不动产登记中心办理房屋权属证书。此时，开发商逾期办证的违约状态处于持续中，并不因委托代办房屋权属证书的履行不能而终止，更不能就此免除开发商逾期办证的违约责任。开发商主张因政策原因导致委托代办房屋权属证书履行不能而免责，缺乏事实和法律依据。开发商负有为购买人代办房屋权属证书的义务，其应及时将不能委托代办房屋权属证书的有关情况通知购买人。②

三、购房户自身过错

（一）买受人举证不能应承担举证不能的法律后果

买受人在起诉时，应当举证证明开发商存在逾期办证过错，如举证不能，应承担举证不能的法律后果。例如，在“徐某程、潍坊某房地产公司商品房预售合同纠纷案”中，再审法院指出：“关于焦点二，《城市房地产开发经营管理条例》第三十三条规定，预售商品房的购买人应当自商品房交付使用之日起90日内，办理土地使用权变更和房屋所有权登记手续。房地产开发企业应当协助商品房购买人办理相关登记手续，并提供必要的证明文件。经原审查明，申请人未向房管部门提出过办理

① 参见新疆维吾尔自治区高级人民法院伊犁哈萨克自治州分院民事判决书，（2021）新40民终763号。

② 参见福建省高级人民法院民事判决书，（2021）闽民再106号。

申请，双方系采取委托代办的方式，由申请人委托被申请人办理房屋产权转移登记手续。申请人虽主张其在涉案房屋交付后已经向被申请人提供了全部所需资料，但缺乏证据证明，而全部资料最终是在 2018 年 4 月 16 日形成并交至房管部门，因此，在申请人并无证据证明逾期办证系被申请人过错造成的情况下，原审判令驳回申请人请求逾期办证违约金的诉讼请求并无不当。”①

（二）买受人先违约，开发商不承担逾期办证的法律责任

根据诚信原则，开发商有在购房户交完剩余房款后协助办证的义务。例如，在“张某军与日照市某房地产公司商品房销售合同纠纷案”中，再审法院认为，在购房人没有交齐房款的情况下，开发商向购房人交房，到购房人起诉时其仍未交清房款，根据诚信原则，开发商有在购房人交完剩余房款后协助办证的义务，因此，购房人主张开发商违约的理由不能成立。②

四、合同约定的免责事由

在司法实践中，有的开发商与买受人在商品房买卖合同中约定了逾期办证的免责事由，对于该等免责事由，法院一般会如何认定？

《江西高院办证纠纷指引》第 7 条【开发商免责情形】第 1 款规定：“开发商主张免除逾期交房、办证的全部或部分违约责任的，存在下列情形的，可予以支持：……（四）因不能预见、不能避免且不能克服的其他客观情况导致逾期交房或办证，或合同中约定的其他免责情形。”

商品房买卖合同中约定的免责事由只有在与逾期办证存在必要因果关系时，开发商才可免责。例如，在“林某德、台州某置业公司房屋买卖合同纠纷案”中，再审法院认为，虽然补充协议第 7 条约定房屋交付时如因政府因素导致不能通气的可以免除出卖人的责任，但案涉商品房不仅存在未通气的情形，还存在至今尚未通过竣工验收的情形，且开发商自认案涉工程于 2015 年 12 月 25 日才完工，完工时间也远超合同约定的交房期限。由此可见，开发商资金链断裂、案涉工程未按期完工均是案涉商品房逾期交付的重要原因，开发商将案涉商品房未能通过竣工验收归责于政府原因，依据不足，法院不予采信。由于开发商未按合同约定时间向林某德交

---

① 山东省高级人民法院民事裁定书，(2020)鲁民申 7083 号。

② 参见山东省高级人民法院民事裁定书，(2015)鲁民申字第 1769 号。

付案涉商品房，也未按合同约定时间取得土地、房屋权属证书交付给林某德，已构成违约。林某德主张开发商按合同约定承担逾期交房和逾期交付权属证书的违约责任，于法有据，法院予以支持。[①]

① 参见浙江省高级人民法院民事判决书，(2019)浙民再191号。

第八章

含装修房屋装修标准、质量纠纷

住宅类商品房按是否包含装修可大致分为两类，即“毛坯房”与“含装修的商品房”。在2005年以前，毛坯交付为商品房交付的主要模式；其后，一大批以“精装商品房”“精装修项目”为项目开发定位的含装修商品房楼盘陆续进入市场，并成为高端商品房市场的主要产品。近年来，随着我国通过法规政策对“全装修”开发模式的推广，全装修交付俨然已成为我国商品房住宅交付的主流趋势。在这样的背景下，装修价款争议、装修差价返还问题逐渐成为购房人与开发商之间的主要矛盾之一，在实践中纠纷频发。本章拟对包括装修价款返还争议、房屋质量问题等在内的含装修房屋所涉及的纠纷从法律规定、司法实践等多角度进行研究。

第一节 精装修房概述

为了更好地对含装修房屋所涉的装修价款、装修差价返还问题进行讨论，在开始论述之前，首先需要对房地产行业中的“精装修”与“全装修”两个概念进行简单辨析。

一、精装修的定义

作为一个行业概念，精装修是室内设计与建筑及景观设计在前期结合的共同体。它是一种从整体项目定位出发，优先考虑室内空间设计，再延伸至建筑外立面及结构设计，并与景观设计结合的房地产项目开发建设模式。

2000 年以来，精装修成了一个房地产行业中较为常见的概念，逐渐从仅在样板房做室内装修效果展示演变为将对项目整体进行精装修作为商品房开发定位，不仅将带室内装修作为房屋专有部位的交付标准，而且在小区景观绿化、建筑外立面用材、公区装饰、小区物业档次等方面均进行了有别于“毛坯”定位的全方位提升，以满足消费者对所购房屋及所居住楼盘小区更高品质的需求，精装修逐渐呈现项目一体化提升、品质更高的特点。

然而，随着“全装修”的推广，“精装修”概念在逐渐淡出，目前只有少量项目因拿地时间较早、开发企业又未选择“全装修”开发定位而未纳入政府对全装修项目的管理范围，仍在使用“精装修”概念。

二、全装修的定义与发展史

相比精装修，全装修有着更为规范的定义，指的是在住宅交付使用前，户内所有功能空间的固定面全部铺装或粉刷完毕，给水排水、燃气、通风与空调、照明供电以及智能化等系统基本安装到位，厨房、卫生间等基本设施配置完备，满足基本使用功能，可直接入住。显然，“全装修”概念一般指向的是住宅室内装修。

“全装修”概念首次提出是在 2002 年原建设部出台的《商品住宅装修一次到位实施细则》中，该细则规定要加强对住宅装修的管理，积极推广装修一次到位、逐步取消毛坯房，直接向消费者提供全装修成品房。2008 年 7 月，住建部发布《关于进一步加强住宅装饰装修管理的通知》，进一步提出了鼓励和推进一次性装修住宅的要求。2016 年之后，中共中央、国务院《关于进一步加强城市规划建设管理工作的若干意见》，国务院办公厅《关于大力发展装配式建筑的指导意见》等文件陆续发布，进一步促进了绿色建筑和全装修模式在全国范围内的推行。

浙江省紧跟全国政策法规导向，陆续通过了《浙江省绿色建筑条例》、《关于推进绿色建筑和建筑工业化发展的实施意见》（已失效）、《关于加快推进住宅全装修工作的指导意见》等文件，从立法上积极引导全装修模式在浙江省范围内的落实与发展，2017 年，浙江省住建厅出台的《全装修住宅室内装饰工程质量验收规范》再次明确了全装修住宅的定义，并通过《浙江省实施〈中华人民共和国消费者权益保护法〉办法》对全装修房的样板房设置、保修期限等提出了更细化的要求。浙江省市场监督管理局与浙江省住建厅推行使用的 2018 版《浙江省商品房买卖合同示范文本》则针对全装修商品住宅的交易价格、装修交付标准、环保标准等方面情况在相应合同条款上进行了规范化设计。

至此，全装修商品房已成为目前一手商品住宅的主要开发建设形式之一，对全装修商品房开发进行规范管理的法规、政策体系也已初步建立。

三、全装修与精装修的区别

从其概念可以看出，精装修与全装修的区别主要在于以下几个方面：首先，精装修是行业概念，全装修是法律概念。其次，装修优化提升的范围不同，精装修房不仅包含房屋室内装修，也包含相应的室外环境及配套优化，而全装修的装修范围仅限于房屋套内，住宅装修与土建安装必须进行一体化设计。最后，在项目整体档次定位和建设成本上，两者也存在区别。

第二节　含装修房屋的装修价款返还争议

从目前的司法实践看，在所签订的《商品房买卖合同》中单独列明装修价款的交易模式下，含装修商品房差价返还争议主要包括以下两种情形：第一种，买受人主张所购商品房为全装修商品房或精装修商品房，实际交付为毛坯房的情况下，买受人主张装修价款返还；第二种，实际装修价格与合同载明（或公示、备案）的装修价格不一致的情况下,买受人主张装修差价返还。

一、购买全装修或精装修商品房,实际交付为毛坯房的情形

(一)法院观点

1. 合同约定为含装修商品房,实际交付为毛坯房

在商品房销售过程中,如合同约定为全装修商品房或精装修商品房,除了在《商品房买卖合同》或相关附件中会明确所购商品房为全装修商品房或精装修商品房外,在附件的装饰装修标准中亦会对相关装饰装修标准进行详细列明。所以,如果实际交付的商品房所体现的装饰装修标准与合同约定标准不一致,一般认为开发商构成违约,应当返还装饰装修部分的差价。而对于差价的认定,如有明确依据能够区分房屋价款与装修部分价款,则应当退还装修部分的价款;无法明确房屋价款与装修价款的,一般通过鉴定来确定需要返还的差价金额。

2. 合同约定为毛坯房,样板房、宣传资料等载明系含装修商品房,实际交付为毛坯房

《商品房买卖合同》约定为毛坯房,但样板房、宣传资料载明为全装修商品房,最终实际交付为毛坯房的情况下,一般认为应当尊重当事人的真实意思表示,以合同约定为准。但如果样板房、宣传资料中存在以下情形的,亦存在被认定为需要按样板房、宣传资料等载明内容作为交付标准的可能:

(1)样板房、宣传资料等明确装修部分系交付标准;

(2)样板房、宣传资料内容明确具体、对商品房价格有重大影响,应当视为构成要约;

(3)样板房、模型、宣传广告等对于合同订立有重大影响;

(4)样板房对非交付标准的设施设备未做说明。

如果样板房、宣传资料等载明内容被认定需要作为交付标准,则在虽然合同约定为毛坯房但相关资料显示为全装修的情况下,出卖人亦构成违约,买受人有权要求返还装修价款。

3. 合同约定为毛坯房,报批报建为含装修商品房,实际交付为毛坯房

就合同约定为毛坯房,但相关项目报批报建方案为全装修或精装修的情况下出卖人是否构成违约,买受人是否有权要求返还差价的问题,根据笔者适当检索,尚未发现类似情形的生效判决。

在实践中，住建部等相关主管部门对于该情形如何处理也存在两种不同的观点。一种观点认为，应当尊重当事人的真实意思表示，按照合同约定标准进行交付，即就《商品房买卖合同》而言出卖人不存在违约行为，无须承担违约责任，但如报批报建过程中出卖人存在违规行为，应当承担相应行政处罚；另一种观点认为，既然相关项目报批报建是按照精装修房进行并在通过审查后销售的，那么出卖人就必须按照相关方案向买受人交付精装修房，否则即视为违约，买受人有权要求返还差价。

（二）笔者意见

笔者认为，在买受人主张所购为含装修商品房，实际交付商品房为毛坯的情况下，商品房类型是否为全装修或是精装修的性质对于是否支持差价返还不存在影响，是否支持差价返还诉求的决定因素在于装修是否属于合同内容、装修价款是否能确定，以及开发商所交付的商品房是否符合《商品房买卖合同》约定的装饰装修标准。而合同约定标准的认定，不仅要考虑《商品房买卖合同》及相关附件所载明的内容，更要考虑宣传资料、样板房等应当视为交付标准的情形。如所交付的商品房装饰装修标准与合同约定标准不符，或与构成要约、应当作为合同内容及交付标准的宣传资料、样板房不一致，则构成违约，买受人主张返还装修价款的，其诉讼请求应当得到支持。

但需要注意的是，在合同约定为毛坯房的情况下，对于宣传资料、样板房所载明的装饰装修标准是否构成要约、是否应当认定为交付标准的审查要比合同约定为含装修商品房的情形下宣传资料、样板房所体现的装饰装修标准是否构成要约、是否应当认定为交付标准的审查更为严格。

二、合同载明（或公示、备案）装修价与实际价格不一致的情形

本章所论述的含装修房屋差价返还争议，主要指在所购商品房为全装修房屋或精装修房屋的情况下，实际交付的房屋装修部分价值与合同载明的装修价格标准或备案装修价格存在一定差异时，买受人是否有权要求返还相应差价。而在实际交付房屋的装修标准与宣传物料载明装修标准、样板房装修标准不一致的情况下是否支持差价的退还，需要结合是否构成要约进行判断。

（一）法院观点

各地、各层级人民法院就该问题均存在不同的观点，我们可以通过部分典型案

例来了解不同模式下法院的审判思路。

1. 精装修模式下装修差价返还

(1)不支持差价返还的观点

“刘某元与浙江某置业公司商品房预售合同案”为较早形成的此方面判决,该案基本情况如下:2012~2013年,原告(业主)与被告(某开发商)签署《商品房买卖合同》,约定由原告购买被告所开发的某精装修商品房项目房屋,《商品房买卖合同》对于商品房的面积、单价、总价款等进行了约定,亦明确房屋总价款中包含装修价若干万元。同时,双方在合同附件四中就商品房装修装饰、设备等具体内容进行了明确约定。2014年,被告向原告交付了商品房。其后原告认为房屋装修部分价值与合同约定装修价不符,委托第三方工程造价咨询公司对案涉商品房室内装修部分造价进行了评估,评估结果显示评估价低于合同约定装修价。由此,原告诉至法院,主张被告违约,要求被告返还装修差价。

在该案件的审理过程中,代理律师提出以下观点:其一,《浙江省商品房买卖合同》约定的总价款中包含的装修价为交易价,被告委托第三方工程造价咨询公司评估的装修价为装修造价,两者不具有可比性。其二,即使仅谈装修造价,精装修商品房的装修价值不仅体现在室内装修,还体现在整个楼盘品质提升后绿化、外立面、公共部位的价值。因此,造价咨询报告所评估的范围仅为室内装修造价这一项,不能涵盖精装修的全部造价。

两审法院经审理,驳回了原告的诉讼请求。主要理由如下:其一,原告、被告双方在合同中对房屋及装修价格进行的约定,应视为双方在综合考虑各项市场因素后形成的交易价格,其形成受市场供求关系、产品质量、外界配套、产品宣传、包装、购买者心理、合理利润、品牌价值等多种因素的影响,是一个包含多种价值因素在内的综合价格,而不仅是产品本身的造价。其二,精装修是室内设计与建筑及景观设计在前期结合的一个共同体,它从整体项目定位出发,优先考虑室内空间设计,再延伸至建筑外立面及结构设计,并与景观设计结合为一体。精装修房不仅要求对房屋室内进行装修,同时也要求相应的室外环境及配套设施的优化。即使仅装修造价这一项,亦不能限于套内装修,而应包含整体配套工程造价。其三,作为商品的精装修房屋是一个房屋与精装修有机结合的整体,其价值是就整体而言的,虽然合同中对装修价格单独进行了约定,但房屋本身与装修不能简单地进行割裂,两者的价格也不应单纯割裂来看。①

根据笔者适当检索，在该案判决生效后，以精装修房屋差价返还为诉讼请求的商品房预售合同纠纷中，不支持差价返还的，法院的审判口径与该案基本相同，核心观点均为：精装修商品房整体作为一个商品，其价格不能割裂看待，同时其交易价格系市场价格，不能简单地以成本相加而论，并且精装修的装修范围不局限于室内，还包括整体室外环境及配套设施。

但需要注意的是，亦有个别法院虽认可装修部分价格应当为市场价，但是认为商品房与其上的装修部分并非有机整体。开发商的主要盈利仅应当通过销售商品房获得，关于装修工程部分无权牟利，故开发商应当退还装修差价。

（2）支持差价返还的观点

在支持差价返还的案例中，较为典型的为“童某亚诉南京某地产公司商品房预售合同纠纷案”，该案基本案情如下：2013 年 9 月 1 日，原告（买受人）与被告（开发商）签订《南京市商品房预售合同》1 份，约定由原告购买被告开发建设的案涉商品房一套，建筑面积 131.98 平方米、单价为 19,896.39 元/平方米，总价款为 2,625,926 元，交付日期为 2014 年 11 月 30 日前。在销售前，该公司向南京市住建委申报了《商品房预售方案》，销售方案中载明，案涉商品房装修类型为装修房，装修单价为 4500 元/平方米。申报后，该方案在南京市网上房地产网向社会进行了公示。同时，该商品房明码标价联系单中载明案涉房屋建筑面积131.98平方米，销售单价 20,907 元，总价 2,759,243 元，装修状况为精装。后因装修价值经鉴定不满足 4500 元/平方米的标准，原告向法院起诉，要求被告返还装修差价。

该案一审、二审均驳回了原告要求返还装修差价的诉讼请求，后经江苏省南京市中级人民法院再审，法院认定开发商向主管部门申报过的装修单价信息对开发商具有法律约束力，故开发商所交付的装修标准应当满足备案所载明的精装修单价，在经鉴定装修部分价格不满足相关标准的情况下，开发商构成违约，应当向买受人返还差价，应当返还的差价的金额为装修工程造价加上企业应缴纳的税费和应得利润后与备案装修价格间的差价。②

从该判决逻辑可以看出，虽然法院支持差价返还，但其亦认可精装修价格系市场价格，应当包含合理利润的观点。

---

① 参见浙江省杭州市中级人民法院民事判决书，（2015）浙杭民终字第 3858 号。

② 参见江苏省南京市中级人民法院民事判决书，（2017）苏 01 民再 17 号。

2. 全装修模式下差价返还

(1)不支持差价返还的观点

在全装修模式下，对于装修差价返还的诉请请求是否应当得到支持的问题，审判实务中的主流观点有以下2种：

在“茅某林、杭州某房地产公司商品房销售合同纠纷案”中，法院认为，商品房的交易价格是一个包含多种价值因素的综合价格，受市场供求关系、地理位置、产品质量、品牌价值及购买者心理等多项因素影响，不能简单地将其与本身造价进行比较。本案中，根据《浙江省商品房买卖合同》第5条计价方式与价款的约定，该房屋按建筑面积计算房屋总价，房屋总价中包含了全装修总价。可以看出，双方买卖的标的物是全装修房屋，而非买受人在购买毛坯房后，开发商另行提供装修服务。该全装修总价是双方基于《浙江省商品房买卖合同》及补充协议达成的一致意思表示，不能理解成根据约定标准计算的造价的总和。①

而在“陈某超、李某田等与杭州某房地产公司房屋买卖合同纠纷案”中，法院认为，双方合同中虽对装修总价进行了约定，但该价格所反映的仅是交换价值，而交换价值受供求关系等因素的影响，买受人亦会将该部分交换价值作为整体交换因素的一部分去衡量，以决定是否购买该房屋。同时，商品房整体的市场价值、装修品质，以及当时售房政策等因素均为购买者决定是否购买的因素，可以说整体的成交价是当事人双方自由协商的结果。所以，虽然合同对装修价值有一个明确的数额约定，但该销售价格是双方当事人在对商品房整体品质确认的基础上，自由协商的结果，不能等同于装饰、设备的价值。②

从上述观点可以看出，在全装修房屋装修差价返还的纠纷中，主要裁判观点与精装修模式下差价返还的裁判观点相似，即若开发商交付的装修标准与合同约定一致，购房人在签订合同前亦已知晓该装修标准，则虽然合同中单列了装修价款，仍应视为商品房整体的交易价格，不受装修价值与约定装修价款是否存在差价的影响，故不支持返还装修差价。

(2)支持差价返还的观点

在全装修模式下，支持差价返还的案例较少，且在支持差价返还的案例中，其差价产生的原因并非本章主要论述的实际交付的房屋装修部分价值与合同载明装

① 参见浙江省杭州市拱墅区人民法院民事判决书，(2021)浙0103民初3174号。

② 参见浙江省杭州市拱墅区人民法院民事判决书，(2020)浙0105民初2026号。

修价格标准或备案装修价格存在差异，而是所交付的装饰装修与合同约定标准不一致，即因装饰装修部分的设施设备存在未按约定装修标准交付或以次充好等情形而产生的装修差价。

（二）笔者意见

对于买受人主张装修差价返还是否应当得到支持的问题，笔者认为，需要分为以下几个维度进行探讨和考虑：

首先，需要对装修差价产生的原因进行区分。如装修差价产生的原因系与合同所约定的装饰装修标准不一致，即存在设施设备的缺少、材料档次的降低等情形的，则买受人有权根据《商品房买卖合同》的约定，要求开发商承担更换修理或赔偿差价的违约责任（参见2018版《浙江省商品房买卖合同（预售）示范文本》第11条对商品房装饰装修及设备标准的相关约定）。即使《商品房买卖合同》并未明确约定差价返还，亦可适用《民法典》第582条的规定，根据损失大小请求开发商承担修理、重作、更换、退货、减少价款或者报酬等违约责任。

其次，若所交付的商品房装饰装修标准符合合同约定的装修标准，且买受人已明确知晓合同约定的装修标准，不会形成误认，差价产生的原因系合同约定装修价格或备案装修价格与所交付的商品房装饰装修部分造价不一致，笔者认为，无论是全装修商品房还是精装修商品房，一般情况下均不应当支持返还装修价款。

其主要理由是，在目前商品房销售的实践中，买受人作出购买该商品房的决策前，开发商就已经通过公示的方式将相关房屋装修部分的主要材料的品牌、型号、数量等向消费者进行了明确的告知。因此，买受人实际上已充分了解装修情况，进而对装修的价值进行综合考量，并决定是否按照该价格购买含装修的商品房。整个购房的过程中，买卖合同双方当事人在合同缔结、履行的过程中地位是平等的、意思表示亦是自由的。在该等情形下，对于装修价格的认定采用主观价值论较为合理。所谓的主观价值论，即装修部分对价只要当事人主观上认为与合同载明的装饰装修标准具有等值性即可，客观上价值是否相当则在所不问。若购房人在对市场供求关系、价值规律、利润空间等因素进行综合考量后，表示愿意以该交易价格进行购买，表示其主观上已认可装修部分的价值与合同所载明的装修所用材料的品牌、型号、数量等具有等值性。在这种情况下，笔者认为，司法实践应当谨慎干预当事人的意思自治，尊重双方协商的成果。

综上所述，含装修房屋差价、价款返还争议产生的原因实际上系开发商与购房人对于所交付商品房的交付标准或价值认定存在争议。而这种争议的产生主要有以下三个方面的原因：第一，购房人在购买商品房时对合同条款和附件装修标准未能进行详细阅读，对于相关内容理解不充分；第二，开发商在销售商品房的过程中，存在引人误解的宣传行为；第三，案涉项目在报批报建过程中，存在备案信息填写错误的情况。为了减少相关纠纷的发生，笔者认为，需要由开发商、购房人、相关主管部门三方共同努力，合力实现房地产市场更平稳发展。

对于开发商而言，在报批报建过程中需要做到实事求是，避免出现报批报建信息与实际不一致的情形。在销售过程中需要做到"所见即所得"，严格遵守"三个一致""一个不得""四个严禁"。"三个一致"与"一个不得"，主要是指以下两个方面：第一，对于交付的样板房，需要做到装修装饰标准与预售方案中所列的清单内容保持一致、与购房合同约定的交付标准保持一致、与项目实际交房状况保持一致，不得增加交付标准以外的其他装饰和设施；第二，在制作展板、沙盘、楼书、图册、App软件等各类销售宣传材料时，需要保证项目范围内展示内容与规划许可内容一致，建筑物、构筑物、绿地景观、小区道路等比例关系与规划许可总平面图一致，项目以外的展示内容与现状保持一致，不得展示未建设内容。"四个严禁"，是指在宣传过程中需要避免虚假不实宣传、误导客户处置占有公共部位、宣传周边未建设的公共服务设施、渲染紧张氛围促销。在合同条款解释的过程中，对于"不作为交付标准"等相关内容，需要重点向买受人进行提示说明，以免购房人形成不当的心理预期。

对于购房人而言，在购买商品房的过程中需要多看、多读、多问。"多看"，是指对于案场公示的材料、沙盘展示、样板房等，特别是对于自身权利义务可能有影响的内容，都要仔细查看。"多读"，是指对于《商品房买卖合同》的每个条款需要逐一进行阅读，尽量去理解。"多问"，是指在购买商品房的过程中，如果对于交付标准等有疑问，要及时提出并与开发商进行沟通。

最后，对于相关主管部门而言，一方面需要在审核备案材料时审慎核查，对开发商在报送材料时因笔误等原因而导致的备案信息错误及时提出并要求更正；另一方面，对装饰装修备案价格要进行合理监管，避免出现备案装修价格与实际装修价值偏差过大的情形。住建部等相关主管部门在竣工验收环节对于装饰装修的质量要进行严格把关，确保装修质量符合相关规范。对于司法机关而言，在保障购房人合法权益的同时亦需要引导其合理维权，尽量不影响开发商的正常经营。

第三节 装修质量问题是否构成拒绝收房的合法事由

自《商品房买卖合同解释》颁布以来，购房人的权利意识日益增强，随之而来的，是商品房买卖合同类纠纷案件越来越多。其中，购房人起诉开发商逾期交房、逾期办证成为该类型案件中的主流。另外，随着《商品住宅装修一次到位实施导则》和《关于进一步加强住宅装饰装修管理的通知》等一系列文件的相继发布，各地市纷纷出台相关扶持政策，逐步取消商品房毛坯交付，引导和鼓励房地产开发商向消费者提供全装修商品房。正是在这样的背景下，购房人以开发商交付的房屋存在装修质量问题为由拒绝收房的案件在逾期交房案件中占据了非常大的比例。司法实践中，就装修质量问题是否构成拒绝收房的事由存在较大争议，本节旨在通过对装修质量问题进行分类，同时结合《商品房买卖合同》的约定和相关法律法规及司法解释的规定，对装修质量问题是否构成拒绝收房的合法事由进行探析。

一、《商品房买卖合同》的约定

除取得竣工验收备案证明、房屋实际测绘报告等房屋交付应当具备的条件外，2014 版《商品房买卖合同（预售）示范文本》第 11 条第 3 款还约定：“买受人查验的该商品房存在下列除地基基础和主体结构外的其他质量问题的，由出卖人按照有关工程和产品质量规范、标准自查验次日起____日内负责修复，并承担修复费用，修复后再行交付。(1)屋面、墙面、地面渗漏或开裂等；(2)管道堵塞；(3)门窗翘裂、五金件损坏；(4)灯具、电器等电气设备不能正常使用……”

2018 版《浙江省商品房买卖合同（预售）示范文本》在住建部和原国家工商总局版本的基础上增加了“吊顶开裂”“瓷砖剥落开裂”“墙面剥落、开裂”“地砖、地板起翘、开裂”等情形。

上述示范文本约定的关于“修复后再行交付”的情形，主要针对主体结构质量问题，而其中吊顶开裂，瓷砖剥落开裂，墙面剥落、开裂及地砖、地板起翘、开裂等情形均属于装修质量问题。

依据上述示范文本载明的合同条款，即便出卖人交付的商品房符合合同约定的交付条件，若买受人查验时发现该商品房存在装修质量问题在内的非主体结构性质量瑕疵，出卖人仍需承担“修复后再行交付”的责任。

二、装修质量问题是否构成拒绝收房事由

司法实践中，不同法院以及处于不同立场的购房人和开发商，对于示范文本中能修复后再行交付概念持有各自不同的理解。购房人和支持购房人的法院通常会认为这里的“交付”指的就是商品房的交付，即只要出现上述问题，购房人均可拒绝收房并要求开发商在对相关质量问题修复后针对商品房整体再进行交付，同时开发商还须就修复期间向购房人承担逾期交付的违约责任。而开发商和支持开发商的法院则会认为这里的“交付”是指修复工程的交接，即房屋在首次交付的时候就已经完成交付，开发商无须在修复期间承担逾期交付的违约责任。

（一）装修质量不符合合同约定的交付标准

在《商品房买卖合同》中一般会对商品房的交付条件进行约定，全装修商品房预售合同中，还会同时约定全装修商品房中关于装修部分应当满足的交付条件。例如，2018 版《浙江省商品房买卖合同（预售）示范文本》第 11 条“商品房相关设施设备交付条件”中就约定了以厨房和卫生间于交付时可以正常使用作为交付条件，同时约定在约定交付日未达到上述交付条件的，出卖人按照该合同第 13 条的约定承担逾期交付责任。

若合同约定的装修部分的交付条件未能满足，则买受人有权拒绝接收相关房屋，并要求出卖人承担逾期交房的违约责任。该类装修质量问题构成逾期交付的司法裁判观点较为统一，不再赘述。

（二）装修质量影响居住使用功能的实现

2018 版《浙江省商品房买卖合同（预售）示范文本》中约定，当出现诸如吊顶开裂，瓷砖剥落开裂，墙面剥落、开裂，及地砖、地板起翘、开裂等非主体结构质量问题时，开发商须承担修复责任，并且在完成“修复后再行交付”。针对这一概念，存在部分法院认为此处约定的交付就是指商品房的首次交付，即开发商应当承担修复期间的逾期交房的违约责任，而无须考虑是否严重影响居住使用功能的实现。

在“施某伟、苗某阳等商品房销售合同纠纷案”中，审理法院便作出了类似的判

决，其根据《商品房买卖合同》约定的修复后再行交付条款，判决开发商承担修复期间的逾期交房的违约责任，未对相关质量问题是否对居住使用功能的实现具有不利影响进行评述。① 而在“罗某与长汀某开发公司商品房预售合同纠纷案”中，审理法院针对“修复后再行交付”的概念作出了更加直接的定义，该法院认为，“再行交付”从字义上理解，就是重新交付，也可以说原来的交付行为未完成。据此，该法院认为管道堵塞、门窗翘裂、五金件损坏等装修质量瑕疵出现时房屋买受人均可拒绝收房。②

而广东省高级人民法院《关于审理房屋买卖合同纠纷案件的指引》第 25 条规定：“出卖人交付的商品房符合合同约定及法定交付条件，买受人以商品房质量存在瑕疵为由拒绝接收，并要求出卖人承担逾期交房违约责任的，不予支持，但买受人有证据证明商品房在交付时存在严重影响正常居住使用的质量问题的除外。买受人接收商品房不影响出卖人对商品房质量问题承担保修义务。”

现今，大量法院在审理类似案件时，也持有与广东省高级人民法院上述指引同样的观点，即在充分考虑相应的装修质量问题对于居住使用是否存在不利影响的前提下，再对购房人是否有权拒绝收房进行认定。

如在“北京某置业公司等商品房销售合同纠纷案”中，法院支持了买受人的主张，其理由便主要是因为该质量问题（渗漏）确实已影响正常居住。③

三、倾向性意见与建议

（一）笔者意见

根据《民法典》第 610 条的规定，买受人可以拒绝受领标的物的前提是“标的物不符合质量要求”“不能实现合同目的”，因此买受人在拒绝收房前应先核查 2018 版《浙江省商品房买卖合同（预售）示范文本》第 11 条“商品房相关设施设备交付条件”中约定的交付条件是否已经具备。如厨房和卫生间于交付时应可以正常使用，如果买受人据此主张合同权利，有权拒绝收房，出卖人应承担逾期交房等相关违约责任。如合同的交付条件不甚明确，需要判断质量问题是否根本上影响实现“合同目的”，而买受人基于合同项下的目的是居住使用，如果所产生的质量瑕疵确实达

① 参见浙江省慈溪市人民法院民事判决书，（2021）浙 0282 民初 10798 号。

② 参见福建省长汀县人民法院民事判决书，（2017）闽 0821 民初 993 号。

③ 参见北京市第二中级人民法院民事判决书，（2020）京 02 民终 650 号。

不到影响正常居住使用的，买受人无权拒绝收房，但可以在收房后继续要求开发商承担房屋质量保修责任。

若只要待交付的商品房存有质量瑕疵，无论该种质量瑕疵情形如何、是否严重、对房屋居住使用功能的影响程度如何等，即认定开发商需承担逾期交房违约责任，必然导致开发商逾期交房违约责任范围进一步扩大，不利于房屋买卖交易的完成。因此，法院在此问题的认定上需要充分结合瑕疵情形、瑕疵严重程度等多方面因素进行考量，即商品房质量问题严重到影响正常居住使用的情形下，买受人一方有权拒绝接受相关商品房并要求开发商承担逾期交付的违约责任，而一般性装修质量瑕疵不应构成买受人拒收房屋的合法有效条件。

如何判断何种情形属于"房屋质量问题严重影响正常居住使用"，相关法律法规未作明确规定，该情况通常属于法官自由心证的范畴。

一般情况下，需具备以下两种要件才会被判定为"房屋质量问题严重影响正常居住使用"：(1)影响正常居住使用是与房屋本身的特性有关。房屋应具备居住和使用的功能，如果居住和使用功能出现问题，会影响房屋的正常使用，如天花板出现贯穿性裂缝等。(2)影响程度必须达到"严重"。何为"严重"影响，属于法官自由裁量的部分。通常构成"严重"影响的情况，一是房屋质量问题已达到危害居住人的生命安全或健康的程度；二是房屋已不可修复或修复的成本过高或多次修复仍难以达到应有的状态。

(二)笔者建议

首先，针对商品房买卖合同关于"修复后交付"的概念问题，开发商可在补充协议中进一步说明，即明确其中的"交付"概念为修复工程的交付，购房人不应以此为由拒绝收房。

其次，购房人应有较强的证据意识，对相关证据，如照片、与工作人员和维修人员的微信沟通记录、维修单等及时进行固定，形成完整的证据链条，证明相应质量瑕疵属于严重影响正常使用的质量问题，从而能够在纠纷发生时合法、正当地维护自己的应有权利。

第四节　购买含装修商品房能否单独解除装修合同

2011 年 3 月，国家发改委发布《商品房销售明码标价规定》，其中，第 8 条规定，商品房销售明码标价实行一套一标。该规定第 13 条同时规定，商品房经营者不得在标价之外加价销售商品房，不得收取任何未予标明的费用。即政府通过限制商品房销售价格的方式防止房价出现畸高的情形。随后，各地政府纷纷出台各类"限价令"，在一定程度上压缩了房地产开发公司原本能够直接在房价中体现的营收。在部分含装修商品房开发和销售过程中，购房人往往在与开发商签订的商品房买卖合同以外还会再与开发商或开发商指定的第三方装修单位另行签署一份《装饰装修合同》或《装修升级包购买合同》，并根据前述合同在支付购房款的同时再支付一笔"装修费"或者"改造费"。

相关做法在房地产价格呈上涨趋势的情况下出现的争议较少，但在房地产价格呈下行趋势的情况下，购房人要求解除前述《装饰装修合同》或《装修升级包购买合同》、返还装修款的情形日益增加。

本节拟通过对司法实践中各地法院就购房人是否有权单独解除装修合同的相关审判观点和法学理论进行分析，以期为相关领域的司法裁判提供观点参考。

一、购房人要求单独解除装修合同相关争议

实践中，含装修商品房销售的形式主要有两类，分别是：(1)在商品房买卖合同中直接约定装修条款；(2)在商品房买卖合同之外，由购房人与开发商或者开发商指定的装修单位另行签署委托装修合同。

针对第一种销售形式，各地法院在司法实践中往往认可相应的装饰装修构成商品房的一部分，当所购商品房装饰装修质量不符合合同约定的标准或者严重影响居住使用时，购房人可以此为由主张拒绝收房甚至解除《商品房买卖合同》，但不得以装饰装修质量不符合合同约定的标准为由要求单独解除装饰装修合同。该类型的销售模式在司法实践中争议并不大，在此不作赘述。

而针对第二种销售形式，由于开发商和购房人各自所处的立场不同，导致其对

装饰装修合同与商品房买卖合同的关系的理解有所不同。开发商一方面希望能在房屋预售备案时满足政府部门的限价管理口径,另一方面又希望通过单独签署装饰装修合同并添设装修内容的方式,将部分营收“装”进装饰装修合同中,从而以双合同且双法律关系的方式实现市场认定的合理销售价格。由于开发商在销售时多采取的是捆绑销售的形式,即想要购买相关商品房则必须签署相应的装饰装修合同,同时开发商在宣传时往往向购房人展示的也是装修后的商品房,这导致购房人在选购房屋时认定其购买的就是装修后的商品房。各地法院针对这样的争议,表现出了不同的审理态度。

法院对第二种销售模式下的装饰装修合同能否单独解除的问题,通常有两种裁判口径,分述如下。

(一)商品房买卖合同和装饰装修合同并非同一法律关系,故购房人可单独解除装饰装修合同

在“苏州某房地产公司与陈某等商品房销售合同纠纷案”中,二审法院认为:“《苏州工业园区商品房(毛坯房)销售合同》、《某花园装修工程服务合同》分别为独立合同,合同约定内容意思表示清楚。双方当事人对毛胚房价格及装修价款分别予以约定,本院碍难认定涉案房屋约定的毛胚房价格及装修价款相加为房屋买卖总价。……涉案《某花园装修工程服务合同》为独立合同,与涉案《苏州工业园区商品房(毛坯房)销售合同》属于不同法律关系,其履行情况不能作为解除涉案《苏州工业园区商品房(毛坯房)销售合同》的依据。”①

在“武汉某房地产公司与童某田装饰装修合同纠纷案”中,法院认为:“双方所签订的《武汉商品房买卖合同》与《房屋委托装修协议》系两个相对独立的合同,童某田在《武汉商品房买卖合同》中,已经履行了全部义务;同时,双方在《武汉商品房买卖合同》中明确约定了单方解除合同的条件及相关事项,原告主张因《房屋委托装修协议》的解除,就直接导致《武汉商品房买卖合同》的解除,显然缺乏事实与法律依据。”②

① 江苏省苏州市中级人民法院民事判决书,(2016)苏05民终5880号。
② 湖北省武汉市黄陂区人民法院民事判决书,(2018)鄂0116民初6595号。

（二）装饰装修合同约定的装修费用反映的并非真实装修成本，而是房价款的一部分，购房人单独要求解除装修合同不符合法律规定

在“胡某、阜阳市某房地产公司委托合同纠纷案”中，二审法院认为：“从本案的认购书及附件中反映，双方签订的系购买精装修房的合同。虽然其后分别签订了装修合同和商品房买卖合同，但《装修合同》约定的装修费用反映的并非真实的装修成本，而是房价款的一部分，其与购房合同约定的价款共同构成涉案房屋的总价款。胡某单独要求解除涉案《装修合同》不符合法律规定。若认为上述合同具有解除的法定事由，可以对涉案装修合同、商品房买卖合同一并予以解除。”①

另外，江苏省高级人民法院民六庭于2019年12月16日发布的《商品装修房买卖合同装修质量纠纷案件审理指南》第3条规定，在毛坯房屋实际交付前装修房屋，交付标的物为装修房的，按照商品房买卖合同纠纷处理。

二、倾向性意见与建议

（一）笔者意见

笔者认为，装饰装修合同能否在商品房买卖合同之外单独解除的问题的实质，系装饰装修合同是否属于商品房买卖合同的一个组成部分，装修款是否属于房价款的一部分。如果相应的装饰装修合同被认定属于商品房买卖合同的一个组成部分，则理应认定购房人就整个商品房买卖合同无权只解除其中的装饰装修部分。若购房人与开发商签署的商品房买卖合同与装饰装修合同被认定属于两个单独有效的合同，则购房人当然在具备约定或者法定解除事由的情况下有权单独解除装修合同。

实际上，结合“双合同”现象出现的背景，我们可以知道，开发商要求购房人在商品房买卖合同之外另行签署装饰装修合同的目的主要是收取商品房买卖合同之外的含装修商品房销售款项。故开发商在销售时往往要求购房人必须签署相应的装饰装修合同，若购房人拒绝签署装饰装修合同，则无法购得相应商品房，即通常讲的“捆绑销售行为”。

《民法典》第146条规定：“行为人与相对人以虚假的意思表示实施的民事法律

① 安徽省阜阳市中级人民法院民事判决书，（2018）皖12民终1096号。

行为无效。以虚假的意思表示隐藏的民事法律行为的效力,依照有关法律规定处理。"《民法典》这一条款规定的通谋的虚假表示的构成要件主要包括:(1)须有意思表示存在;(2)表面意思与真实意思表示不同;(3)合同相对人之间存在通谋的行为。

其中,第三个要件即装修合同的相对人之间是否存在通谋的行为,系认定装饰装修合同是否属于通谋的意思表示的关键所在。理论上,民法的行为分为作为和不作为,通谋既包括积极的回应也包括消极的默示。

虽然装修合同在形式上为单独签署的委托装修合同,但从开发商与购房人签署的装饰装修合同在整个小区范围内方案的统一性、装修标准的模糊性及延期交房违约条款的一致性可以看出,装饰装修合同的实质是对相关房屋关于装饰装修方面的补充约定,属于该商品房买卖合同的一个组成部分,购房人在签署相关合同时往往对相关内容持消极的默示态度。故应当认定开发商与购房人之间签署的装饰装修合同成立委托装修关系系通谋的虚假意思表示,应当认定无效,而其对商品房买卖合同中装修部分的补充约定的隐藏行为应当认定有效。

综上所述,笔者倾向赞同前述司法裁判观点中的第二种观点,即若装饰装修合同的签订实为开发商销售商品房行为的组成部分,约定的装修费用反映的并非真实装修成本,而是含装修商品房房价款的一部分,则购房人单独要求解除装饰装修合同不符合法律规定,不应获得支持。

(二)笔者建议

对于开发商而言,应当严格遵守法律法规关于限价政策的规定,未经当地政府部门许可,不应在商品房买卖合同约定的交易价之外收取其他任何款项。但若当地政府允许开发商以"装修升级包"等形式另外收取装修相关款项,则需要对装饰装修的标准、价格的组成、委托人的单方解除权等进行明确约定,避免造成买受人误认,并应配合当地主管部门做好装修标准报备、核价等工作,以避免因违反限价相关的法律法规及政策而面临遭受行政处罚、买受人索赔的风险。

第五节　“双合同”销售模式下房屋装修部分保修责任的承担问题

在各地政府纷纷出台“限价令”的情况下，大量开发商通过“双合同”的销售方式，即商品房买卖合同与装修合同分开的方式销售商品房，并通过装饰装修部分达到提升商品房销售利润率的目的。但是“双合同”下的装修合同作为商品房买卖合同中关于装修部分的补充，往往对装修质量保修的责任主体、保修期限的约定相对模糊，进而导致购房人在商品房装修部分发生质量问题时出现维权无门的情况。

本节拟通过对司法实践中“双合同”销售模式下的装修部分维保责任的承担主体以及装修质量检验期届满或质量保修期届满后发现的房屋装修质量问题如何承担进行论述，以期为开发商和购房人在处理房屋部分保修责任问题纠纷时提供参考。

一、商品房装修部分质保问题相关争议

（一）商品房装修部分的约定形式及争议

当前，含装修的商品房买卖合同装修部分的约定主要分为三种情形：(1)出卖人与买受人签订的商品房买卖合同中约定装修条款；(2)出卖人与买受人在商品房买卖合同之外另行签订装修合同；(3)经出卖人指示，买受人与第三方装修企业签订装修合同，或者出卖人、买受人与第三方装修企业签订装修合同。

针对第一种情形，即出卖人与买受人在商品房买卖合同中约定装修条款的，装修工程属于商品房买卖合同的一个组成部分。根据《商品房买卖合同解释》第10条第2款的规定，就交付使用的房屋存在质量问题（包括装修质量问题），在保修期内，出卖人应当承担修复责任；出卖人拒绝修复或者在合理期限内拖延修复的，买受人可以自行或者委托他人修复。故针对第一种情形，购房人可根据上述司法解释、商品房买卖合同以及住宅质量保修书的约定，要求开发商对装修部分承担相应的维保责任。

针对第二种和第三种情形，由于装修部分系与开发商单独签署装修合同或者与第三方装修单位另行签署装修合同，若买受人直接依据商品房买卖合同的约定

以及商品房买卖合同相关司法解释中与商品房保修相关的条款要求开发商承担装修部分的保修责任,缺乏直接的合同或者法律依据。

司法实践中,还有部分购房人在收房时并未发现装修存在的质量问题,超出装修质量检验期间甚至超过质量保修期间才通知开发商或者装修单位对房屋装修质量问题进行修复,而此时开发商和装修单位往往以超出质量检验期或者超过质量保修期间为由,拒绝为购房人进行维修。

(二)装修合同性质认定

受到限价政策的影响,购房人与开发商签订全装修商品房买卖合同之外,需与开发商或其指示的第三方或三方之间签订装修升级包合同。司法实践中,对于装修合同的性质存在以下两种不同的观点:

1. 装修部分并非商品房买卖合同的组成部分,而是单独的合同,故装修部分的维修责任应由装修承揽人承担

持此观点者认为,开发商与购房人之间存在两重法律关系,即全装修商品房买卖合同关系和单独订立的装饰装修合同关系,该合同系双方当事人真实合意的结果,故开发商和购房人均可依法单独主张撤销或解除装修合同,相应的装修质量问题应当由装饰装修合同的承揽人承担。

2. 装修部分是商品房买卖合同的组成部分,不是单独的合同,故装修部分的维修责任应由开发商承担

持此观点者认为,装饰装修合同是全装修商品房买卖合同的补充合同,属于商品房买卖合同的组成部分,不具有独立性,购房人可以装修质量问题系商品房质量问题的一部分为由,要求开发商按照合同约定承担保修责任。

如江苏省高级人民法院民六庭《商品装修房买卖合同装修质量纠纷案件审理指南》第3条规定:"……在毛坯房屋实际交付前装修房屋,交付标的物为装修房的,按照商品房买卖合同纠纷处理;在毛坯房屋实际交付后装修房屋,交付标的物为毛坯房的,按照装饰装修合同纠纷处理。"即江苏省高级人民法院民六庭认为,交付的标的物是升级版全装修商品房的,按照商品房买卖合同纠纷处理;交付的标的物是普通全装修商品房,之后再进行升级装修的,按照装饰装修合同纠纷处理。实际上,由于交付普通全装修商品房后再进行装修升级会存在较大的资源浪费,开发商与购房人往往会采取在交付前完成装修升级的做法。

（三）质检期或保修期届满后提出的装修质量问题的修复责任承担问题

当装修部分出现以假充真、以次充好、以不合格材料冒充合格材料等情形时，若购房人在收房时并未发现装修存在的质量问题，超出装修质量检验期间甚至超过质量保证期间才通知开发商或者装修单位对房屋装修质量问题进行修复，开发商或者装修单位是否还有义务对房屋装修质量问题进行修复？具体分为以下两种情形：

1. 如该质量问题非在装修施工中产生，且购房人在质保期内未报修的，开发商一般不承担责任

司法实践中，当购房人在保修期内未报修或没有证据证明其报修过，且是非结构性缺陷造成房屋出现质量问题的，法院一般认为开发商不负有对系争房屋进行免费修复的义务，因此支持开发商以保修期届满予以抗辩，不支持购房人要求其承担维修责任并予以赔偿的请求。

在“王某春诉上海某投资公司商品房预售合同纠纷案”中，对于被上诉人是否负有修复义务的争议，二审法院认为，开发商在房屋保修期内对房屋质量负有法定的保修义务，超过保修期的，不再负有免费修复义务。根据本案查明的事实，系争房屋的保修期至2015年2月2日届满。因此，上诉人于2017年9月7日向一审法院起诉要求被上诉人修复，显然已经超过保修期，被上诉人不再负有修复义务。①

在“沈某与上海某房地产开发有限公司房屋买卖合同纠纷案”中，二审法院提出，对于沈某主张的系争房屋南侧外墙大理石开裂的问题，大理石系外墙装饰，不属于主体结构，根据质量保证书的约定，保修期为2年，沈某报修时已超过保修期，故其要求某房地产开发有限公司更换修复缺乏依据，法院不予支持。②

2. 如该质量问题系因装修施工产生，不受相应质保期的约束，开发商应对此承担维修及赔偿责任

在“某置业公司、王某辉商品房销售合同纠纷案”中，二审法院认为，虽然购房户提起诉讼的时间已超过房屋保修期；但是房屋保修期的功能和作用，在于可以在保修期内免除购房户证明房屋质量问题系开发商方面的原因所致的举证责任，但

① 参见上海市第一中级人民法院民事判决书，(2018)沪01民终889号。
② 参见上海市第二中级人民法院民事判决书，(2021)沪02民终842号。

并不能免除开发商在合理期限内保证房屋质量的合同义务。①

在"陶某罗、陶某明与上海某房地产开发有限公司商品房预售合同纠纷案"中，法院提出，如质量问题产生于装修施工过程中，即在房屋交付时已存在，属于开发商施工不当产生的隐患，与施工质量合格后交付的房屋在质保期内产生问题不同，不是房屋在正常使用情况下的自然老化和损坏，因此法院一般认为开发商应对此承担维修责任，而不能以已过保修期作为抗辩的理由。②

在"上海某置地有限公司与桂某商品房预售合同纠纷案"中，二审法院亦提出，鉴定意见明确认定了空鼓、开裂地砖等6项施工质量问题，相关问题均产生于装修施工过程中，即因施工不当产生的隐患在房屋交付时已存在，由此产生的地砖、天花板开裂等问题系在房屋使用过程中逐渐暴露并不断加重，故不同于施工质量合格的装修工程在质保期内产生问题的维修，某置地有限公司无权以质保期届满作为抗辩事由。③

二、倾向性意见与建议

（一）笔者意见

针对开发商与购房人在商品房买卖合同之外另行签订装修合同和经开发商指示，购房人与第三方装修单位签订装修合同，或者开发商、购房人与第三方装修单位签订装修合同（三方协议）的情形下装修责任的承担主体问题，应探究双方在签订合同时的真实意思表示。

实践中，因装修改造可能被认定为违法建设而遭受行政处罚，亦有个别开发商企图规避装修质量责任，由购房人委托的装修单位"代收房"后再由该单位进行装修的模式应运而生，且采用这种模式的开发商往往在房屋销售时就要求购房人与第三方装修单位另行签署装修协议，并与购房人约定，在满足《商品房买卖合同》约定的交付条件后由购房人委托装修单位代购房人接收相关房屋后再进行装修。其后一旦发生纠纷，相应开发商往往称装修改造行为并非其实施，相应法律后果应由购房人自行承担，相应质量保修责任或改造风险亦须由购房人自行向第三方装修施工单位主张。此情形下开发商是否应就装修改造承担实质性法律责任？笔者认

① 参见贵州省铜仁市中级人民法院民事判决书，(2020)黔06民终1070号。

② 参见上海市宝山区人民法院民事判决书，(2020)沪0113民初5691号。

③ 参见上海市第二中级人民法院民事判决书，(2020)沪02民终9804号。

为，应探寻双方签署合同时的真实意思表示，即开发商销售的究竟是毛坯商品房还是含装修商品房，装修委托是否是商品房买卖合同关系的组成部分，开发商应承担交付义务的究竟仅是毛坯房还是含装修房屋，如从多维度探究均能得出所谓的装修委托仅是开发商规避应承担装修改造相关法律责任的恶意同谋行为，则相应装修保修责任理应由开发商承担。

而针对质量检验期或者保修期届满后提出的装修质量问题是否应当继续由开发商承担修复责任的问题，应当先查明相关质量问题系因为偷工减料、施工工艺错误等导致的质量瑕疵还是房屋因正常使用而出现的维保问题。若属于前者，则按照《民法典》及相关法律法规关于瑕疵担保责任的规定，由开发商或者装修单位承担瑕疵担保责任；若属于后者，则开发商有权以保修期经过为由进行抗辩。

（二）笔者建议

首先，开发商与购房人的商品房买卖合同以及装饰装修合同中虽已约定了房屋质量保修的条款，但是对装修质量问题往往约定得不够清晰，建议在商品房买卖合同和装饰装修合同中对装修质量问题进行具体约定，防止争议出现。

其次，开发商可整理一整套房屋交付后质量维修的标准化流程，建立质量问题反馈和落实机制，完善质量问题报修、总包单位或者第三方上门勘验、质量问题原因诊断、可行性维修方案制定等机制，最终达到明确质量问题发生原因及责任主体的目的。

最后，购房人在签署合同时可要求开发商明确装修部分保修责任的承担主体、保修期限以及维修流程，并做好书面留证的工作，以防开发商或装修单位事后否认对装修质量维保责任作出的承诺，进而逃避维保责任的承担。

第九章

附属部分权属纠纷

随着人们的法律意识逐渐增强,越来越多的购房人注意到自己除了享有商品房所有权,作为业主对于小区附属部分也享有一定权益。那么,小区中哪些部分属于业主共有?附属部分产生的收益该如何分配?如果要维修、改造附属部分,该如何处理?本章拟根据法律规定、司法实践和理论研究对上述问题进行研究。

第一节　车位权属纠纷

一、车位权属纠纷

在如今经济高速发展、私家车保有量不断增加的背景下，车位权属纠纷的热度有增无减，现行法律法规中可用于解决车位权属纠纷的依据并不全面、明确，地方规定更是不尽一致，部分地方规定在内容上甚至相互对立，而司法实践中的车位权属纠纷也呈现复杂态势，为了更好地厘清车位权属纠纷的有关问题，笔者将区分人防车位、产权车位、非产权车位，以学理、立法、司法中存在的分歧为切入点，对不同性质车位的权属纠纷及车位收益权等相关问题进行比较探讨和分析。

（一）人防车位所有权归属争议

1. 人防车位所有权归属三种观点

人防工程范围内经批准，设计用途为停放车辆的地下车位，兼具人防和停车两种功能，法律层面对人防车位所有权的归属暂无明确规定，地方文件也未形成一致意见，目前就人防车位所有权的归属出现了三种观点，即国家所有说、开发商所有说及业主共有说，其中最主流的观点为国家所有说。

（1）国家所有说

持国家所有说的学者观点如下：第一，从建设目的来看，人防车位的建设是为了在战时提供一个安全可靠的防空避难所，是国家整体防御能力的组成部分，将人防车位所有权划归国家，才能够保障人防车位在战时发挥功能；第二，从投资成本来看，开发商建设人防车位时，国家在土地出让金、税金和政府规费等方面给予了开发商优惠，区别于仅由开发商投资建设的其他车位；第三，从建设要求来看，人防工程的设计、建设标准要求更高，建后维护更加严格，开发商受国家委托建设、监管、维护人防车位，是其从国家获得土地使用权的同时必须履行的国防义务。

（2）开发商所有说

持开发商所有说的学者观点如下：第一，从建设主体来看，根据物权取得的一般原则，开发商基于对人防车位的新建行为而原始取得所有权；第二，从建设成本来看，人防车位虽属于配套设施，但非共有设施，建筑面积并未计入小区公摊面积，建造成本亦未计算到建筑总成本中去，国家给予的优惠政策是鼓励支持开发商参与建设工作，而非换取所有权；第三，从功能实现来看，所有权属于开发商并不必然会阻碍人防车位达到国防目的，在战时，国家有权对人防车位无偿征用以保障人民生命财产安全。

（3）业主共有说

持业主共有说的学者观点首先否认了国家所有说，认可开发商享有人防车位的初始物权，并认为该权利应转移为业主共有，具体理由如下：第一，人防车位是嵌筑于住宅基地内部的附属物，具有从属性和不可分割性，人防车位自开发商销售住宅后随土地使用权转让给全体业主；第二，人防车位建设成本实际被分摊至房屋售价中，随着地面建筑物不动产的不断售出，业主成了人防车位的实际投资人，所有权自然转由小区业主共有；第三，无论是人防车位的国防目的还是停车功能，业主才是其密切利益主体，小区业主对人防车位进行处分、使用、管理、收益更为合理。

2. 上位法缺位及地方规定变革

《民法典》第 254 条第 1 款指出，“国防资产属于国家所有”，但《人民防空法》既规定“人民防空是国防的组成部分”，又规定“国家鼓励、支持企业事业组织、社会团体和个人，通过多种途径，投资进行人民防空工程建设；人民防空工程平时由投资者使用管理，收益归投资者所有”。在上位法规定不甚明确且无法以文义解释当然推定人防车位所有权归属的情况下，地方文件的规定难免出现分歧，其中部分地方采用国家所有说，规定人防车位不动产权属归属国家，如《济南市城市地下空间开发利用管理办法》第 37 条规定“经依法批准结建的人防工程，所有权属于国家”；另有部分地方认同开发商所有说，规定人防车位不动产权属归属投资者，如《上海市民防工程建设和使用管理办法》第 20 条规定“民防工程的投资者可以按照房地产管理的有关规定取得民防工程的所有权”；还有部分地方未对人防车位不动产权属作出直接规定，以《浙江省人民防空工程管理办法》为例，该办法第 10 条规定，“具备条件的设区的市、县（市、区）在设置出让、划拨、租赁国有土地和以国有土地作价出资的条件时，可以明确修建的防空地下室在建成后，移交给设区的市或者县（市、区）人民政府确定的单位”，虽未明确规定人防车位的产权归属，但规定了可将防空地下室在建成后移交政府指定单位设置为土地利用条件。

3. 法院观点

人防车位所有权争议不仅体现在学理、立法层面，在司法实践层面也出现了分歧。绝大部分判决回避人防车位权属,不予正面回应;部分判决采取国家所有说,判决人防车位归国家所有;部分判决认可开发商所有说,判决人防车位归开发商所有;另有少部分判决认可全体业主自开发商处取得人防车位的有关权利。

(1)国家所有说

在"北京某公司与北京某房地产公司等案外人执行异议之诉案"中,二审法院认为,人防车位作为人防工程的一种现实存在形式,本质属性为国防战备设施,应当归国家所有。开发商已取得北京市房山区民防局颁发的人防工程使用证,其有权占有、使用该人防工程并获得收益,该人防车位的使用权主体并非开发商。① 在"珠海市某小区第二届业委会、珠海某公司等不当得利纠纷案"中,二审法院认为,人防地下室作为国防资产,应当属于建筑物的专有部分而非建筑物区分所有权中的共有部分,所有权应属于国家。而人防车位只是人防地下室的利用方式之一,并不属于法律规定属业主共有的车位。②

(2)投资建造者所有说

在"吉首市某小区业委会、吉首市某房地产公司建筑物区分所有权纠纷案"中,二审法院认为,负 1 层车库、负 2 层人防车库属于开发商投资修建的人防公共设施,未计入业主公摊面积,产权应归投资者所有。③ 在"邱某、浙江某物业管理公司物业服务合同纠纷案"中,二审法院认为,根据谁投资、谁收益,谁投资、谁享有所有权的原则,案涉人防车位所有权应归其投资建造者所有。④

(3)业主所有说

在"王某与温州某置业公司商品房预售合同纠纷案"中,二审法院认为,合同中关于"设计上专属特定房屋的庭院(/绿地)露台(/屋顶平台),归该房屋的业主专有"的约定,符合法律及司法解释的规定。故上诉人请求确认合同中关于人防车位、庭院(绿地)、露台(屋顶平台)等所有权的约定无效,原判不予支持,并无不当。⑤ 在"抚州市某房地产公司、江西某物业管理公司侵权责任纠纷案"中,二审法院认为,因案涉地下人防车位固有的性质和特点,其投资主体会随着房屋的售出而

① 参见北京市第二中级人民法院民事判决书,(2022)京 02 民终 1599 号。
② 参见广东省珠海市中级人民法院民事判决书,(2021)粤 04 民终 4667 号。
③ 参见湖南省湘西土家族苗族自治州中级人民法院民事判决书,(2020)湘 31 民终 1195 号。
④ 参见浙江省湖州市中级人民法院民事判决书,(2020)浙 05 民终 367 号。
⑤ 参见浙江省温州市中级人民法院民事判决书,(2015)浙温民终字第 972 号。

实际地发生转移,其后续的实际投资者以及平时使用管理和获取收益者应是全体业主。①

(二)产权车位登记与使用的冲突及应对

产权车位的权利主体可以依据产权登记而明确,但产权车位的使用却不能完全依据登记而明确,发生在产权车位登记与使用问题上的冲突主要为所有权人使用产权车位的边界并非以登记面积为准。

1. 产权车位在登记与使用衔接过程中的冲突

产权车位的登记面积并非完全由业主专属使用,发生这种冲突的原因在于产权车位不动产权证记载的车位面积包括专属面积与公摊面积,而擅自使用专属面积之外的公摊面积将会侵占业主共有部分,例如,根据测绘图纸记载,停车位划线外的通道并非专属面积,若业主未征得其他业主的同意而占用通道,将构成侵权。

2. 实践中的冲突应对策略

鉴于车位不动产权证记载的车位面积并未注明专属面积的具体位置,实践中往往以地面划线为界确定业主合理使用产权车位的范围。一般而言,车位地面划线范围系开发商根据行业标准或地方标准所规定的机动车设计车型的外廓尺寸、机动车之间以及机动车与墙、柱、护栏之间最小净距离等要求建设的,足以满足产权车位的使用功能。此外,目前在浙江省等地方就产权划线车位的实践中,测绘时对于车位划线外的区域都不作为产权车位的公摊面积处理。

3. 法院观点

在"陆某丽与上海某物业管理公司排除妨害纠纷案"中,二审法院认为,不动产权证上记载的车位面积包括车位专属部分与公摊部分面积,故不能仅根据不动产权证的面积来确定车位的专属部分。一般而言,地下车库车位权利人所使用的专属部分以车位地面划线范围为限,同时根据车辆的款式大小差异,适当超出画线部分亦属合理范围。因此,业主关于其在车位产权证面积为44.46平方米的范围内可随意使用的观点,缺乏依据,法院不予采纳。②

---

① 参见江西省抚州市(地区)中级人民法院民事判决书,(2020)赣10民终991号。

② 参见上海市第一中级人民法院民事判决书,(2020)沪01民终13793号。

（三）非产权车位权属争议与裁判分歧

开发商与业主就车位问题争议最为激烈、纠纷数量最多的，当属非产权车位归何方所有的问题。针对非产权车位权属问题，也存在立法不明确、学理与裁判分歧的情况，具体分析如下。

1. 地面与地下非产权车位的权属争议

非产权车位，顾名思义，是不能办理产权登记的车位，根据《民法典》第 275 条“建筑区划内，规划用于停放汽车的车位、车库的归属，由当事人通过出售、附赠或者出租等方式约定。占用业主共有的道路或者其他场地用于停放汽车的车位，属于业主共有”的规定，以及《建筑物区分所有权解释》第 6 条“建筑区划内在规划用于停放汽车的车位之外，占用业主共有道路或者其他场地增设的车位，应当认定为民法典第二百七十五条第二款所称的车位”的规定，除人防车位外，存在权属争议的非产权车位主要为：(1)建筑区划内未约定权属的规划车位；(2)建筑区划内开发商增设的非规划车位。本节讨论的非产权车位所有权归属系针对该两类非产权车位。

(1)开发商所有说

针对建筑区划内未约定权属的规划车位，持开发商所有说的学者认为，该类车位于规划时即为车位，自始不构成占用业主共有的道路或者其他场地，符合专有部分的实质要件，应由开发商基于合法建造的事实行为而原始取得车位所有权；针对建筑区划内开发商增设的非规划车位，持开发商所有说的学者认为，除占用业主共有的道路或者其他计入公摊面积的场地外，亦由开发商原始取得车位所有权。

(2)业主共有说

持业主共有说的学者认为，无论是建筑区划内未约定权属的规划车位还是建筑区划内开发商增设的非规划车位，凡是不能办理产权登记的车位，均不能成为开发商的专有部分，其所在土地使用权已随房屋出售而转移至业主。且地下增设车位因开发商建设车位的成本已经包含在业主购买商品房所支付的房价款中，车位为全体业主投资建设，应属于业主共有。

2. 法院观点

各地法院在认定地面非产权车位的所有权归属问题上，往往考虑三个认定规则：(1)是否为建筑区划内的规划车位、车库；(2)是否占用业主共有的道路或者其他场地;(3)是否符合专有部分的实质要件。不同法院适用上述三个认定规则的顺序不同,也直接导致裁判结果出现分歧。

各地法院在认定地下非产权车位的所有权归属问题上,往往考虑两个认定规则:(1)是否计入公摊面积;(2)建设成本是否分摊入商品房住宅价格。

(1)开发商所有说

针对建筑区划内未约定权属的规划车位,在"武侯区某城业主大会首届业委会、成都某公司等建筑物区分所有权纠纷案"中,二审法院认为,规划车位并不属于规划之外占用业主共有的道路或者其他场地用于停放汽车的车位,业委会主张诉争车位归全体业主共有缺乏事实和法律依据。① 在"东莞市某城第二届业委会、东莞市某房地产公司物权保护纠纷案"中,再审法院认为,车位的初始所有权根据车位是否属于建设规划内进行区分,建设方对于在规划用于建造车位的建筑区划内合法建造的车位享有初始所有权,可以通过出售、附赠或出租等方式约定归属,而在规划用于建造车位的建筑区划外占用业主共有道路或者其他场地增设的车位,则属于业主共有。②

针对建筑区划内开发商增设的非规划车位,在"毕某忠、安乡某房地产公司合同纠纷案"中,二审法院认为,案涉地下车位系开发商合法建造,根据安乡县住建局出具的湖南省建设工程规划许可证及《商品房建筑面积实测报告书》,地下车位不计容建筑面积,即并未占用小区土地的使用权,该地下车位面积未计入业主的公摊面积,也无证据表明地下车位的建设成本已分摊到了各个商品房的出售价格中,因此,本案不能认定案涉地下车位已随商品房所有权的转让而一并转移给了全体业主。开发商将地表以上的建筑物转让给业主,仅代表其将地表的共有建设用地使用权一并转让给了业主,并不表示业主就当然享有地下空间的使用权。③ 在"潘某群、上海某物业管理公司等车位纠纷案"中,二审法院认为,案涉60个地下车位非人防车位,由开发商投资建造,且该小区地下车位的建筑面积不属于销售时分摊的共有建筑面积,故开发商有权处分案涉60个地下车位。开发商将案涉60个地下车位使用权转让给业主以及业主与潘某群之间签订案涉《车位转让协议书》的行为,

---

① 参见四川省成都市中级人民法院民事判决书,(2020)川01民终3192号。

② 参见广东省高级人民法院民事判决书,(2020)粤民再121号。

③ 参见湖南省常德市中级人民法院民事判决书,(2021)湘07民终1622号。

属双方当事人真实意思表示，不违反法律、行政法规强制性规定，合法有效。[①]

（2）业主共有说

针对建筑区划内未约定权属的规划车位，在“重庆某房地产公司诉重庆市某小区业委会车位纠纷案”中，再审法院认为，即使开发商在建造小区时支付了建筑区划内的土地使用权出让金，成为建设用地使用权人，但是小区建设完成之后，随小区内房屋的出售，小区建筑区划内的土地使用权也随之转移，小区的共有部分土地使用权归小区业主共有。由于案涉车位不能办理产权登记，不能成为专有部分，原判决确认该部分停车位属于占用业主共有的道路或者其他场地用于停放汽车的车位并无不当。[②]

在“楚雄州某房地产公司、某小区业委会物权保护纠纷案”中，二审法院认为，业主对建筑区划内的道路、绿地、其他公共场所、公用设施和物业服务用房享有法定共有权。根据楚雄市自然资源局的回函，小区的植草砖全面积计入小区绿地面积，并计入绿地率，本案诉争地面车位均为植草砖车位，属于占用业主共有的绿地建设的用于停放汽车的车位，依法应由全体业主共有。[③]

针对建筑区划内开发商增设的非规划车位，在“恩平市某小区业委会、恩平某房地产公司建筑物区分所有权纠纷案”中，二审法院认为，结合案涉小区的规划图以及双方当事人现场查勘确认的情况可知，三楼架空夹层中一幢至二幢之间搭建的 2 个车位（现场编号 11、12）及三幢至商业区楼顶接缝之间划出的 3 个临停汽车车位所在位置为楼与楼之间的通道，属于占用业主共有的公共通道用于停放汽车，属于该小区全体业主共有。[④]

（四）车位收益权的归属争议与权利转让

司法实践中，车位收益权归属及转让纠纷也是在开发商、业主及物业之间频繁发生的问题，有权主体的确认以及收益转让的效力因此成了热点问题。

1. 权利主体争议：开发商、业主及物业

讨论车位收益权，应首先区分不同性质的车位，产权车位的收益权归产权人所

---

① 参见江苏省无锡市中级人民法院民事判决书，（2021）苏 02 民终 6734 号。

② 参见最高人民法院民事裁定书，（2017）最高法民申 2817 号。

③ 参见云南省楚雄彝族自治州中级人民法院民事判决书，（2021）云 23 民终 245 号。

④ 参见广东省江门市中级人民法院民事判决书，（2021）粤 07 民终 5437 号。

有，而针对人防车位，《人民防空法》第5条已明确规定“收益归投资者所有”，故人防车位的收益权归投资者所有并无争议。事实上，车位收益权的争议往往针对其他非产权车位，在开发商、业主和物业服务企业三方主体之间高发。开发商和业主多基于非产权车位所有权之争发生收益权争议，而物业服务企业作为受托管理小区的服务单位，实践中也存在私自增设车位，将停车位处分、收益的行为。

2. 车位收益权转让的效力争议及法院观点

目前法律、行政法规的强制性规定并未禁止车位收益权的有权主体转让车位收益权，多数观点认为有效该行为。但如转让方为无权处分且有权主体未追认，将不对有权主体发生法律效力。

在“某大厦业委会、无锡市某物业公司物业服务合同纠纷案”中，二审法院认为，《移交协议》第9条关于某大厦业主应交纳的物业费、车位租赁费、水电费等各类费用由物业服务企业向业主收取的约定，已对停车费归物业服务企业所有作出了约定，该约定不违反法律、行政法规的效力性强制性规定，对各方当事人均有法律约束力，开发商现要求物业服务企业返还停车费的诉请实质上推翻了上述约定，法院不予支持。①

在“韶关市某建筑公司深圳分公司、林某明等返还原物纠纷案”中，二审法院认为，虽然物业服务企业主张未再就案涉停车位进行管理和收费，但整个小区物业由物业服务企业负责和收费，其也无证据证明案涉停车位空置，因此其通过案涉停车位收益，属于不当得利，一审法院认定应扣除管理成本后返还收益，认定正确，二审法院予以维持。至于物业服务企业以案涉车位权利人一直存在争议为由主张不支付收益不构成侵权，但因其也未向任何人支付相关收益，其该主张没有法律依据。②

（五）笔者意见

1. 对于人防车位产权争议的观点

比较分析人防车位产权争议的三种学说可知，国家所有说和开发商所有说的分析重点在于区分所有权的归属，而业主共有说则是在探讨所有权的流转关系。作为现有法律法规背景下的过渡方案，笔者较为认可浙江省的解决方案，即在土地利用条件中设置人防车位在建成后必须移交政府指定单位的要求，其既解决了新建人

---

① 参见江苏省无锡市中级人民法院民事判决书，(2018)苏02民终2637号。

② 参见广东省深圳市中级人民法民事判决书，(2021)粤03民终20412号。

防车位的所有权争议，也能有效保障人防车位在政府管理下的平战两用功能的实现。

2. 对于地面非产权车位权属争议的观点

针对非产权车位（地面）的产权争议，笔者倾向于认同《民法典》第 275 条的规定，“建筑区划内，规划用于停放汽车的车位、车库的归属，由当事人通过出售、附赠或者出租等方式约定”应先于“占用业主共有的道路或者其他场地用于停放汽车的车位，属于业主共有”作为首先适用权属认定规则，即地面规划内车位由开发商原始取得，并由开发商和业主通过约定确定所有权归属。

3. 对于地下非产权车位权属争议的观点

针对非产权车位（地下）的产权争议，笔者倾向于认可以公摊面积作为判定所有权归属的唯一标准，如果属于公摊面积，业主购买商品房时就包含了对应公摊面积上车位或车库的权利，其应该归全体业主所有。

（六）笔者建议

人防车位权属争议亟待上位法的明确和统一。鉴于人防车位权属众说纷纭的现状，为减少和避免各方冲突，笔者建议开发商及业主在合同中对地下车位是否属于公摊面积、商品房价格是否包括车位的建造成本的关键问题进行释明，并对地面规划车位以及不属于公摊面积的地下车位归属进行明确约定。特别地，针对人防车位的销售，开发商应在销售时充分释明人防车位的属性及不利因素、法律后果，并在合同中以粗体字加以特别提示。

二、车位处分合同效力纠纷

开发商在销售房屋过程中，往往同步销售车位，常见的销售模式包括所有权买卖、使用权转让、租赁三种，部分开发商基于资金回笼的考虑也会选择车位整售、包销给第三方单位，再由第三方单位向业主销售。目前上位法对于开发商销售车位的规范仅有概括性的规定，开发商针对不同车位的不同处理方式在司法适用中仍存在不少的问题。

（一）长期租赁合同的效力问题

1. 长期租赁合同的效力争议

《民法典》针对长期租赁合同的期限作了一般规定，即“租赁期限不得超过二十年。超过二十年的,超过部分无效”。即使约定20年到期后自动续期,也基本会被认定为因超过20年而无效。但法律层面并无针对车位租赁的特别规定。

而地方规定中往往仅针对人防车位有特别规定。以江西省为例,江西省人民防空办公室《关于进一步规范防空地下室平时使用和维护管理有关问题的通知》第1条规定:“……任何单位和个人不得买卖或者以长期出租使用权的名义变相买卖防空地下室。在目前国家对防空地下室产权尚未明确的情况下,防空地下室平时使用只允许短期租赁,每次租赁合同期不得超过5年。”另外,安徽省也曾有人防车位3年最长租赁期的限制,2016年修订的《安徽省物业管理条例》第86条规定,人防车位出租的,租赁期限不得超过三年;后2021年修正时将该时间限制删除。此外,《宁波市住宅小区物业管理条例》第15条规定人防车位的租赁合同期限不得超过一年。

2. 租赁合同与使用权转让合同的比较和适用

对于无法办理产权登记的车位,因无法办理转移登记,实践中开发商只能通过出租或转让使用权的方式将车位长期给予业主使用。比较租赁合同与使用权转让合同两种模式,第一,在效力上,无论是租赁模式还是使用权转让模式,均未见违反法律、行政法规的强制性规定,主流观点均认为有效。第二,在期限上,租赁模式下期限超过20年的部分无效,人防车位租赁期限甚至可能有更严格的租期限制,而使用权转让模式暂未见对转让期限限制的规定。第三,在责任上,在租赁模式下,即使有特别约定,如保证租赁物符合租赁用途以及租赁物毁损灭失的风险是出租人的当然义务,存在特别约定被司法认定为格式条款等排除适用的可能;而使用权转让作为财产性权益的一次性转移,相关责任由使用权人承担于理有据,且可以避开租赁合同关系中的固有规则。然而,也存在部分学者主张使用权转让的本质实为租赁,二者并无区别,均应受租赁合同相关规范调整。各地法院对此的裁判口径也不尽一致。

3. 法院观点

(1)使用权转让模式肯定说

在“陈某、青岛某置业公司买卖合同纠纷案”中,二审法院认为,业主与开发商签订的是车位使用权转让协议,并非车位所有权买卖合同,该协议明确约定业主向开发商购买的是地下人防停车位的平时使用权车位,该车位为非产权式停车位,业主对该车位不享有所有权,仅在约定的年限内对该车位享有使用权。双方均称案涉车位系人防车位，属于人防工程的一部分，车位所有权属于国家。开发商投资建设了包括案涉车位在内的案涉小区人防工程，其作为案涉人防工程的投资人，依据上述法律规定对作为人防车位的涉案车位依法享有管理、收益的权利。开发商与业主签订案涉车位使用权转让协议，转让的是车位使用权，并非车位所有权，该协议不违反法律、行政法规的强制性规定，合法有效。案涉车位使用期限的长短不影响、也不会改变双方协议转让的是案涉车位使用权而非所有权的性质，业主主张开发商转让的是车位所有权、双方签订的案涉协议无效，依据不足，双方签订的案涉车位使用权转让协议合法有效。①

在"吴某峰、陈某琴等车位纠纷案"中，二审法院认可了双方无建立租赁关系的意思表示。法院认为，从车位转让协议的内容看，权利义务的约定均是围绕车位使用权的归属进行的，双方均无签订租赁合同的意思表示。原告对案涉车位没有产权，开发商转让的是案涉车位的使用权，车位使用权转让期限与住宅地使用年限相同，车位使用权转让价款实质为车位购买款而非租金等均明确知晓，不能超出缔约双方的真实意思表示去判断合同的法律性质。②

在"蒋某俊、蚌埠某投资公司车位纠纷案"中，二审法院认为，开发商系案涉小区车位的投资者、建设者，依法有权以出租、供他人有偿使用等方式处置车位。案涉《商品房买卖合同之补充协议（人防车位）》约定：甲方同意乙方有权使用该项目区划内甲方指定的车位，车位金额 8 万元整。开发商收取的车位使用费系使用权有偿转让的费用，双方在协议中亦未约定租金、租赁期限等有关租赁的事宜，故案涉《车位使用协议》本质上不属于租赁合同，双方协议约定的车位使用期限并非租赁期限，协议中约定车位使用期限与土地使用期限相同，不违反法律、行政法规的强制性规定。③

（2）使用权转让模式否定说

在"党某军、岳阳某置业公司合同纠纷案"中，二审法院认为，案涉《车库使用权转让合同》是双方当事人自愿签订的合同，符合双方当事人的真实意思表示，且开发商并未提交案涉车库属于人防车位的证据，即使案涉车位属于人防车位，根据

① 参见山东省青岛市中级人民法院民事判决书，（2022）鲁 02 民终 9588 号。
② 参见江西省抚州市中级人民法院民事判决书，（2022）赣 10 民终 365 号。
③ 参见安徽省蚌埠市中级人民法院民事判决书，（2021）皖 03 民终 2331 号。

《人民防空法》第 5 条以及《国防法》第 37 条[①]的相关规定，案涉《车库使用权转让合同》仅约定将案涉车库的使用权进行转让，并不违反法律规定，但该合同本质上是租赁合同，租赁期限超过 20 年的部分无效，故该合同部分依法成立且自签订之日起生效。[②]

在“江苏某置业公司与陈某买卖合同纠纷案”中，二审法院认为，租赁合同有两个特点：一是租赁合同是转移财产使用权的合同，一方将财产的使用权和收益权让渡给另一方；二是租赁合同是有偿合同，受让一方为使用该财产向对方支付一定的费用。开发商与业主签订的合同明确开发商与业主转让的是车位使用权和使用权年限，该《地下车位使用权转让协议》符合租赁合同特征，该协议名为使用权转让合同，实为租赁合同。[③]

（二）“只售不租”的合法性争议

1. 立法及学理争议

依据《民法典》第 276 条的规定，建筑区划内，规划用于停放汽车的车位、车库应当首先满足业主的需要。但该条并未明确规定开发商只售不租是否合法。而在一些地方性法规、地方政府规章和规范性文件中有较为详细的禁止性规定，例如，《江苏省物业管理条例》第 63 条规定，“业主要求承租车位、车库的，建设单位不得只售不租”。《海南经济特区物业管理条例》第 55 条规定，“建设单位不得只出售而不出租车位（车库）。……业主要求承租的，建设单位不得拒绝”。《成都市住宅物业管理区域车辆停放管理暂行办法》第 3 条规定，“建设单位按规划要求配置的机动车停放设施（包括地面停车库，地下停车库，立体停车库等）应当提供给本物业管理区域内的业主、使用人使用；尚未出售的应当出租，不得闲置不用”。

但是，也有部分地方认可了开发商的租售选择权，如重庆市住建委《关于进一步加强和规范商品房配套车位销售有关事宜的通知》第 2 条规定了房地产开发企业可根据自身经营状况对小区车位自主选择出租或出售。

学术界对此问题的态度也不统一，部分学者认为，如果业主有能力购买车位、车库，则应该予以出售，否则就应当予以出租，开发商不得只售不租。持相反观点的

---

① 此处适用的是 2009 年修正的《国防法》，相关规定参见 2020 年修订的《国防法》第 40 条。

② 参见湖南省岳阳市中级人民法院民事判决书，（2020）湘 06 民终 2272 号。

③ 参见江苏省宿迁市中级人民法院民事判决书，（2018）苏 13 民终 2601 号。

学者则认为,一次性出售的方式是开发商最快收回成本的途径,如果开放租赁,短期内难以更快地获得资金,且很大可能会导致车位出售更为困难,限制了开发商作为建设者的所有权人的自由。且“只售不租”并不违反法律、行政法规的强制性规定,不应禁止。

2. 法院观点

(1)“只售不租”否定说

在“冯某良、成都某房地产公司等车位纠纷案”中,二审法院认为,开发建设单位开发建设的目的为取得收益,而非使用,小区业主的使用与开发建设单位对人防车位的收益以及自有车位的处置之间并不矛盾,并非非此即彼的关系,开发建设单位在依法处置其享有权利的规划用于停放汽车的停车位时,应当同时受到优先满足业主需要的限制,在具备优先满足业主需要的条件下,设定不妨碍业主使用的处置模式,业主有权对建筑区划内规划用于停放汽车的车位、车库要求优先满足使用,而根据案涉小区的房屋数量、规划的地下停车位数量与目前空置的地下停车位数量,案涉小区地下停车位并非不具有对外出租的条件。故案涉小区地下停车场中未处置使用权或所有权的地下停车位应向小区业主开放租赁。① 在“山西某投资公司与郭某某、太原市某物业公司所有权纠纷案”中,二审法院认为,开发商强制以出售方式确定车位车库的归属并限制业主车辆的通行停放,属于限制、剥夺了业主的业主权利。②

(2)“只售不租”肯定说

在“孙某中、上海某置业公司等房屋买卖合同纠纷案”中,法院认为,卖方即开发商有权对本小区地下停车位进行销售,且开发商发布出售车位通知、分配车位的行为均不存在《民法典》中无效、撤销的情形。《民法典》第 276 条的立法目的是保证本小区业主优先使用车位,避免外小区人员侵害本小区业主车位使用权,本案中业主车辆仍可自由进出车库进行停放,其使用权并未被侵害。开发商已发出出售通知,业主未购买即视为放弃选择车位的优先顺位,其主张的承租优先于出售的权利于法无据。③

---

① 参见四川省成都市中级人民法院民事判决书,(2021)川 01 民终 17423 号。

② 参见山西省太原市中级人民法院民事判决书,(2019)晋 01 民终 1430 号。

③ 参见江苏省无锡市滨湖区人民法院民事判决书,(2021)苏 0211 民初 6228 号。

（三）笔者意见

1. 对于开发商处分车位方式的观点

出售、出租、使用权转让都是开发商处分车位的常见方式，笔者更倾向于支持使用权转让模式独立于租赁模式的观点，且基于业主需求与开发商利益的平衡，笔者认为，针对非产权车位突破20年最长租赁期限的限制并特别设置车位租期不得突破土地使用权期限的规定更为合理，当然，这一观点能否适用于开发商实践，还取决于能否得到当地政府的法规政策支持。

2. 对于“只售不租”的观点

针对业主、物业使用人的优先购买权、优先承租权与开发商选择出售、附赠或者出租的权利的比较平衡，笔者倾向于认为，开发商有权根据租售方式的市场需求程度作出销售策略选择，不能一概而论地否认“只售不租”，可以给予开发商适度的自由空间。

（四）笔者建议

结合目前的立法现状及裁判分歧，为避免超过20年期限的使用权转让期被认定无效的风险，笔者建议，如开发商就非产权车位采取使用权转让模式，所约定的转让使用期仍不宜超过20年。

此外，为了避免争议，开发商在第一轮出售车位后有剩余空置的车位的，应保障业主短期承租权，且在承租期内保障承租业主的优先购买权，并明确告知业主承租期满后开发商仍然有权向本小区其他业主出售车位。

三、因“首先满足业主需要”产生纠纷

（一）“首先满足业主需要”的认定标准

1. 普遍争议

如何理解《民法典》第276条规定的“建筑区划内，规划用于停放汽车的车位、车库应当首先满足业主的需要”？

《建筑物区分所有权解释》第5条规定：“建设单位按照配置比例将车位、车库，以出售、附赠或者出租等方式处分给业主的，应当认定其行为符合民法典第二百七十六条有关‘应当首先满足业主的需要’的规定。前款所称配置比例是指规划确定

的建筑区划内规划用于停放汽车的车位、车库与房屋套数的比例。"

最高人民法院民一庭负责人就建筑物区分所有权、物业服务司法解释答记者问时认为，规划确定的配置比例具有法定性和确定性，业主在购买专有部分的时候对此也是明知的。只要业主已经按照配置比例购置或者租赁到车位、车库，就应当认为其需要已经得到了"首先满足"。否则，将有可能出现特定业主对车位、车库提出过度主张的情况。①

学术界对此问题的态度也不统一，部分学者认为，该条款限于业主购买或者承租车位、车库，开发商不能处分给业主以外的人。另一部分学者认为，该条款指业主对车位、车库享有优先购买权或者优先承租权，在没有权利人提出请求的情况下，开发商有权将小区的车位、车库出卖给业主以外的第三人。

2. 车位整售、包销行为的效力争议

车位整售、包销行为的对象一般非车位的实际使用方，如果该整售、包销对象将车位又向业主进行出售、出租，是否也可以视为符合"首先满足业主需要"？还是说整售、包销行为已经属于未处分给业主的行为而违反"首先满足业主需要"的要求？

开发商向业主以外的第三人出售车位，但由该第三人按照"首先满足业主需要"原则向业主售租车位的行为的效力如何认定？上位法对此并无明确规定，但地方规定在资产划转的情况下有更细化的规定，如重庆市住建委《关于进一步加强和规范商品房配套车位销售有关事宜的通知》第 3 条规定："允许将商品房配套车位（含人防车位）整体划转给同一投资主体内部所属企业，划转后的车位应当首先满足业主的需要。房地产开发企业将商品房配套车位（含人防车位）整体划转给同一投资主体内部所属企业（包括母公司与其全资子公司之间，同一公司所属全资子公司之间）的，按照《物权法》②和《重庆市物业管理条例》有关规定，受让的同一投资主体内部所属企业须承继原开发企业的相应权利和义务，划转后车位（含人防车位）使用需首先满足业主需求。划转后车位（含人防车位）的出租和出售参照房地产开发企业出租和出售车位的规定执行。"

---

① 参见《最高人民法院民一庭负责人就建筑物区分所有权、物业服务司法解释答记者问》，载法律图书馆网，http://www.law-lib.com/fzdt/newshtml/21/20090525093529.htm。

② 相关规定参见《民法典》。

3. 法院观点

(1)向非业主处分车位肯定说

在“无锡某物业公司、上海某物业公司等车位纠纷案”中,二审法院认为,案涉18个地下车位非人防车位,由开发商投资建造,且该小区地下车位的建筑面积不属于销售时分摊的共有建筑面积,故开发商有权处分案涉18个地下车位。开发商将案涉18个地下车位划拨给第三方公司,相关协议属双方当事人真实意思表示,内容不违反法律、行政法规强制性规定,合法有效。如果开发商在未首先满足业主需要的情况下,将车位、车库出售、赠与或出租给业主以外的其他民事主体,业主可以就该买卖合同、赠与合同或租赁合同损害其特定使用权为由向法院提起诉讼。该业主无论是特定的一个还是特定的数个,均属于开发商与其交易合同相对人以外的特定第三人。“首先满足业主的需要”确立的法律规则调整的是上述交易合同当事人与交易合同当事人以外的特定第三人之间的利益关系,并不涉及社会公共利益,故该款规定确立的法律规则并非效力性强制性规范。且该规范属授权第三人规范,只有认为被损害合法利益的特定业主才可主张适用,其他人不得主张。①

在“黎某宽与增城某公司等商品房预售合同纠纷案”中,二审法院认为,“建筑区划内,规划用于停放汽车的车位、车库应当首先满足业主的需要”并未规定非小区业主购买或租赁车位合同无效。一审认定第三人于2018年9月3日签订的认购书和车位使用权转让合同,相关内容并不违反法律、行政法规的效力性强制性规定,合同合法有效,二审法院予以认可。②

(2)向非业主处分车位否定说

在“某建筑集团、武汉市某小区第三届业委会等所有权确认纠纷案”中,二审法院认可了“建筑区划内,规划用于停放汽车的车位、车库应当首先满足业主的需要”意味着开发商仅能将小区的车位、车库以出售、附赠或者出租等方式处分给业主,本案中开发商将案涉车位以抵债的形式处分给第三方公司,违反了车库应当首先满足业主的需要的规定,依法应当认定为无效。③

(3)以审查是否满足业主停车需要事实为前提

在“吴某明、李某燕、陈某等141人与湛江市某房地产公司、湛江市某物业公司

---

① 参见江苏省无锡市中级人民法院民事判决书,(2021)苏02民终5847号。

② 参见广东省广州市中级人民法院民事判决书,(2021)粤01民终XX590号。

③ 参见湖北省武汉市中级人民法院民事判决书,(2022)鄂01民终3630号。

商品房预售合同纠纷案”中，二审法院认为，“首先满足业主需要”指必须保障设置规定数量的停车设施、禁止开发商将区分所有建筑物的停车设施纳入自己所有权范围单独开发、保证建筑区划内业主使用的前提下方可许可业主以外人员使用等情况，本案并无证据证明开发商实施了违反上述法律规定的行为。根据湛江市发改局向业主作出的《关于湛江市某小区停车费提价不合理相关问题的答复函》所查明“某小区外围商业配套车位免费对外开放，可容纳500辆汽车同时停放”的事实，可见开发商就案涉停车位的经营未构成垄断地位。故业主关于开发商未优先满足业主停车需要及垄断停车费价格的主张无事实与法律依据。[①]

在“常德市某物业公司与陈某华及常德某房地产公司、丁某排除妨害纠纷案”中，二审法院认为，“首先满足业主需要”条文是对业主优先购买权的规定，属于效力性强制性规定。小区业主相对于非业主的第三人而言，享有小区车位、车库的优先购买权和优先承租权。同时，为平衡和保护业主及开发商的利益，在首先满足业主需要的情况下，应当允许开发商将车位、车库出售、附赠或者出租给业主之外的第三人。本案中，案涉小区一期原规划设计地面停车位171个，实际地面停车位不足30个，地下停车位343个，总户数为800余户，从停车位的配置比例来看尚不足以满足业主需要。案涉3份合同中涉及地下车位转让的部分因损害业主优先购买权，属《合同法》第52条第5项[②]规制的范畴，应认定为无效。[③]

（二）未能“首先满足业主需要”处分车位行为的效力争议

《物权法》确立了车位应当“首先满足业主需要”的原则，《民法典》沿袭了此规定，但前述规定均未明确开发商处分车位时未能“首先满足业主需要”的行为效力及法律后果。

1. 学理争议

持“首先满足业主需要”一条为效力强制性规定之观点的学者认为：未能“首先满足业主需要”处分车位的行为损害全体业主的优先购买权，应认定为无效；持相反观点的学者认为：违反“首先满足业主需要”如果使合同继续有效也并不损害国家或者社会公共利益，而只是损害特定少数业主的利益，不宜认定为效力强制性规定。

① 参见广东省湛江市中级人民法院民事判决书，（2020）粤08民终2493号。

② 相关规定参见《民法典》第143条第3项的规定。

③ 参见湖南省常德市中级人民法院民事裁定书，（2020）湘07民终145号。

2. 法院观点

司法实践中,就未能“首先满足业主需要”是否为效力性强制性规定也存有裁判分歧。有的法院认为,“首先满足业主需要”属于效力性强制性规定,开发商违反该规定处分车位的行为无效。然而,也有的法院认为该条款并非效力性强制性规定,违反该规定不影响合同的效力。

(1)效力性强制性规定说

在“黄某莲、河源市某房地产公司破产债权确认纠纷案”中,二审法院认为,倡导性规定和强制性规定的根本区别在于,违反强制性规定的民事法律行为无效,行为人要承担相应的违法后果,而违反倡导性规定的民事法律行为并非必然无效。由于纳入规划配置的小区停车位规划建设的目的就是满足小区业主的停车需要,属于小区的规划配套设施,即使没有纳入小区建设经费公摊、由开发商投资建设,这些车位仍然与其他建筑物一样共同占用开发用地,共享土地使用权,并非开发商建设于其他独立的土地使用权之上、专门用于停车的商业建筑。最高人民法院将建设单位对按规划配置建设的车位、车库的处分权行使纳入《建筑物区分所有权解释》规定的内容,正是对小区停车位属于小区规划配套设施、应当遵守建筑物区分所有权行使规定的体现。从法律和司法解释规定的内容和逻辑来看,“应当首先满足业主的需要”包含了车位、车库的处分首先要满足业主需要,只有满足业主需要后开发商才能将车位、车库处分给其他人;同时也意味着建筑区划内业主都有按照法律和司法解释的规定,依据规划配置标准向开发商购买或租赁车位的权利,开发商违反“首先满足业主需要”的规定处分车位、车库,就侵犯了业主合法的购买或租赁权,应承担违法责任。小区车位应当首先满足全体业主的需要,如开发商未按规划配置比例将车位处分给个别业主或小区业主之外的人,即违反了“应当首先满足业主需要”的规定,侵犯了其他业主购买或租赁车位的权利,其他业主可以请求确认开发商的处分行为无效并要求开发商承担违法责任。因此,一审法院认定《物权法》第 74 条第 1 款①关于“应当首先满足业主需要”的规定为效力性强制性规定正确。②

(2)非效力性强制性规定说

在“重庆市某小区业委会与张某霞等房屋买卖合同纠纷案”中,再审法院认为,

---

① 相关规定参见《民法典》第 276 条。

② 参见广东省高级人民法院民事判决书,(2019)粤民终 278 号。

《物权法》第74条第1款仅是对车位、车库等的物权变动作了限制，并非判断合同是否有效的规定，该条款仅是合同有效后能否履行的问题，只涉及是否发生物权变动的后果，并不影响合同的效力。故案涉合同并未违反法律效力性强制性规定，应当认定为有效。①

在“张某、沈某确认合同无效纠纷案”中，二审法院认为，根据案涉《杭州万科地产&杭州万科物业车位销售合作协议》关于车位经营收益（包括租赁和再次销售）归属物业服务企业的约定，结合开发商在前案中关于案涉405个车位已出让给物业服务企业的陈述，可以认定该协议实际属于车位出让协议的性质。但需要注意的是，开发商在其向小区业主告知车位销售事宜，但小区业主并未全部购买或租赁车位的情况下，将剩余的405个车位转让给关联公司物业服务企业，由物业服务企业继续将这些车位出让或出租给小区业主使用，该行为并未影响小区业主对小区配套车位享有的优先使用的权利，主张协议无效，缺乏事实依据。②

（三）笔者意见

笔者认为，“首先满足业主需要”一条应平衡开发商和业主两方利益，允许倾向保护业主利益，但不宜理解为完全否定开发商向非业主处分车位，应结合开发商是否已经向业主公开销售过车位、业主是否已经有不购买车位的意思表示等因素综合考虑。

笔者认为，不应只考虑业主的需求，业主基于“首先满足业主需要”享有的是优先权，即在同等条件下优先购买、受让的权利，如禁止向非业主处分车位，将违背“首先”一词的含义。且业主的需求量随着时间的改变是难以穷尽的，可以在合理限制的同时保障业主救济权利。同理，笔者认为，开发商整售、包销车位如未影响业主优先权，应认定为合法有效。

（四）笔者建议

鉴于立法较为模糊而导致司法裁判分歧的现状，建议开发商在合理承诺期限内按照配置比例并限制每户购买数量向业主出售或转让车位使用权，对于承诺期限届满后的空置车位，进行重新公示并由业主二次选购。同时，在业主两轮选购和

---

① 参见重庆市高级人民法院民事裁定书，(2015)渝高法民申字第01723号。

② 参见浙江省杭州市中级人民法院民事判决书，(2019)浙01民终2638号。

购买车位时明确告知业主超出合理承诺期限未选择购买的视为放弃优先购买权，并充分提示后续可能因车位数量不足导致部分业主无法购买。如两轮购买后仍存剩余车位，可以向非业主附条件或附期限转让车位使用权，保障业主权益的同时实现车位“物尽其用”的价值，为开发商通过市场交易获取正当利益留有空间。

第二节　物业用房纠纷

作为国民经济重要组成部分的房地产市场不断发展，商品房综合品质不断提升，购房人对于物业用房的关注度也日益增强，由此亦引发相关纠纷，越来越多的购房人就物业用房的权属、收益分配等问题提出权利主张。

一、规范层面

物业用房或称物业服务用房，一般包括物业管理用房及物业经营用房，从构造及使用层面而言，其具有独立使用的物理属性；从规划用途层面而言，其具有公共性及配套性。

现阶段，物业用房的相关规定主要分为国家层面法律法规以及地方性的细化规定。

《民法典》第 274 条对于建筑区划内业主共有部分进行了权属规定，明确了物业服务用房属于业主共有，即“……建筑区划内的其他公共场所、公用设施和物业服务用房，属于业主共有”。

《不动产登记暂行条例实施细则》第 30 条在规范层面对于权属登记要求进行了规定，即“办理房屋所有权首次登记时，申请人应当将建筑区划内依法属于业主共有的道路、绿地、其他公共场所、公用设施和物业服务用房及其占用范围内的建设用地使用权一并申请登记为业主共有。业主转让房屋所有权的，其对共有部分享有的权利依法一并转让”。

以浙江省为例，《浙江省物业管理条例》明确了物业管理用房之权属，其第 27 条规定：“物业管理用房依法属于全体业主共同所有。未经业主大会同意，不得改变其用途。”《杭州市物业维修基金和物业管理用房管理办法》进一步细化规定权属及收益分配问题，第 28 条规定：“物业管理用房的所有权属于该物业管理区域内的全体业主,其所有权不得分割、转让和抵押,其用途不得擅自改变。"第 31 条规定:"物业管理商业用房的经营性收入归全体业主所有,由物业管理单位在银行建立专户储存,专项用于物业共用部位、共用设施设备的维修和养护,不得挪作他用。"

《杭州市物业管理条例》第 44 条对物业服务用房载明、登记及办公用房、经营用房之配比等相关问题进行了明确:"物业服务用房的坐落和面积应当在建设工程规划许可证及附件附图中载明,并在办理房屋不动产首次登记前确定。建设单位应当按照规定配置物业服务用房,其中办公用房面积不少于物业管理区域内实测地上物业总建筑面积的千分之三,经营用房面积不少于物业管理区域内实测地上物业总建筑面积的千分之四;但是物业管理区域内均为非住宅的,只按照不少于实测地上物业总建筑面积千分之三的比例配置办公用房。规划为商业或者办公用途的地下部分建筑物面积,计入前款规定的地上物业总建筑面积。物业服务用房应当独立成套,属于物业管理区域内的全体业主所有,不得擅自改变用途。办公用房应当相对集中,具备通水、通电、通信、采光、通风等基本使用功能和办公条件,便于物业服务。业主委员会成立后,办公用房由业主委员会、物业服务人共同使用。"

江苏省亦存在与浙江省类似的规范要求,《江苏省物业管理条例》第 35 条规定,"新建住宅物业管理区域内,建设单位应当按照不低于地上地下总建筑面积千分之四的比例配置物业服务用房,低于一百平方米的按照一百平方米配置,并无偿移交"。依据《盐城市物业管理实施细则》第 38 条的规定,住宅区物业管理配套办公、服务用房和经营用房比例分别为 1 : 3 : 6。

此外,《建筑物区分所有权解释》第 14 条亦对擅自占用、处分业主共有部分、改变其使用功能或者进行经营性活动的行为的权利救济进行了规定。

二、权属纠纷

(一)权利主体界定标准

1. 争议

规范层面已对物业用房之权属进行了明确,通常情况下,单个项目系基于单块宗地开发建设,则前述单块宗地开发建设工程规划许可证、初始产权登记范围以及物业管理区域基本一致,故权利主体相对较为明确。

但在单个项目多块宗地的情况下,工程规划许可证范围与初始产权登记范围、物业管理区域并不一致,物业用房共有权利主体的范围界定仍存在一定争议,具体标准暂无定论。

2. 实操

以杭州市为例，对于权利主体的界定应当以“物业管理区域”为标准。《杭州市物业管理条例》第44条规定，物业服务用房属于物业管理区域内的全体业主所有；并通过第9条规定明确，新建物业（含分期开发或有两个以上建设单位开发的建设项目）共用主要配套设施设备的，划分为一个物业管理区域。

上海市住房保障和房屋管理局于2021年发布的《关于进一贯彻实施〈上海市住宅物业管理规定〉的若干意见》规定，1997年7月1日至2003年8月31日竣工的物业管理区域，其物业管理用房应当按照规划中配置的标准提供，规制中未配置的，按照物业管理区域实际状况予以提供。

此外，经询问某地房管部门，结合《物业管理条例》第9条的规定，在实际办理过程中，物业管理区域的划分需要综合考虑多方因素，主要涉及以下几个方面：(1)建设用地规划许可证之红线图范围；(2)物业共用设施设备；(3)建筑物规模；(4)社区建设。除此之外，还要征求当地街道办事处、居民委员会和相关业主的意见。

3. 法院观点——基本以物业管理区域为准

在“南通某房地产公司与南通市住建局、南通市某区住建局城建行政备案案”中，二审法院认为，住宅小区是指达到一定规模，基础设施配套比较齐全的居住小区、住宅组团等，新建住宅小区，包括分期建设或由两个以上单位开发建设的，都应按小区整体规划设计范围划分为一个区域，新建住宅小区内还有店面等商住房、办公用房、医院、学校等非住宅物业，这些物业都是为了该小区内住宅用房的充分使用而建立的配套设施，应与该住宅小区划分为一个物业管理区域。①

而在“杭州某物业公司、吴某房屋租赁合同纠纷案”中，审理法院在判决书中引用了《杭州市物业管理条例》（2013年修订）之相关规定，确认了物业管理用房的所有权属于该物业管理区域内的全体业主。值得注意的是，2021年修订的《杭州市物业管理条例》中将“物业管理用房”改为“物业服务用房”，进一步优化、明确了业主共有的范围。②

---

① 参见江苏省南通市中级人民法院行政判决书，(2021)苏06行终92号。

② 参见浙江省杭州市富阳区人民法院民事判决书，(2022)浙0111民初26号。

(二)物业用房指标及相关法律关系

1. 争议

不同地块对应规划条件中物业用房指标不同,可能出现单一工程规划许可证项下指标较小,实际使用过程中常常存在调整或者汇总至一处的情况。

2. 实操

结合上文“权利主体界定标准”部分内容,并经向相关主管部门询问,物业用房/物业服务用房系以物业管理区域为基础,按照一定比例进行确定。现阶段,存在不同地块合并为一本工程规划许可证直接实现物业用房指标合并的情况,但不同工程规划许可证之间暂时无法确定是否存在明确可以调整的物业用房指标;如需调整物业用房指标,亦需要向主管部门进行申报审批等。

此外,即便未经过物业用房指标的前期调整,在规划验收或土地复核时,也可能对实际物业用房所在房屋进行合并确认,实际上实现了物业用房的调整或合并。

在建成交付后的小区,如业主委员会或业主大会已通过合规程序与物业服务企业就前述问题达成一致意见,相应的调整使用约定有效,但此种情形不属于通过物业用房指标调整的方式。

三、变更用途纠纷

(一)程序要求

1. 申请变更的主体要求

根据《物业管理条例》第 37 条等相关规定,物业管理用房的用途原则上不得改变,如需改变则应经业主大会同意,即由业主大会作为向主管部门申请变更用途的主体。

2. 其他要求

具体变更手续需按照各地主管部门要求进行申报。

(二)法律风险与司法观点

1. 民事风险与司法观点

部分开发商随意变更物业管理用房用途或不予配置物业用房的,均可能引发民事纠纷、诉讼。

(1)业主委员会主张确权

江苏省高级人民法院2014年第48号公报案例“徐州西苑艺君花园(一期)业主委员会诉徐州中川房地产开发有限公司物业管理用房所有权确认纠纷案”的裁判要旨阐明确:被告房地产公司重新调配物业用房的行为因违法而不具有效力。本案中被告在案涉小区竣工验收交付后,即对小区物业管理用房无处分权,而其申请行政部门对物业管理用房变更,违反了《民法通则》第71条①的规定,当属无效。

物业管理用房依规划定点建造,为区分所有权建筑物管理人进行管理维护业务必需的场所,依照《物权法》第72条第1款②的规定,为业主共有。在建筑物竣工验收交付后,物业管理用房的分割、转移、调整或重新配置,应当由业主共同决定或由业主大会决定。③

(2)要求补偿费用

在“河南某置业公司、开封某小区业委会房屋租赁合同纠纷案”中,二审法院认为,某置业公司将本来规划在某小区18号楼一层的物业管理用房作为住宅出售,且未再向小区业主委员会提供其他物业管理用房,对小区业主委员会的权利造成了侵害,故对于小区业主委员会要求某置业公司支付相应补偿款的请求,一审法院予以支持并无不当。④

2. 行政风险与司法观点

违规变更物业管理用房用途的,除了可能引发相应的民事责任以外,开发商亦面临承担行政处罚的风险,大多以警告、罚款或责令返还至全体业主的形式对开发商的违规违法行为进行处罚。

例如,在2020年,广东省惠州市惠城区城乡管理和综合执法局针对惠州市某房地产开发有限公司擅自改变物业管理区域内按照规划建设的公共建筑用途之违法事实,作出了警告并罚款20万元的行政处罚⑤。同年,沈阳市城市管理综合行政执法局苏家屯区执法分局针对沈阳某房产开发有限公司擅自改变物业管理用房用途

---

① 《民法通则》已失效,相关规定参见《民法典》第240条。

② 参见江苏省徐州市泉山区人民法院民事判决书,(2012)泉民初字第1486号。

③ 相关规定参见《民法典》第273条第1款。

④ 参见河南省开封市中级人民法院民事判决书,(2018)豫02民终2402号。

⑤ 参见广东省惠州市惠城区城乡管理和综合执法局行政处罚决定书,粤惠城执A罚字〔2020〕13号。

之违法事实，作出了警告并责令将会所综合楼 2500 平方米建筑物使用权返还全体业主用于开办托儿所，处罚款 9 万元的行政处罚①。

四、收益归属纠纷

《民法典》第 282 条对包含物业服务用房在内的业主共有部分收益分配进行了规定，即“建设单位、物业服务企业或者其他管理人等利用业主的共有部分产生的收入，在扣除合理成本之后，属于业主共有”。由于物业服务用房本身具有一定特殊性，具体收益分配亦需要进行梳理。

地方性规定中，以《杭州市物业管理条例》为例，其在第 60 条明确了物业服务用房中的经营用房等共有部分在扣除合理成本之后属于业主共有，并对专门账户以及共有收入的用途进行了规定。

（一）归属界定

1. 物业经营用房的收益归属

物业经营用房作为业主共有部分，根据《民法典》第 282 条的规定，对应收益在扣除合理成本后作为业主共有收入。根据《杭州市物业管理条例》第 60 条的规定，共有收入应当主要用于补充物业专项维修资金，但补充后达到首期交存金额的可以停止补充，也可以根据业主大会的决定用于共有部分保修期满后的维修、更新、改造或者物业管理的其他需要。

2. 物业管理用房用于经营用途的收益归属

《杭州市物业管理条例》第 44 条对于物业管理用房/办公用房、物业经营用房的指标比例进行了明确，即“建设单位应当按照规定配置物业服务用房，其中办公用房面积不少于物业管理区域内实测地上物业总建筑面积的千分之三，经营用房面积不少于物业管理区域内实测地上物业总建筑面积的千分之四”。

对于物业管理用房未经变更用途即用于经营的情况，相应收益归属暂无定论，有待政策引导和司法实践的推动。

---

① 参见沈阳市城市管理综合行政执法局苏家屯区执法分局行政处罚决定书，辽沈苏综执处决字〔2020〕第 0150 号。

(二)法院观点

1. 收益归属主体的司法认定

如前所述,依据法定,小区共有部分收益系由全体业主享有;但如约定由物业公司收取,亦属有效。例如,在“杭州市富阳区某公寓业委会(第二届)、浙江某物业公司物业服务合同纠纷案”中,二审法院认为,签订《物业管理委托合同书》时未在对应条款的空格内填写上经营性商业用房的具体面积,但在两处商业用房实际交付已久的情况下,应视为业委会需要向物业公司提供的经营性商业用房即为案涉两处已交付的经营性用房,对应的租金收入根据上述合同应作为对物业公司管理经营的补贴,双方对此约定意思是一致且明确的,故无须对该条款作出不利于格式条款提供方的解释。[①]

2. 扣除“合理成本”的司法认定标准

在“张某、广州某酒店物业公司旅店服务合同纠纷案”中,法院认为,物业管理人利用业主共有部分产生的收入,并非全部归属业主共有,扣除合理成本后的剩余部分才属于业主共有。[②] 但该案审理法院并未对“合理成本”的组成进行明确。

五、倾向性意见与建议

(一)笔者建议

如前所述,物业用房的权属、收益的主体相对较为明确,然而涉及《民法典》第282条的“扣除合理成本”的相关标准暂无明确标准或细化规则指引。事实上,业主共有部分收入的产生必然伴随各类服务成本的发生,此类成本区别于物业服务企业于《物业服务合同》项下所产生的成本费用,因此《民法典》规定将该部分收益扣除合理成本是合理且符合公平原则的。

但涉及“合理成本”具体如何认定,目前司法观点中暂无具体的参考标准。笔者认为,该“合理成本”通常为物业公司支出,但也不排除业主支出的可能,如为业主支出则倾向于按照实际支出扣除,可能不在“合理成本”讨论之列。据此,物业公司为此支付的“合理成本”至少包含以下内容:

---

① 参见浙江省杭州市中级人民法院民事判决书,(2021)浙01民终9938号。

② 参见广东省广州市白云区人民法院民事判决书,(2022)粤0111民初310号。

(1)物业服务企业的合理管理成本。该部分系小区全体业主取得共有部分收益的同时应当负担的基本成本支出,由物业服务企业承担不具有合理性。

(2)物业服务企业的必要利润。作为市场主体,物业服务企业对共有部分收入进行管理的同时,承担了相应管理义务,亦发生了一定的劳动人工等成本,故对于其按照合理方式计取的利润亦可纳入“合理成本”之范围中。

如涉及争议诉讼问题,依据“谁主张,谁举证”的民事诉讼举证基本原则,物业服务企业或其他管理人应当提供对共有部分进行管理的收入和支出报表等证据证明所发生的费用为合理成本。

(二)笔者建议

1. 关于物业用房用途变更要遵循法定程序的问题

物业管理用房用途变更,应经业主大会同意并在当地主管部门进行变更申报。换言之,在开发商尚未将商品房交付业主以及开发商将商品房交付业主后但业主大会尚未成立的情况下,仍由前期物业服务企业代行业主大会权责期间,擅自变更可能不被主管机关同意或引发权属纠纷。

2. 关于共有部分经营收益中“扣除合理成本”的举证留痕问题

对业主共有收益合理成本的扣除,建议做到过程中即固定留存相关依据材料。如前所述,依据“谁主张,谁举证”的举证原则,在物业服务企业或其他管理人的举证责任较为严苛的情况下,应对营业期间的证据情况做好前置性准备,包括服务期间签署的合同、清单、相应的发票等。

3. 关于共有部分收益管理的问题

为合理利用共有部分收益,需要在业主、物业服务企业的共同努力下,形成透明、合规的基本管理制度。笔者认为,作为专业服务经营者,物业服务企业应当针对共有部分各项收入及成本进行单独记录,也可应对相关争议发生时的举证问题;作为小区业主,亦应当强化自身权利意识,有意识地加强对共有部分收益的监督和权利救济。

第三节　会所权属纠纷

对于小区会所,目前暂无明确法律或政策定义,常规理解上是指为住宅区域内业主提供文娱、休闲等配套服务的特定场所。

近年来,小区会所也越来越多地被开发商作为项目宣传的要素之一。开发商大多会主张对小区会所享有所有权并进行独立经营,业主享受会所服务则需另行付费,甚至部分会所面向社会进行经营。由此,关于小区会所的权属、收益等相关纠纷日益增多。

一、会所办证纠纷

(一)权利主体和登记主体的问题

1. 法规、地方政策的相关界定

2012 年 12 月 26 日,原上海市住房保障和房屋管理局发布《关于加强商品住房项目附属会所交易和使用管理的通知》(已失效),明确了会所的定义及其归属问题,即"一、本通知所称商品住房项目附属会所(以下简称会所)系指按照规划部门批准的用于向业主或者以业主为主的人群提供商业、娱乐、文体等配套服务的场所。二、会所所有权的归属,应当由房地产开发企业与购房人在商品房预(出)售合同中约定明确。合同未约定或者约定不明确的,会所所有权为房地产开发企业所有"。

除此之外,现行法律法规等规范层面对于会所的相关规定、解释仍处于不明确的状态。

2. 实务操作现状

实务中,会所作为项目形象的重要组成部分,大多由开发商自行承担成本建设,未占用业主共用部分面积,并在规划阶段已明确其属性,由开发商享有所有权并可单独办理产权证书。

(二)司法观点

1. 会所属于开发商

(1)根据双方的合同约定及"谁投资,谁收益"的原则,归开发商所有

在"温州市某花园业主大会与温州某房地产开发公司所有权确认纠纷案"中,二审法院认为,在目前相关法律法规对小区会所未作明确界定,亦未对权属专门规定的情况下,关于住宅小区会所的权属应当根据双方的合同约定及"谁投资,谁收益"的原则确认。案涉会所系某房地产开发公司投资建设,且其与购房人在《商品

房买卖合同》中已对小区会所的权属有明确约定，合同同时约定公共部分分摊面积不含会所，上述约定不违反法律、法规的禁止性规定，应认定为合法有效，可视为双方当事人对小区会所权属问题达成合意。①

在“台州市某业委会、浙江某房地产公司共有权确认纠纷案”中，二审法院认为，在业委会未能证明商品房买卖合同中已经约定会所三楼的房屋归小区全体业主共有或会所的成本实际摊入了商品房建造成本，构成商品房对外销售价格的组成部分的情况下，一审法院对业委会关于案涉会所三楼的房屋归小区全体业主共有的诉讼请求不予支持，并无不当。②

在“余杭区某园西区第四届业委会、杭州某房地产公司等所有权确认纠纷案”中，法院认为，案涉会馆的面积并未计入小区公摊面积，不属于小区业主分摊部分，根据“谁投资，谁受益”原则及当事人意思自治的契约精神，开发商对案涉会馆除一楼外享有相应的权益。③

（2）宣传物料仅介绍会所功能，并非权属约定

在“岫岩满族自治县某小区第二届业委会、沈阳某房屋开发公司所有权确认纠纷案”中，二审法院认为，案涉会所房屋具有构造上的独立性和利用上的独立性，不同于法律规定的属于业主共有的其他公共场所、公用设施和物业服务用房等。业委会主张开发商曾在销售小区宣传画册中印有业主专享会馆等文字，应视为商品房屋买卖合同内容，是对会所权属作出的明确承诺。法院认为，该文字涉及的是会所的功能和使用性质，并非对会所权属的约定。④

2. 会所属于全体业主

（1）会所属于公建项目，且无法证明未将其建设成本分摊给业主或分摊在房价中，则属于全体业主。

在“宜兴市某置业公司与宜兴市某小区业委会物权确认纠纷、财产损害赔偿纠纷案”中，二审法院认为，置业公司虽然提供了土地分割证、会所成本核算等证据，但根据一审法院向宜兴市国土资源局、宜兴市环科园规划办公室调查了解的情况，以及宜兴市物价局对案涉小区商品房价格核定的相关材料，置业公司所举证据并

① 参见浙江省温州市中级人民法院民事判决书，（2016）浙03民终1209号。
② 参见浙江省台州市中级人民法院民事判决书，（2018）浙10民终983号。
③ 参见浙江省杭州市余杭区人民法院民事判决书，（2021）浙0110民初15408号。
④ 参见辽宁省鞍山市中级人民法院民事判决书，（2020）辽03民终958号。

不足以证明会所系其公司所有。根据物价局核定的价格，以及第16、17、19幢小区配套明细表中载明的“会所1300平方米”，可以表明置业公司已将会所的成本列入商品房价格中，因此没有必要再专门对会所的建设成本进行审价。①

在“浙江某房地产公司与某花园业委会、舟山市某物业公司所有权确认纠纷案”中，法院认为，《建设工程设计合同（一）（民用建设工程设计合同）》明确将会所作为公建项目，因此将会所作为公建项目进行建设是符合开发商在开发案涉房产时的真实意思表示的。在开发商未举证证明该会所的建筑成本不构成商品房对外销售价格的组成部分之前，法院有理由相信会所的建筑成本包括在商品房对外销售价格之中，故开发商对案涉会所201室和202室主张所有权依据不足，法院予以驳回。②

（2）会所通讯设备用房等属于小区的设备间等结构部分，且开发商未提供其他房屋可用作设备用房，因此，上述设备用房虽登记在开发商名下，应当为小区业主共有。

在“重庆市某某居业委会与重庆某实业公司所有权确认纠纷案”中，二审法院认为，本案中位于案涉会所的通讯设备用房、发电机用房、中控室属于小区的设备间等结构部分，为小区正常运行和小区业主的日常生活发挥重要作用，且经双方当事人确认，在物业公司服务期间及提起诉讼时长达十余年该房一直作为设备间使用，且始终未提供其他房屋用作设备用房，因此，上述设备用房虽登记在物业公司名下，应当为小区业主共有。③

二、变更用途纠纷

（一）司法观点

1. 宣传资料不构成承诺内容

在“邱某飞诉台州某置业公司商品房销售合同纠纷案”中，法院认为，关于2000平方米五星会所的问题，“五星会所”本身在宣传资料上没有一个明确的概念，而在宣传资料中关于会所的部分可以确认的内容是开发商应提供近2000平方米的各类设施（包含游泳池、瑜伽室等），这些设施在小区中已完成建设并交付物业管理公

① 参见江苏省无锡市中级人民法院民事判决书，(2017)苏02民终5565号。

② 参见浙江省岱山县人民法院民事判决书，(2020)浙0921民初1079号。

③ 参见重庆市第五中级人民法院民事判决书，(2020)渝05民终3274号。

司,其面积并未少于宣传资料中承诺的近2000平方米,故开发商已按宣传资料中明确承诺的内容履行义务,业主以小区不存在“五星会所”为由认为开发商构成违约的主张不能成立。①

2. 宣传资料构成承诺内容

在“王某、深圳市某置业公司房屋买卖合同纠纷案”中,法院认为,首先,案涉房地产项目规划存在游泳池等配套设施,可装修成室内二层的LOFT户型,开发商通过宣传手册、样板房及宣传资料等,已经明确、直观地进行了展示,有关允诺明确、具体。其次,考虑案涉房产用途为办公,宣传规划范围内存在游泳池等配套设施,并可搭建成LOFT户型的情况下,必然有更好的租用效果和收益增值空间相关情况足以对案涉房产的价格及买受人的购房意愿产生重大影响。该说明和允诺即使未载入商品房买卖合同,亦应当视为合同内容,当事人违反的,应当承担违约责任。法院据此认定有关案涉房地产项目配套游泳池、案涉房产可装修成LOFT户型的宣传构成要约。②

(二)开发商承诺用途的效力

在“上海市某公寓业委会诉上海某置业公司业主共有产权纠纷案”中,二审法院认为,会所系指规划部门批准的商业配套用房中用于向业主提供商业、娱乐、文体等配套服务的场所,故开发商对会所进行使用时应受其性质制约,未经业主同意不得擅自将会所用于与其性质不符的用途。开发商将系争会所出租给案外人用于开办健身中心,经营范围亦载明“为小区业主提供健身服务及相关咨询服务,游泳场(馆)”,因此,从实际使用情况来看,系争会所的现有用途与会所的性质并不相悖,亦属于业委会所认可的系争会所服务功能的范围之内。③

三、收益归属纠纷

司法实践中,关于小区业主是否有权无偿使用/直接享有会所收益/权益的问题,多数观点认为,开发商为会所所有权人,小区业主不得无偿使用。亦存在部分判决对于业主与开发商已在商品房买卖合同中约定明确系属无偿使用的情形作出了

① 参见浙江省台州市椒江区人民法院民事判决书,(2017)浙1002民初3206号。
② 参见广东省深圳市坪山区人民法院民事判决书,(2022)粤0310民初2309号。
③ 参见上海市第一中级人民法院民事判决书,(2019)沪01民终2170号。

应当予以履行的认定。

在"宁波某置业公司与慈溪市某小区业委会、慈溪某棋牌会所物权保护纠纷案"中,法院认为,《某住宅小区(大楼)公共建筑物权属分类表》载明,"会所""会所1""会所2"的性质为开发商所有,可见在权属分类中已经明确了会所的性质,区别于其他业主共有部分的建筑物。案涉房屋系某置业公司通过合法建造取得,被告业委会既非案涉房屋的权利人,也未取得权利人的委托,擅自将房屋出租给被告某棋牌会所使用,两被告已构成共同侵权,应当立即停止侵害并赔偿损失。①

四、倾向性意见与建议

(一)笔者意见

1. 关于会所权属问题

笔者同意《民事审判指导与参考》2017 年第 2 辑的文章《商品房买卖合同案件审判疑难问题研究》②中的观点:

(1)如无合法规划许可,属于违法建造,则应由行政机关处理,不属于法院受理范围。

(2)如系国家强制规定应配套修建并明确其产权归属的配套公共设施,则该部分产权按国家有关规定确定。

(3)如具备合法规划,且不属于规定共有部分,如双方有约定的,从约定。

(4)如具备合法规划,且不属于规定共有部分,亦无约定的,则需根据建设投资情况具体确定:如果有证据证明会所的建造成本已列入项目商品房建造成本,即构成商品房售价的组成部分,则归业主所有;反之,根据"谁投资,谁所有,谁受益"原则,会所产权归开发商所有。

2. 关于会所转让给新权利人后开发商承诺用途是否继续有效的问题

笔者倾向于认为需要区分开发商和新权利人来认定:

(1)关于对开发商是否继续有效。

开发商与业主签订的商品房买卖合同,系双方真实意思表示,并不存在违反法律、行政法规强制性规定的情形,属合法有效,双方均应履行。如开发商在合同中明

---

① 参见浙江省慈溪市人民法院民事判决书,(2020)浙 0282 民初 6449 号。

② 参见最高人民法院民事审判第一庭编:《民事审判指导与参考》总第 70 辑,人民法院出版社 2017 年版,第 229 页。

确约定了其保证会所使用功能的合同义务，应当遵守；如有违反则构成违约。多数情形下，开发商在出售房屋时，可能会作出会所使用功能等承诺，该承诺对业主的购房行为具有一定的影响力。如双方将该承诺作为合同条款予以载明，应当予以履行，开发商转让会所后无法履行相关承诺的，开发商应当向业主承担赔偿等违约责任。

(2)关于对新权利人是否继续有效。

由于开发商向业主的承诺不同于物权，并无对世性，除非新权利人在与开发商的交易合同中明确遵守开发商的该承诺，否则开发商的该承诺对新权利人无约束力，新权利人也就无须就与开发商承诺不符向业主承担责任。

(二)笔者建议

1. 关于如何确保会所归属的问题

为明确会所归属等问题，建议留存相关建设成本材料、规划图纸等，并在订立购房合同阶段即对会所投资建设的基本情况进行明确，向购房者明确表达购房款中是否已包含会所等部分的款项。

2. 关于如何确保会所用途稳定的问题

为保障会所用途的稳定，在开发商享有会所权属的情况下，可以考虑通过规约或合同将会所使用权作为共用部分向小区业主转让，并约定，非经双方一致同意，开发商不得擅自改变会所原有的用途。抑或在将会所转让给第三方时有特定用途的附加条件，以约束后手产权人遵循原会所用途。

3. 关于经济效果、法治效果和社会效果相统一的问题

开发商享有小区会所处分权利的，在兼顾经济收益的情况下，也应当考虑小区业主的使用需求，在处分过程中要依据法律规则完善法律关系，最终实现三个效果的统一。

第四节　小区绿地权属纠纷

绿地作为小区的必备组成部分，是小区品质的关键性指标之一。近年来，业主在购买房屋和居住使用中，对小区绿地越发关注，绿地权属问题也逐渐成为焦点。

根据《民法典》第274条的规定，除城镇公共绿地或明示属于个人的绿地外，建筑区划内的绿地属于业主共有。实践中，开发商基于销售的目的给特定楼层的房屋增值，在商品房买卖合同中约定某块绿地由首层业主享有或其他业主放弃共有的格式条款。与此同时，为实现自身利益最大化，有的开发商将绿地改成停车场，通过出租牟利，有些业主圈起自家窗前绿地单独使用。如此形成了业主共有绿地与个别业主专有使用绿地之间的博弈，由此引发的“绿地纠纷”也呈显著增长趋势。

一、规范层面

（一）《民法典》《建筑物区分所有权解释》等法律法规对专有部分与共有部分作出了界定

《民法典》第271条规定，业主对建筑物内的住宅、经营性用房等专有部分享有所有权，对专有部分以外的共有部分享有共有和共同管理的权利。第272条规定，业主对其建筑物专有部分享有占有、使用、收益和处分的权利。业主行使权利不得危及建筑物的安全，不得损害其他业主的合法权益。《建筑物区分所有权解释》第2条、第3条、第4条对《民法典》第二编第六章所称的专有部分、共有部分作出界定。第4条还规定了业主基于对住宅、经营性用房等专有部分特定使用功能的合理需要，无偿利用屋顶以及与其专有部分相对应的外墙面等共有部分的，不应认定为侵权。但违反法律、法规、管理规约，损害他人合法权益的除外。

（二）《民法典》《物业管理条例》等法律法规对绿地权属、变更用途进行了规定

《民法典》第274条规定，建筑区划内的绿地属于业主共有，但是属于城镇公共绿地或者明示属于个人的除外。第278条第8项、第9项规定，改变共有部分的用途或者利用共有部分从事经营活动及有关共有和共同管理权利的其他重大事项由业主共同决定，并对表决比例作出了规定。另外，《建筑物区分所有权解释》第14条规定，建设单位、物业服务企业或者其他管理人等擅自占用、处分业主共有部分、改变其使用功能或者进行经营性活动，权利人请求排除妨害、恢复原状、确认处分行为无效或者赔偿损失的，法院应予支持。除此以外，《物业管理条例》第49条、《城市绿化条例》第17条均对公共建筑和共用设施用途的改变、居住区绿地的绿化管理作出了规定。

二、司法实践中对绿地权属与共有部分专有使用的认定

（一）业主直接侵占公共绿地是侵犯业主共有权

在“张某兰、杭州某小区业委会业主共有权纠纷案”中，一审法院指出，张某兰房屋外围的围栏属于共用部分，围栏外的原大门口道路及绿地均属于共有部分，张某不得改变共用部分的用途，不得分割共有部分。现张某兰将业主共有的绿地上的绿化破坏并改建成连接其大门的通道，将原大门口的部分通道改建成花坛，改变统一规划将位于西北侧围栏上的大门位置移动至东北角并更换成密封门的行为，已侵犯了全体业主对建筑区划内共有部分的权利。二审法院对一审法院的观点予以维持。①

（二）开发商在购房合同中约定特定业主对共有部分绿地专有使用是否有效

《民事审判指导与参考》研究组在《民事审判指导与参考》第 34 辑中的《居民住宅小区的外墙面所有权属于谁》一文中就“在一些房屋买卖合同中，开发商或者销售商与买方约定，小区内建筑区划内的绿地（或者底层商品房窗前的绿地）属于底层业主专有使用。请问，这一约定具有法律效力吗，在何种情况下属于业主个人专有使用”的问题作出如下答复：

“《物权法》第 73 条②规定，建筑区划内的绿地，属于业主共有，但属于城镇公共绿地或者明示属于个人的除外。《物权法》的这一规定说明，建筑区划内的绿地，原则上均属于业主共有，但也有专属于个人使用的例外情形。现实生活中，经常有开发商与买受人签订商品房买卖合同或补充协议约定，位于底层商品房窗前，建有合围设施，由买受人专有使用院落（绿地），该绿地连同底层商品房一起向买受人出售。然而，按照《物权法》的规定，要使绿地专属于个人，需要符合相关条件，即立法条文所表述的‘明示属于个人’。而要达到‘明示’这一条件，必须符合下列要素：一是窗前绿地规划必须经过规划部门事先批准。如果商品房规划已经有关部门批准而窗前绿地没有报批，或者报批后未经批准，或者开发商与一层业主私下达成窗前

① 参见浙江省杭州市中级人民法院民事判决书，(2020)浙 01 民终 6520 号。

② 相关规定参见《民法典》第 274 条。

绿地专有使用权买卖协议后补办了规划批准手续的，都不能认定窗前绿地买卖合同有效。二是开发商或销售商在出售商品房时，必须通过广告、合同或者其他有效方式向其他业主明示窗前绿地属于一层住宅业主专有（独占）使用。申言之，开发商或者销售商必须有证据证明，在销售商品房时，其他业主知道或者应当知道窗前绿地按照规划和合同约定属于低层住宅业主专有使用。”

而在“陈某辉、慈溪市某置业公司商品房销售合同纠纷案”中，法院指出，原告、被告在《商品房买卖合同》附件十三第5条关于建筑物区分所有权及专属（独占）使用权的约定中载明：“1、对于屋面露台、屋面消防通道、花园、下沉式庭院、地下空间、阁楼、设备间等非属于专有的部分（如有，以下简称‘附带使用空间’），买受人同意：对该附带使用空间相联通的商品房业主专属使用该空间不持异议，均同意并确认对该前述附带使用空间不主张使用权。若买受人购买的商品房具有本条款约定的附带使用空间，则买受人不得擅自拆除、改变前述附带使用空间的使用功能，且自该商品房交付之日起，承担维护、管理、修缮等义务及费用。……3、买受人同意确认，本合同签订后，不对前述约定的公共部位专用权或独占使用权提出异议，也不向该享有专用权的业主主张民事权利。若买受人购买的商品房享有前述约定的公共部位专用权或独占使用权，则买受人不因基于该等使用权而对其使用区域提出所有权的主张”。根据上述约定，与被告签订《商品房买卖合同》购房者同意由屋面露台、屋面消防通道、花园等公共部位相联通的商品房购买者对上述公共部位享有专用权或者独占使用权，且该商品房的购买者不得擅自改变该公共部位使用功能。该约定系各方当事人的真实意思表示，据此原告可以专属使用约定的花园，但其使用不得违反相关规定和其在购房时一并签署的物业管理规约。①

（三）其他业主在购房合同中明示放弃绿地共有使用权效力

在“丽水市某房地产公司、周某莉房屋买卖合同纠纷案”中，二审法院认为，开发商对案涉《商品房买卖合同》第19条第1款及附件八补充协议内容中关于楼顶专有（独占）使用权的约定（以下简称案涉专用权约定）属于格式条款的事实并无异议。根据法律规定，采用格式条款订立合同的，提供格式条款的一方应当遵循公平原则确定当事人之间的权利和义务，并采取合理的方式提请对方注意免除或者限

① 参见浙江省慈溪市人民法院民事判决书，（2020）浙0282民初9691号。

制其责任的条款,按照对方的要求对该条款予以说明,且提供格式条款一方免除其责任、加重对方责任、排除对方主要权利的条款无效。本案中,因开发商在案涉《商品房买卖合同》中对案涉专用权约定采用的标识,与其他未免除其责任、加重对方责任、排除对方主要权利的普通条款之间并无足够明显的区别,不足以认定开发商已经采取合理的方式提请购房人注意案涉专用权约定。且根据案涉专用权约定,除案涉房屋所在楼宇的楼顶买受人外,案涉房屋所在楼宇的其他业主均不享有案涉房屋所在楼宇楼顶的使用权。因使用权系所有权最主要的基本权能之一,故本案中开发商的行为应认定为通过以格式条款约定建筑物共有部分的使用权归某一特定业主享有的方式,排除购房人对建筑物共有部分的法定共有权这一主要权利,免除其应当依法保障购房人享有建筑物共有部分共有权的义务。故一审法院认定案涉专用权的约定无效,并无不当,二审法院予以确认。开发商又主张案涉商品房买卖合同经过主管部门备案,故应当认定有效。因主管部门并不对被备案文件进行实质审查,是否经过备案并不影响备案文件的法定民事效力,故开发商以案涉商品房买卖合同经过主管部门备案为由主张案涉商品房买卖合同有效,于法无据,二审法院不予支持。开发商还主张除购房人之外的案涉房屋所在楼宇的其他业主对案涉专用权约定均无异议,故案涉专用权约定应认定有效。因各业主对案涉楼宇楼顶享有的是共同共有权而非按份共有权,故处分案涉楼宇楼顶共有权应当经包括购房人在内的全体共同共有人同意。开发商以其他业主对案涉专用权约定无异议为由,主张案涉专用权约定有效,亦于法无据,二审法院亦不予支持。①

三、司法实践中对绿地变更用途后的权利界定及合法性认定

(一)在绿地上搭建构建物是否合法

在“徐某东、章某民相邻关系纠纷案”中,一审法院指出,不动产的相邻各方,应当按照有利生产、方便生活、团结互助、公平合理的精神,正确处理好各方面的相邻关系,给相邻方造成妨碍的,应当停止侵害,排除妨碍。

二审法院认为,本案争议焦点之一为徐某东、高某搭建的木梯步是否存在侵害章某作为相邻方权利的行为,是否应承担相应的民事侵权责任。为查明本案事实,一审法院依据调取的原始房屋买卖合同及徐某东、高某提交的补充协议中载明的

① 参见浙江省丽水市中级人民法院民事判决书,(2019)浙11民终1723号。

绿地划分约定，依法委托浙江德联永业房地产土地资产评估有限公司根据城建档案馆竣工图（4－1－A总平面图）对双方房屋之间的分界线进行了定点放样。根据测绘机构的现场放样及法院现场查勘，测绘机构依据城建档案馆出具的平面图放点的J1点至J2点中线及其延伸线为双方分界线。根据分界线显示的位置，徐某东、高某搭建的木梯步超过分界线位置的部分已侵占了章某民作为相邻方的权利，一审法院对章某民要求将超过部分的木梯步移除并恢复原状的诉请予以支持并无不当，二审法院予以维持。①

（二）将绿地改成车位是否合法

在“玉环某物业公司、曾某兰排除妨害纠纷案”中，法院指出，曾某兰拥有案涉小区48幢B座房屋的产权系不争之事实，但其对小区的绿化用地并不享有产权，也不享有专有使用权，诉争绿化用地应属于案涉小区业主共有。曾某兰的房屋毗邻全体业主共有绿地，可以在观赏游玩休闲时享有便利，但不能将绿地据为个人的私有领地，更不能私自将之改造成私人停车位、道路和菜园。曾某兰辩称其改造的车位在其土地证范围内，但依其提供的土地证宗地图显示，证载土地使用权面积仅限于房屋占地面积，所标示的绿地区域不属于证载面积范围，故相关抗辩法院不予采纳。某物业公司作为案涉小区的物业管理公司，根据物业合同的约定，有权对小区的公共绿地进行管理和养护。因此，对某物业公司主张由曾某兰恢复绿化面积的诉讼请求，法院予以支持。曾某兰应将车位改建部分恢复为草地或种植其他低矮绿色植物为妥。曾某兰若认为小区公共绿化区域确需改建他用的，则应依法征得小区多数业主同意。曾某兰在其房屋西侧休闲区域与绿地毗邻部位种植蔬菜实属不该，不仅与周边环境不协调，而且拉低了整个小区的品位，难言妥当。②

（三）将绿地变更后使得部分业主采光、视野受损是否侵权

发表在《人民司法应用》2009年第11期的《采光妨害的判定及其赔偿标准》一文认为，住宅日照标准应符合国家标准《住宅建筑规范》（GB－50368—2005）第4.1条的规定。此外，对于特定情况还应符合以下规定：老年人住宅不应低于冬至日日照2小时的标准；旧区改建的项目内新建住宅日照标准可酌情降低，但不应低于大

① 参见浙江省绍兴市中级人民法院民事判决书，（2020）浙06民终2313号。

② 参见浙江省玉环市人民法院民事判决书，（2020）浙1021民初5721号。

寒日日照1小时的标准。司法实践中可以依据上述规定确认是否构成采光妨害。

依据《国家标准城市居住区规划设计规范》第5.0.2.1条的规定，大城市住宅日照标准为大寒日≥2小时，冬至日≥1小时；在原设计建筑外增加任何设施不应使相邻原有日照标准降低；旧区改造的项目新建住宅日照标准可酌情降低，但不应低于大寒日日照1小时的标准。因此，绿地变更后构成采光、日照侵权的，应审查该绿地变更是否符合法律规定，同时其产生的采光、日照影响是否使相邻住宅的住户日照时间低于国家标准。此外，即使未低于国家标准，也可以因日照减少、采光受限导致房屋贬值为由要求赔偿。对于采光、日照纠纷，一般需经专业检测或鉴定后才能确认日照时间、房屋价值。

四、倾向性意见与建议

（一）笔者意见

从《民法典》及相关司法解释看，建筑区划内的绿地权属以业主共有为原则，以特定业主专属使用为例外。因此，业主圈占公共绿地、开发商擅自将公共绿地改成停车位、在公共绿地上搭建构建物影响业主采光权等行为，均侵犯了业主共有权。

关于特定业主是否享有共有绿地专有使用权的问题，笔者认为，对于开发商与特定房屋买受人在购房合同中约定特定绿地由特定房屋买受人专有使用，而未见其他业主意思表示的，因开发商无权处分共有部分绿地，该条款无效。

对开发商与建筑区划内全体买受人通过约定和明示的方式，将特定绿地的专有使用权让渡给特定房屋买受人的情况，部分法院认为，该条款是各方当事人真实意思表示，据此约定可以专属使用；也有法院认为，约定专有使用条款需结合《民法典》格式条款效力的判定，在个案中进行认定。笔者倾向于认为，如开发商在购房合同中已经采取合理的方式提请业主注意专有使用权条款，且全体买受人明确在购房合同中就相关权利做了处分，应认定该条款有效，但特定使用权人在专有使用时仍不得改变绿地用途、损害他人合法权益。

（二）笔者建议

对于绿地权属问题的争议，集中于底层房屋的窗前绿地或与房屋毗邻的特定区域绿地，如相应绿地已被计入该小区绿地率核定范围，开发商又将相应绿地确定为归特定业主专属使用的，该处置行为极易引发开发商与业主之间、业主与业主之间的纠纷，建议尽量避免。

如开发商仍选择约定前述特定区域绿地的专属使用权，则应当在全部购房者的合同中明确约定绿地专有使用的权利以及其他购房者放弃该使用权益的内容，并加以必要提示，以获得购房者认可。

同时，又因小区绿地设计有相应的政府规划和设计要求，涉及业主的宜居程度、城市美化和自然生态，特定业主的专有使用不得损害他人的合法权益，不得违背绿地的用途和生态价值，故建议在购房合同以及业主规约中明确专有使用的业主对绿地用途不得随意变更。

第五节　合同约定特定业主对共有部分专有使用的效力

实践中，部分开发商为了销售房屋，往往在商品房买卖合同中与房屋购买者设定“共有部分附赠条款”或共有部分专有使用条款。对于买卖合同中约定的共有部分专有使用条款能否得到司法支持，本节以露台、夹层、屋顶花园为例展开论述。

一、规范层面

共有部分专有使用权，是指根据法律规定和区分所有权人约定，某一个或数个区分所有权人享有排他性地独占使用共有部分的权利。建筑区划内的共有部分应属于区分所有者全体共有，这是共有部分归属的物权性内容；共有部分专有使用，属于使用方法之约定，是债权性内容，应从属于前者。

在《中华人民共和国民法典物权编理解与适用》一书中明确表示，共有部分专有使用权主体为特定区分所有权人或特定第三人。[①] 同时，《民法典》并未否定或排除当事人之间通过约定的方式实现特定绿地等共有部分权益让渡或划分。且从法律逻辑的统一性而言，法定和约定，均是确定当事人关于权益划分的途径。故若该种让渡部分权益的行为不违反法律法规的禁止性规定的，可能就不能认定其违法。

---

① 参见最高人民法院民法典贯彻实施工作领导小组主编：《中华人民共和国民法典物权编理解与适用》（上），人民法院出版社2020年版，第351页。

二、司法实践中露台、架空层、屋顶花园是否能构成专有部分或者共有部分专有使用的认定

(一)露台

在“刘某敏与海南某房地产公司等恢复原状纠纷案”中,二审法院认为,楼顶露台在设计上具有“可以排他使用”的属性,另外,根据双方签订的《商品房买卖合同》的约定:双方同意相关购房人可依其购买房产的建筑设计结构和功能单独合理使用整栋楼的楼顶露台,建筑结构上单独附属于某一套房地产的地下室、架空层、露台、阳台、平台、入户花园等独立于其他专有面积和公共面积的面积归该房产的购房人所有。因此,案涉楼顶露台属于业主的专有部分,其对该楼顶露台享有合理使用权。①

而在“诸暨市某置业公司诉杨某峰等物权纠纷案”中,二审法院认为,两被告作为商品房买受人一方,同意按出卖人要求统一配置空调位,尊重其他物业享有的专有使用权,《商品房买卖合同》附件户型图中标注的设备平台,应属该户房屋的专有部分的组成部分。②

(二)架空层

在“深圳市福田区某小区业委会与深圳市某开发公司、深圳市某监理公司、深圳市某物业公司房屋侵权纠纷案”中,再审法院认为,架空层是建筑物整体结构的一部分,是该建筑物的附属设施,应由建筑物全体区分所有权人共同享有。开发商不是建筑物架空层的所有权人,其擅自改变架空层的使用功能,封闭部分架空层用于商业出租,损害了全体业主的合法权益。物业服务企业接受开发商的委托对外出租架空层并收取租金,对于该侵权行为给全体业主造成的经济损失亦有过错,开发商及物业服务企业应向全体业主承担停止侵害、恢复原状、赔偿损失等民事责任。③

在“陈某武、金某尧物权纠纷案”中,一审法院认为,关于案涉夹层的物权归属

---

① 参见海南省海口市中级人民法院民事判决书,(2015)海中法民一终字第1274号。

② 参见浙江省诸暨市人民法院民事判决书,(2015)绍诸民初字第1231号。

③ 参见最高人民法院民事判决书,(2013)民提字第94号。

问题。《建筑物区分所有权解释》第3条[①]规定:“除法律、行政法规规定的共有部分外,建筑区划内的以下部分,也应当认定为物权法第六章所称的共有部分:(一)建筑物的基础、承重结构、外墙、屋顶等基本结构部分,通道、楼梯、大堂等公共通行部分,消防、公共照明等附属设施、设备,避难层、设备层或者设备间等结构部分;(二)其他不属于业主专有部分,也不属于市政公用部分或者其他权利人所有的场所及设施等。”本案中,规划部门审定案涉夹层是用来布置专用管线和设备使用的专用空间,在房产测绘及产权办理时未计算建筑面积。该夹层符合设备层或者设备间的功能特性,在使用上具有公共性及非排他性,不具备专有部分的构成要件;且陈某武未能举证证明该夹层在规划上专属于其房屋并由开发商在销售时列入其房屋买卖合同,故应当认定案涉夹层系建筑物的共有部分,属于该栋建筑物的全体业主共有。陈某武辩称案涉夹层系其房屋专有组成部分的意见,一审法院不予以采纳。二审法院对一审法院的观点予以维持。[②]

(三)屋顶花园

在“单某祥诉冯某珠恢复原状纠纷案”中,法院认为,我国《物权法》规定,业主对建筑物内的住宅、经营性用房等专有部分享有所有权。对专有部分以外的共有部分享有共有和共同管理的权利。业主行使权利不得危及建筑物的安全,不得损害其他业主的合法权益。原告的110室房屋的屋顶,在规划上不专属于特定房屋,且建设单位销售时也没有根据规划列入110室的露台,故该屋顶属于原告、被告房屋所在建筑物的共有部分,而非专属于原告。被告的307室房屋的原房东,在未经审批的情况下擅自打通其住宅到110室屋顶的通道,并在110室的屋顶上安装了水槽及洗衣台等物,其在上面的活动势必会影响原告110室屋顶的安全,如容易造成屋顶的渗漏等。被告在购入307室房屋后,上述状况并未改变。法院认为,业主在行使共用部分共有权时,应当依据共用部分的性质和用途平等行使,不得将共用部分据为己有或影响其他业主的权利。现被告的行为影响了原告的正当权益,又没有经过相关部门的批准,为法律所禁止。原告起诉要求被告恢复原状符合法律规

---

① 此处适用的是2009年《建筑物区分所有权解释》,相关规定参见2020年修正的《建筑物区分所有权解释》第3条。

② 参见浙江省温州市中级人民法院民事判决书,(2018)浙03民终4816号。

定，法院予以支持。①

三、司法实践中对于共有部位合理使用标准的认定

（一）露台

在“钟某华、陈某妹排除妨害纠纷案”中，二审法院认为，露台上方无构筑物遮挡，天气的变化会影响业主的正常生活时，从正确处理相邻关系的角度出发，业主可在露台上方搭设雨棚钢架。在雨棚材质和铺设方法上，应当作出正确、合理的选择，将给相邻业主带来的不便降至最低。②

在“陈某、边某所有权纠纷案”中，法院认为，以美化为目的对平台进行施工时采取必要措施避免对相邻不动产造成损害，属合理使用范畴。本案的主要争议焦点是边某在双方相邻平台浇筑花坛种植花木以及将其房屋东侧推拉门改为出入门的行为是否对陈某相邻权造成侵害。陈某认为，边某将窗改门的行为未经城市规划部门审批，系擅自改变建筑物外观；边某将黄泥堆起来种花，在下雨天或者边某浇花时会产生积水，可能导致陈某物业屋顶渗漏；另外边某在陈某商铺屋顶平台修建花园，使房屋重量加重，可能会造成墙体沉降或开裂。边某认为，其虽将窗改门，但总体面积缩小了，该行为对房屋结构和其他住户是没有影响的；其对平台的改造是以美化为目的，并没有破坏原本的隔热层和防水层，为了避免漏水，还在原来的隔层上又做了防水层，并在排水沟上用砖砌高，间隔一定距离，以实现排水畅通，不对防水层产生影响，且即使植物生根也碰不到下面防水层。从一审法院现场勘查情况看，边某将其浇筑种植花木的花坛底部用架高方式与地面进行隔离，该行为应视为边某对平台进行施工时已采取必要措施避免对相邻不动产造成损害，且陈某亦未提供证据证明边某在施工过程中存在损坏原有隔热层和防渗漏层的行为，陈某店铺也并未因边某的改造行为发生房屋沉降。因此，陈某以边某修建花园、改窗为门的行为侵害其相邻权为由，要求边某排除妨害、恢复原状的诉讼请求依据不足，一审法院难以支持。二审法院对一审判决予以维持。③

---

① 参见浙江省绍兴县人民法院民事判决书，(2011)绍民初字第2338号。

② 参见浙江省杭州市中级人民法院民事判决书，(2020)浙01民终1788号。

③ 参见浙江省绍兴市中级人民法院民事判决书，(2021)浙06民终961号。

(二)架空层

在“陈某、李某业主共有权纠纷案”中,再审法院认为,根据查明事实,案涉通风隔热层虽然不属于丁某所有,但是该隔热层仅与丁某的房屋相连通,与楼下其他业主没有任何连接,在构造及利用上具有独立性。该隔热层的功能主要是为顶层住户隔热,而根据丁某与开发商签订的合同约定,买受人对其所购商品房相连通的某部分屋面(诸如设计为屋顶花园或露台等)享有专用权,丁某基于其住宅整体使用的合理需要,对该隔热层进行装修,并不影响其隔热功能,也未改变原设计用途,陈某等八人亦未提供证据证明丁某的装修行为对其合法利益造成的具体侵害。①

(三)屋顶花园

在“周某等诉卢某等所有权纠纷案”中,法院认为,根据房屋买受人与开发商签订的《商品房买卖合同》第 19 条的规定,底层户外花园、商铺屋顶花园,全体买受人均同意由购买该房屋的业主享有使用权,其余楼层买受人放弃该使用权,该使用权不计入单价及总价,如有法律规定的,从法律规定。该《商品房买卖合同》附件三载明:商铺屋顶已做上层住宅露台花园使用;买受人放弃该使用权,使用人承诺正确使用并承担相关日常维护及损坏责任;相关管理及使用需遵守物业管理规定。另依据《业主临时公约》,业主应按设计用途使用物业;因装饰装修房屋影响物业共用部位、公用设施设备的正常使用以及侵害相邻业主合法权益的,业主应及时恢复原状并承担相应赔偿责任。故依上述约定及法律规定,该露台花园属于整幢楼宇所有商品房买受人全体共有,本应由各区分所有权人按其共有的应有部分比例享有使用、收益。但因各区分所有权人在与开发商签订《商品房买卖合同》时已承诺放弃商铺房顶(露台花园)的使用权,依约定由特定区分所有权人即本案被告卢某专属独占使用,属于在共有部分上设定的专用使用权。被告卢某在行使该露台花园的专用使用权时,将原泥土植被层铲除并铺设地砖等设施,该使用行为在结果上与露台花园的原始功能目的相悖,并有因铺设地砖浇筑水泥而加重墙体受力之虞,且其在改造之前也未经相邻权人同意并报被告某物业公司备案。因此,法院认定被告卢某对露台花园共有部分专用使用权的行使欠妥,应承担恢复原状的法律责任。②

① 参见浙江省高级人民法院民事裁定书,(2016)浙民申 2278 号。

② 参见舟山市定海区人民法院民事判决书,(2015)舟定临民初字第 245 号。

四、倾向性意见与建议

(一)笔者意见

1. 共有部分专有使用权让渡

结合“法无禁止即可为”的民法基本理念,当事人之间可以通过约定并“明示”的方式实现共有部分专有使用权让渡的结果。从“意思自治”基本原则看,当事人之间的法律行为只要满足主体适格、意思表示真实、不违反法律法规的强制性规定三个基本前提,即可确认其法律行为的效力。

尽管商品房买卖合同及补充协议通常为开发商为重复使用而预先拟定的格式合同,但此种情况也不能直接否定当事人之间可以通过约定实现共有部分专有使用的合法性。至于专有使用权利人后期擅自变更共有部分用途,则属于合同履行问题,不影响共有部分专有使用权让渡的效力。

2. 公共部位的利用如何符合配置目的

建筑区划内的道路、绿地、其他公共场所、公用设施、物业服务用房规定为业主共有,是因为建筑区划内的上述配套设施是整个建筑区划环境配套服务所必需的,也是确保建筑物合理利用、正常发挥功能所应当达到的标准和条件。基于现实需要,《建筑物区分所有权解释》第 2 条明确表示,规划上专属于特定房屋,且建设单位销售时已经根据规划列入该特定房屋买卖合同中的露台等可以作为专有部分的组成部分。而架空层作为建筑物整体结构的一部分,具有公共性和非排他性,应当由建筑物全体区分所有权人共同享有。

因此,单个业主可以基于对建筑物的共有部分特定使用功能的合理需要,无偿利用屋顶、与专有部分相对应的外墙面等共有部分,但是这种使用的前提是不得违反法律、法规、管理规约且未损害他人合法权益,同时应当符合共有部分的设计用途和初始功能。

(二)笔者建议

特定业主对共有部分享有专有使用权通常是通过在商品房买卖合同中约定由特定业主专有使用,其他业主表示放弃的条款达成。而在司法实践中,该条款存在被法院认定为格式条款且不当限制业主权利而无效的风险。亦有法院认为,此种专有使用权的设置属于开发商对该共有部分的处分,由于开发商无权对共有部分进行处分,故属于无权处分。

建议在商品房买卖合同中对专有使用权的相关约定进行加粗等醒目提示,强化对格式条款的提示、说明,以规避相关约定被认定无效的风险。同时,可以另行通过签约须知或业主意见征询函的方式,再次确认业主对于该约定意思表示的真实性,尽量规避该约定被认定为无效的风险。

第十章

其他纠纷

除了前述章节提到的纠纷类型，商品房买卖合同在实践中还存在着难以分类的其他纠纷问题，如限购限贷政策、以房抵债协议、售后包租模式等，本章将选取几种较为典型的纠纷问题进行介绍。

第一节 限购、限贷政策下的商品房买卖合同效力及履行纠纷

为了贯彻国家“房住不炒”政策，各地政府相继出台了相应的住房限购、限贷政策，对商品房买卖合同的效力及履行产生了较大影响，部分买受人因新政策出台失去了购房资格或付款能力，使原商品房买卖合同难以继续履行。因此，本节拟通过对各地法院相关司法解释及判例的梳理和分析，厘清限购、限贷政策背景下商品房买卖合同效力及履行相关问题。

一、受限购政策影响的商品房买卖合同效力及履约

（一）受限购政策影响的商品房买卖合同一般应认定为有效

《民法典》第153条规定，“违反法律、行政法规的强制性规定的民事法律行为无效”。但本条规定的强制性规定，是指效力性强制性规定，限购政策通常来说系各地方政府的管理性规定，不属于法律和行政法规的范畴，因此仅违反限购政策的合同不会因“违反法律、行政法规的强制性规定”而无效，即限购政策不影响合同本身的效力，但通常会对合同的履行有重大影响。

（二）限购政策对商品房买卖合同履行的影响

1. 商品房买卖合同签订在限购政策出台前

部分买受人在商品房买卖合同签订后因限购政策出台失去购房资格，虽然买受人可以继续支付房款，开发商也可以实际交付房屋，但由于买受人失去购房资格，双方无法办理后续房屋过户登记，在我国采取物权登记主义的背景下，商品房买卖合同的目的事实上无法实现。因此，限购政策主要对商品房买卖合同的履行有重大影响，此时，开发商与买受人均可能向法院起诉解除合同。对于因限购政策导致合同无法继续履行时能否解除合同以及解除合同的具体事由的问题，部分地方高级人民法院出台了针对性意见。

浙江省高级人民法院民一庭发布的《关于审理受房地产市场调控政策影响的房屋买卖合同纠纷案件的若干意见（试行）》第2条规定，纯粹因受限贷、限购、禁购

等调控政策的直接影响，合同确实无法继续履行的，不属于“不可抗力”，一般应认定属于“不可归责于当事人双方的事由”。当事人据此请求解除合同的，可予以支持，但当事人另有约定的除外。

北京市高级人民法院民一庭发布的《关于妥善处理涉及住房限购政策的房屋买卖合同纠纷案件若干问题的会议纪要》第2条规定，房屋买卖合同作为一种标的额相对较大、与买卖双方切身利益密切相关的合同，当事人在签订合同时对合同订立后可能出现的房地产市场风险及各种履行障碍均应当有一定程度的预见和判断。因此，住房限购政策在司法实践中不宜认定为《合同法》第117条①规定的不可抗力。第3条规定，合同订立后由于住房限购政策的实施致使买受人无法办理房屋过户登记的，属于因不可归责于双方当事人的原因导致合同目的无法实现，当事人要求解除合同的，除合同另有约定外，一般应予支持。

江苏省高级人民法院发布的《关于审理房地产合同纠纷案件若干问题的解答》第2条第2款认为，房屋买卖合同签订后，由于相应住房限购政策的实施，当事人无法办理房屋所有权变更登记，买受人请求解除合同，并要求出卖人返还所收受的购房款或定金的，如果经审查，当事人的确因住房限购政策的实施而不能办理房屋所有权变更登记，对其请求可予支持。出卖人请求买受人承担其为订立合同而实际发生的费用等合理损失的，可酌情予以支持。

综合各地法院观点，对于限购政策出台前已签订的商品房买卖合同的效力问题，如果在政策出台前不存在买卖双方其他违约行为，那么在司法实践中一般认为限购政策不属于“不可抗力”，而应当属于“不可归责于双方当事人的客观事由”，并据此同意当事人解除合同的诉讼请求。

对于因“不可归责于当事人双方的事由”解除合同的效果问题，《商品房买卖合同解释》第4条规定，因不可归责于当事人双方的事由，导致商品房买卖合同未能订立的，出卖人应当将定金返还买受人。法院一般认为，因不可归责于双方当事人的事由解除合同时，应当由出卖人返还定金，双方互不承担违约责任。

2. 商品房买卖合同签订在限购政策出台后

如果存在买受人明知自身受购房资格限制，仍与开发商订立商品房买卖合同的情况，则不属于上述“不可归责于双方当事人的事由”，而应适用合同约定的违约

① 相关规定参见《民法典》第519条。

条款。例如,在“陈某、王某与上海某置业公司商品房预售合同纠纷案”中,二审法院认为,《购房协议书》明确约定,基于上海限购、限贷等政策已实施较长时间,买受人已充分知悉上海市最新的限购、限贷等政策,并确认本人具有购房及贷款资格,若买受人由于限购原因导致无法购买该房屋的,买受人应承担违约责任,开发商有权没收定金并将该房屋销售给第三方,故法院驳回了买受人要求返还定金的诉讼请求。①

二、受限贷政策影响的商品房买卖合同效力及履约

如前所述,限贷政策不属于法律和行政法规,因此违反“限贷”的合同也不会因“违反法律、行政法规的强制性规定”而无效,仅是对合同的履行产生一定影响。

不同于限购政策下商品房买卖合同目的已经完全无法实现,限贷政策主要影响的是买受人的履约能力,即合同客观上能够履行,但一部分买受人受首付款比例提高、贷款利率增加等限贷政策影响,无力继续支付剩余房款;另一部分买受人由于限贷政策直接失去了贷款资格,同样无力继续支付购房款。司法实务中,此两种情况下买卖双方往往围绕合同是否应当解除、买受人是否应当承担违约责任问题产生纠纷。

《商品房买卖合同解释》第 19 条规定,商品房买卖合同约定,买受人以担保贷款方式付款、因当事人一方原因未能订立商品房担保贷款合同并导致商品房买卖合同不能继续履行的,对方当事人可以请求解除合同和赔偿损失。因不可归责于当事人双方的事由未能订立商品房担保贷款合同并导致商品房买卖合同不能继续履行的,当事人可以请求解除合同,出卖人应当将收受的购房款本金及其利息或者定金返还买受人。那么,限贷政策是否属于“不可归责于双方当事人的事由”呢?

针对上述问题,江苏省高级人民法院在《关于审理房地产合同纠纷案件若干问题的解答》中认为,因限贷政策引发的请求解除商品房买卖合同纠纷,并不当然属于“不可归责于双方当事人的事由”。具体表述在第 3 条:“因房屋限贷政策引发的纠纷如何处理?调控政策实施前订立的合同未明确约定以按揭贷款方式付款,现买受人以其因受限贷政策影响而无法继续履行为由,请求解除合同的,一般不予支持。调控政策实施前订立的合同约定以按揭贷款方式付款,现买受人举证证明其

① 参见上海市第二中级人民法院民事判决书,(2020)沪02民终3660号。

确因不能办理按揭贷款等导致无法继续履行,而请求解除合同,并要求出卖人返还所收受的购房款或定金的,可予支持。出卖人请求买受人承担其为订立合同而实际发生的费用等合理损失的,可酌情予以支持。买受人以贷款比例降低为由要求解除合同的,一般不予支持。如果因限贷政策实施导致买受人允许贷款比例低于合同约定按揭贷款比例净差值大于30%的,人民法院可予支持,但买受人因迟延履行、个人信用问题等导致合同无法继续履行或者合同另有约定的除外。调控政策实施前订立的合同在限贷政策实施后,买受人既未按约履行也未提出解约,经出卖人催告后仍未在合理期限内履行或提出解约,出卖人请求继续履行或解除合同,并由买受人承担违约责任的,应予支持。”

另外,限贷政策下购房者无法支付余款是否应承担违约责任,法院也需要结合具体情形判断。

例如,在“某房地产公司、沈某商品房预售合同纠纷案”中,法院认为,因限购限贷且非因购房者征信问题,导致买受人不能获得购房贷款,开发商亦未履行通知催告义务,法院不予支持开发商提出的违约赔偿请求,但仍判决购房者需支付剩余尾款。①

而在“杨某明与浙江某房地产公司商品房销售合同纠纷案”中,法院认为,购房者就剩余房款未能办出银行按揭贷款手续,亦未按合同约定选择其他开发商认可的付款方式付款,在购房者未能提供充分有效的证据证明其实际已经丧失履约能力的情况下,开发商有权要求购房者履行合同,并一次性支付剩余购房款。②

结合前述法院观点,关于限贷政策下商品房买卖合同是否应当解除及买受人是否需要承担违约责任问题,应主要考察以下方面:

1. 合同是否明确约定以按揭贷款为付款方式?如是,则应继续考察;如否,则不具备解除合同条件。

2. 若合同明确约定以按揭方式付款,是否约定了无法获得贷款时的调整方式?如是,则应当认为买受人在订立合同时明知且自愿接受按揭贷款无法办理情况下的履约风险,资金来源是买受人应当充分考虑的问题,因此应当依据合同约定要求买受人全面履行义务,但也应当考虑合同是否存在格式条款等问题;如否,则取得按揭贷款应视为合同的交易基础,一般来说应支持解除合同且买受人不承担违约

① 参见浙江省杭州市中级人民法院民事判决书,(2015)浙杭民终字第298号。
② 参见浙江省杭州市中级人民法院民事判决书,(2015)浙杭民终字第987号。

责任。

3.政策是否实质影响买受人的履约能力导致合同目的无法实现。如买受人受政策影响不能办理按揭贷款，或因限贷政策实施导致买受人允许贷款比例低于合同约定按揭贷款比例较大的（具体何为较大比例须由法院结合实际情况判断），应当认定实质影响其履约能力。

三、倾向性意见与建议

笔者认为，作为商品房买卖合同的双方，开发商及买受人均应针对限购限贷政策及时调整风险，并建议提前注意以下事项：

1.商品房买卖合同纠纷在司法实务处理中以合同文本为基础，开发商与买受人应在合同条款中明确涉及有关政策调整相关问题的处理方式，特别是房款支付方式的调整及相关违约责任问题。如针对限贷问题，明确约定因国家政策调整等原因导致贷款无法办理、首付比率提高等情况下的付款方式调整问题。

2.开发商应及时对因限贷、限购政策不能办理贷款或登记的购房者发出书面催告通知。

3.开发商与买受人均应及时关注房地产市场政策走向，做好与有关部门的信息沟通与对接。

第二节　限购背景下借名买房引发的法律纠纷

在限购政策背景下，部分有购房需求者（以下简称借名人）为规避限购政策，选择通过以他人名义（有购房资格者，以下简称出名人）与开发商订立商品房买卖合同的“借名买房”方式购买商品房。房屋交付后即登记在出名人名下，待符合过户条件时再将房屋产权转移至借名人名下。我国不动产物权采取登记生效主义，借名买房将导致在很长一段时间内房屋的名义所有人与实际所有人存在分离，部分借名人与出名人之间极有可能在该阶段就房屋产权的真实归属问题产生纠纷。

一、限购背景下借名买房合同的效力

从限购政策的制定背景和主要目的看，限购政策能在一定程度上让房地产业

保持在正常发展的范围内，尽量减少人为因素对其造成的不良影响，尽可能保障普通购房人的权益，避免过度投资和投机的行为，对整个房地产行业的稳定发展起着积极的作用。因此，实务中有观点认为，规避国家限购政策的借名买房合同因违背公序良俗应属无效。

例如，在“李某与河南某银行案外人执行异议之诉案”中，再审法院认为，如果借名人明知颁布限购政策后其不具备购房资格，借名购房的目的在于规避国家限购政策，对于此种行为应予限制，否则无异于鼓励不诚信的当事人通过规避国家政策红线获取不当利益，不但与司法维护社会诚信和公平正义的职责不符，而且势必导致国家房地产宏观调控政策落空，影响经济社会协调发展，损害社会公共利益和社会秩序，故此种借名买房合同因违背公序良俗而应认定无效。①

而在“王某燕与吕某所有权确认纠纷案”中，再审法院也认为，借名买房系为规避国家限购政策，其行为本身已违背公序良俗。②

但也有观点认为，限购政策主要体现在地方政府规章层面，法律、行政法规层面并没有此类限制，因此不能将违反法律、行政法规强制性规定作为合同无效的理由。

结合前述法院观点可见，在司法实践中法院倾向于认为违反限购政策的借名买房合同应属无效。限购政策涉及社会公共利益，其目的在于平稳房价、缓解社会矛盾、保障刚性购房者的住房需求。且购买限购房屋须满足特定要求，具有人身专属性。在限购政策下，借名人往往并不符合购买限购房屋的要求，若认定借名买房合同有效，不仅将侵害其他满足限购要求购房者的利益，还将导致限购政策的宏观调控目的落空。因此，法院一般认定规避限购政策的借名买房合同无效。

但应当注意的是，鉴于房地产限购政策属于调控政策，具有短期性、临时性、阶段性的特点。如因限购政策调整等原因使得借名人拥有购房资格的，相应的借名买房协议可认定为有效。例如，在“辽宁某设备公司与徐某欣案外人执行异议之诉案”中，再审法院即认为，借名买房合同虽因规避国家限购政策、违背公序良俗而应认定为无效，但借名人在其后因消除了限购政策障碍并经相关行政机关确认符合申购存量住宅条件，已经具备购房资格，从而消除了合同无效事由，案涉借名买房

① 参见河南省高级人民法院民事裁定书，(2020)豫民申8401号。

② 参见北京市高级人民法院民事裁定书，(2022)京民申1056号。

合同的效力得以补正，借名买房合同应为有效。①

司法实践中也有一种观点认为，借名买房合同并不影响购房者享有相应的财产权益。如此类借名买房合同未违反《民法典》规定的法定无效情形，一般而言应肯定其合同效力。这样既能够体现法律对于当事人意思自治的尊重，也有利于在纠纷发生时，按照当事人事先约定的利益安排来确定当事人之间的权利义务，防范道德风险。例如，在“李某与付某共有纠纷案”中，一审、二审法院均认为，虽在购房时付某确因未在杭州参加社保而属于商品房限购人员，在商品房按揭以及产权登记方面应受限制，但这并不影响付某以自有资金参与商品房购买而享有所购房屋的财产权益，在不变动物权归属的情况下，该认定不会与政府房产调控政策相悖。②

二、司法实践中借名人的维权路径分析

借名人与出名人之间产生法律纠纷时，借名人可以通过选择不同的请求权基础，通过不同的诉讼路径主张权利。借名买房情形下，有的借名人基于借名买房合同要求出名人履行合同义务，协助办理过户手续，也有的借名人请求法院直接确认其对房屋的所有权。针对相关争议，笔者从各地相关司法解释以及司法判例层面梳理如下。

（一）相关司法解释

从各地法院的司法解释文件来看，法院倾向于认为，借名人直接依据借名买房合同请求确认其为房屋实际权利人的，一般不予支持。但在借名人享有购房资格后，借名人可以依据借名买房合同要求出名人协助办理房屋产权变更手续。

如广东省高级人民法院发布的《关于审理房屋买卖合同纠纷案件的指引》第22条第1款规定：“借他人名义购买房屋，借名人请求确认房屋归其所有的，不予支持。借名人请求出名人（登记权利人）按照约定协助办理不动产转移登记的，可予支持，但借名人不具有购房资格的除外。”

江苏省高级人民法院发布的《关于审理房地产合同纠纷案件若干问题的解答》也认为，实际买受人为规避房地产调控政策，以他人名义与出卖人订立合同并办理房屋权属证书后，以其系实际买受人为由，请求确认其为房屋产权人的，法院不予

① 参见最高人民法院民事判决书，(2020)最高法民再328号。

② 参见浙江省杭州市中级人民法院民事判决书，(2020)浙01民终4869号。

支持。

浙江省高级人民法院民一庭发布的《关于审理受房地产市场调控政策影响的房屋买卖合同纠纷案件的若干意见(试行)》第8条规定:“实际买受人为规避限购、禁购政策,以他人名义与出卖人订立合同并办理房屋权属证书后,以其系实际买受人为由,请求确认其为房屋产权人的,不予支持,但调控政策重新调整并准许其取得产权的除外。”

(二)相关判例

实践中,各地法院也基本遵循前述司法解释的基本思路处理借名买房相关纠纷。例如,在“黄某杰、杨某凤等合同纠纷案”中,借名人主张出名人协助办理将案涉房产过户给借名人的过户手续,二审法院认为,案涉商品房出售网上报名登记截止时,借名人已实际符合杭州市相关购房政策要求。故借名买房协议书并不存在违反法律、法规强制性规定的情形,应认定合法有效。现案涉房屋登记在出名人名下,已经具备过户给借名人的条件。①

在“陈某炎、仝某某物权确认纠纷案”中,借名人请求法院确认案涉借名买房物权归属,二审法院认为,根据借名人提交的相关证据,可以认定借名人为房屋实际权利人,在借名人已经具备购房资格的情况下,法院判令案涉房屋为借名人所有,并由出名人协助借名人将房屋过户至借名人名下。②

另外,借名人在起诉过程中还应注意举证责任的问题。在借名买房过程中,往往由借名人向法院主张其为房屋真实权利人,在房屋登记在他人名下的情况下,根据“谁主张,谁举证”的原则,应当由借名人举证证明其真实权利人身份。

北京市高级人民法院在《关于审理房屋买卖合同纠纷案件适用法律若干问题的指导意见(试行)》第15条中就认为:“当事人一方提供证据证明其对房屋的购买确实存在出资关系,但不足以证明双方之间存在借名登记的约定,其主张确认房屋归其所有或要求登记人办理房屋所有权转移登记的,不予支持;其向登记人另行主张出资债权的,应当根据出资的性质按照相关法律规定处理。”

因此,借名人对于证明存在借名登记的事实存在较重的举证义务,在无法证明借名关系存在的情况下,可能仅能以向出名人追讨房款的方式主张权利。

---

① 参见浙江省杭州市中级人民法院民事判决书,(2021)浙01民终10093号。
② 参见浙江省杭州市中级人民法院民事判决书,(2021)浙01民终6631号。

三、倾向性意见与建议

结合上述分析，在采用借名方式购置商品房时，借名人应当注意如下问题：

1. 签署完善的借名买房协议或房屋代持协议。在借名人与出名人就借名买房事宜协商一致后，要尽可能签订书面的借名买房协议，并在协议中就购房款的支付，房贷的偿还，税费的缴纳，房屋的装修与使用，物业费、水费、电费、燃气费的承担，房屋过户的时间，房产证件的保管，房屋被拆迁的处置等进行明确的约定；同时，还应约定出名人不愿返还房屋或房屋因出名人原因被出售、抵押、查封后的违约责任。一旦日后发生纠纷，借名人向出名人主张相关权利便有了充分的合同依据。

2. 建议借名人保留完整的出资证明、购房手续，这是证明借名人系真实购房人的有力证据。转账凭证、购房票据、房屋买卖合同、契税发票、维修基金收据、还贷手续、原始房屋产权证等材料应由借名人自行保管。

3. 建议留存证据证明房屋由借名人实际控制使用。例如，借名人应当自行保管房屋所有权证书，房屋的居住或使用权或相应收益应当归属于借名人，或者房屋由借名人进行管理维护，包括签署装修协议、维修协议、购置家具等行为。

4. 在房屋具备交付条件时，借名人应当及时接收，对房屋形成真实的占有使用；在借名人符合过户登记条件时，应当要求出名人尽快配合办理过户登记。

第三节　虚构商品房买卖合同套取按揭贷款的合同效力

实践中，部分房地产企业存在利用商品房按揭贷款业务进行虚假按揭贷款的行为。为了顺利获得贷款，开发商与他人串通或盗用他人信息，订立虚假的商品房买卖合同，再以名义购房人身份向银行贷款，达到套取银行资金的目的。此种虚假商品房买卖套贷行为，以名义购房人对该行为是否知情为标准，可以划分为借名按揭贷款和冒名按揭贷款。借名按揭贷款，是指开发商与他人串通，假借他人名义向银行借贷，名义借款人对此知情并同意；冒名按揭贷款，是指开发商在名义借款人不知情的情况下，盗用、冒用其身份信息完成按揭贷款行为。

一、虚假商品房买卖套取贷款行为中的法律关系

虚构商品房买卖合同套取贷款的过程包含两个基础法律行为，首先，在开发商与名义购房人之间签订商品房买卖合同。其次，名义购房人与银行签订按揭贷款合同。商品房买卖合同与商品房按揭贷款合同之间的关系其实是相互独立的，主要原因如下：第一，当商品房买卖合同因法律规定的原因被宣布无效或者被撤销以后，并没有使贷款合同被宣布无效或者被撤销的情形出现，法院不得因此而宣布商品房按揭贷款合同无效或者撤销之。该合同是否能够继续存在，依赖于合同双方的意思。如借款人仍具有还款能力，贷款合同仍可能存续。第二，商品房买卖合同订立后，买受人支付部分购房款并通过按揭贷款将剩余款项一次性支付给了出卖人，完成了在商品房买卖合同当中的合同义务。当出卖人将商品房交付给买受人，商品房买卖合同因履行完毕而归于消灭，但商品房按揭贷款合同并未消灭，按揭贷款合同关系的存续并不受商品房买卖合同的影响。

虚假按揭贷款后，一般由开发商代替名义借款人向银行还贷，如果开发商定期还贷直至全部还清贷款，则一般不会产生法律纠纷。但如果开发商出现资金问题无法继续还款，则开发商、名义借款人与银行之间会就还款问题产生相应法律纠纷，此时按揭贷款合同纠纷常与商品房合同效力纠纷同时发生，此外很可能还涉及关联的按揭贷款担保合同纠纷，大大增加了此类纠纷的复杂性。

二、虚假按揭套取贷款过程中合同的效力认定

在“吕某某、上海某银行南昌分行金融借款合同纠纷案”中，再审法院最高人民法院对虚构商品房买卖合同套取按揭贷款过程中的合同效力问题的主要观点为：(1)案涉《商品房买卖合同》因存在以合法形式掩盖非法目的的情况，属于无效合同。(2)案涉《借款合同》为双方真实意思表示，内容不违反法律的禁止性规定，当属有效合同。(3)依照《借款合同》，应由名义购房人归还贷款本息，开发商承担连带保证责任。[①] 参照上述观点，笔者进一步梳理分析如下。

(一)商品房买卖合同效力

司法实践中，借名按揭贷款中的商品房买卖合同一般被认定为无效。《民法

---

① 参见最高人民法院民事裁定书，(2018)最高法民申 2109 号。

典》第146条规定:“行为人与相对人以虚假的意思表示实施的民事法律行为无效。以虚假的意思表示隐藏的民事法律行为的效力,依照有关法律规定处理。”无论是有真实签名的“假按揭”,还是伪造签名的“假按揭”,借款人和开发商之间买卖房屋的行为意思表示均不真实,其实质目的是恶意串通骗取银行贷款。该按揭贷款行为中的意思表示和真实情况不一致,该民事法律行为的效力存在问题。

此外,北京市高级人民法院《关于审理房屋买卖合同纠纷案件若干疑难问题的会议纪要》认为,当事人为套取银行贷款虚构房屋买卖事实订立买卖合同,双方并无买卖房屋的真实意思表示,房屋买卖合同无效。据此,在借名按揭贷款中,买受人明知商品房买卖并非双方真实意思表示,应当认定商品房买卖合同无效。而对于冒名按揭贷款的情况,笔者认为,由于名义购房人对于开发商盗用、冒用其信息订立合同并不知情,因此其并未作出任何承诺的意思表示,根据《民法典》第483条的规定,承诺生效时合同成立,应当认定商品房买卖合同自始未成立。

(二)按揭贷款合同效力

在商品房合同无效或自始未成立的情况下,按揭贷款合同的效力应如何认定?已经履行的按揭贷款合同应如何处理?

笔者认为,在商品房买卖合同无效或未成立的情况下,按揭贷款合同并非当然无效。首先,按揭贷款合同与商品房买卖合同为虽有关联但相互独立的合同,并非主从合同关系,商品房买卖合同的效力并不当然影响按揭合同效力。同时,从意思表示及合同履行的角度看,开发商愿意承担还本付息的责任,且往往也已经实际履行了部分合同义务。北京市高级人民法院在《北京市法院关于审理个人购房贷款纠纷案件座谈会纪要》中认为,在个人购房贷款合同履行过程中,查明开发商以使用贷款为目的、以其他个人名义贷款,由自己作为担保人,并将贷款用于本企业经营的,开发商应为贷款的实际使用人,上述行为属于借款人、担保人(开发商)擅自改变借款用途的违约行为,该违约行为不影响个人购房贷款合同的效力,在审理中应认定贷款合同有效。

其次,名义购房人以虚假的购房事实向银行申请贷款,符合最高人民法院《关于适用〈中华人民共和国民法典〉总则编若干问题的解释》第21条的规定,故意告知虚假情况,或者负有告知义务的人故意隐瞒真实情况,致使当事人基于错误认识作出意思表示的,可以认定为《民法典》第148条、第149条规定的欺诈。根据《民法典》第148条的规定，在买受人与银行间的借款合同属于可撤销合同的前提下，商品房买卖合同被确认无效或自始未成立时，银行可主张撤销按揭贷款合同。

同时，司法实践中法院对虚构商品房买卖合同套取贷款中按揭贷款合同效力的处理，一般会考虑银行是否知情，银行善意与否同样影响按揭贷款合同效力。如果有证据表明开发商与银行在按揭贷款中存在恶意串通行为，按揭贷款合同则可能会被认定无效。

三、司法实践中虚假按揭套取贷款案件的审理认定

在虚构商品房买卖合同套取银行贷款的司法处理程序中，在商品房买卖合同与商品房担保贷款合同的审理上，《商品房买卖合同解释》第21条规定，以担保贷款为付款方式的商品房买卖合同的当事人一方请求确认商品房买卖合同无效或者撤销、解除合同的，如果担保权人作为有独立请求权第三人提出诉讼请求，应当与商品房担保贷款合同纠纷合并审理；未提出诉讼请求的，仅处理商品房买卖合同纠纷。担保权人就商品房担保贷款合同纠纷另行起诉的，可以与商品房买卖合同纠纷合并审理。

合并审理过程中，法院一般会参照《商品房买卖合同解释》第21条第1款的规定，合并审理开发商与名义购房人之间的商品房预售合同纠纷以及名义购房人与银行之间的金融借款合同纠纷。实体判决方面，法院在认定名义购房人与开发商虚构购房合同套取银行贷款的事实后，会判决购房合同无效，并以按揭贷款合同目的无法实现为由，判决支持银行解除按揭贷款合同的诉讼请求。至于按揭贷款合同被解除后的法律后果，则参照《商品房买卖合同解释》第21条第2款“商品房买卖合同被确认无效或者被撤销、解除后，商品房担保贷款合同也被解除的，出卖人应当将收受的购房贷款和购房款的本金及利息分别返还担保权人和买受人”的规定，判决开发商向银行偿还购房贷款本金及利息。代表性案例如“某银行北海市云南路支行、王某商品房预售合同纠纷案”①“某银行泗洪支行与庄某、宿迁市某置业公司商品房预售合同纠纷”②。

① 参见广西壮族自治区北海市中级人民法院民事判决书，(2018)桂05民终506号。

② 参见江苏省宿迁市中级人民法院民事判决书，(2018)苏13民终3134号。

四、开发商在虚假按揭套取贷款行为中的责任承担

（一）开发商应当对担保贷款合同承担何种责任

对于开发商应当对担保贷款合同承担直接还款责任还是连带清偿责任，司法实务持有不同观点。第一种观点认为，在按揭贷款合同有效的情况下，名义购房人应当按照按揭贷款合同约定承担还款责任，而开发商应当承担连带清偿责任。在“某银行上海青浦支行等与陈某某保证合同纠纷案”中，二审法院认为，案涉开发商在系争个人贷款合同（抵押、保证）中自愿为购房人借款所产生的债务向银行提供阶段性连带责任保证；加上二者恶意串通，以商品房买卖为名从银行获取购房贷款，却行融资之实，损害了银行的利益，危及银行贷款安全，具有明显过错。因此，案涉开发商应对购房人因贷款合同所产生的所有债务承担连带清偿责任。①

第二种观点认为，在认定开发商为借款实际使用人的情况下，应当由开发商向银行承担还本付息的责任，名义借款人存在过错，给银行造成损失，应承担一定比例的赔偿责任。在“王某业与某银行城建开发专业支行等金融借款合同纠纷案”中，二审法院认为，案涉开发商通过购房人以个人名义办理贷款，其作为保证人却实际占有贷款，该行为属于擅自改变借款用途的违约行为，但该违约行为并不影响案涉银行与开发商和个人签订的个人住房贷款借款合同的效力，各方当事人均应按照约定行使权利和履行义务。②

（二）或有刑事法律责任

开发商与买受人通过虚假合同套取银行贷款，除合同无效外，还可能涉嫌骗取贷款罪。《刑法》第 175 条之一第 1 款规定：“以欺骗手段取得银行或者其他金融机构贷款、票据承兑、信用证、保函等，给银行或者其他金融机构造成重大损失的，处三年以下有期徒刑或者拘役，并处或者单处罚金；给银行或者其他金融机构造成特别重大损失或者有其他特别严重情节的，处三年以上七年以下有期徒刑，并处罚金。”

五、倾向性意见与建议

虚假按揭类案件的各方当事人之间的诉讼对抗性强，利益冲突较大，且涉及买

---

① 参见上海市第二中级人民法院民事判决书，(2012)沪二中民六(商)终字第 138 号。

② 参见北京市第二中级人民法院民事判决书，(2016)京 02 民终 6415 号。

卖、借贷、保证、抵押等多重法律关系,不少案件还存在刑民交叉的情况。一旦产生法律纠纷,很多开发商就此陷入困境。建议开发商在经营过程中注重资金获取、使用的合规性,尤其是在获取银行按揭贷款的过程中持审慎态度,从而规避相应的民事责任与刑事风险。

第四节　以商品房买卖合同为民间借贷提供担保引发的纠纷

实务中,当事人为给借款合同提供担保,会在订立借款合同的同时签署一份商品房买卖合同,约定借款人如按期归还本息,则商品房买卖合同自动终止;如不能归还,则双方履行商品房买卖合同,债务人将合同约定的房产转移至债权人名下。在债务人正常归还借款本息的情况下,商品房买卖合同一般无须履行。但当发生无法还款的情形时,债权人常向法院主张履行商品房买卖合同,转移房屋所有权;债务人则以该商品房买卖合同实际并非真实购房合同,仅具有担保目的为由,提出商品房买卖合同无效之抗辩。也有债务人起诉要求确认商品房买卖合同无效,要求注销预告登记的情形。本节拟围绕因此种担保型商品房买卖合同的效力及担保如何实现引发的争议展开分析。

一、担保型商品房买卖合同的效力

最高人民法院《关于审理民间借贷案件适用法律若干问题的规定》第 23 条对于担保型买卖合同进行了专门规定:“当事人以订立买卖合同作为民间借贷合同的担保,借款到期后借款人不能还款,出借人请求履行买卖合同的,人民法院应当按照民间借贷法律关系审理。当事人根据法庭审理情况变更诉讼请求的,人民法院应当准许。按照民间借贷法律关系审理作出的判决生效后,借款人不履行生效判决确定的金钱债务,出借人可以申请拍卖买卖合同标的物,以偿还债务。就拍卖所得的价款与应偿还借款本息之间的差额,借款人或者出借人有权主张返还或者补偿。”

其中,“出借人请求履行买卖合同的,人民法院应当按照民间借贷法律关系审理”的观点看似明确,但是按照民间借贷法律关系审理并未直接否定买卖合同关系存在,在实际审理过程中,买卖合同的效力仍是不可逃避的问题。

(一)相关判例

1. 商品房买卖合同系以虚假意思表示实施的民事法律行为,应属无效

在"张某英诉太原某地房产公司民间借贷担保合同纠纷案"中,借款人将其名下房产首先抵押给出借人作为担保,后又与出借人签订了《商品房买卖合同》,将房屋出售给出借人。后借款人主张双方签订的《商品房买卖合同》无效。

法院认为,综合双方所签合同以及本案事实,应当认定双方所签《商品房买卖合同》系借款担保并非独立的商品房买卖合同,是双方对借款担保进行的约定。《商品房买卖合同》与双方此前签订过的《商品房买卖合同》涉及的房产同一,但二者约定的合同单价却相差一倍。综上,该合同系借款担保性质。关于合同效力问题,因双方系以签订《商品房买卖合同》的形式为借款提供担保,名为商品房买卖实为担保,双方并不存在真实的商品房买卖的意思表示,因此双方以虚假意思表示签订的《商品房买卖合同》应属无效。①

2. 直接履行担保型商品房买卖合同违反了"禁止流质"的规定,法院不予支持

在"广西某房地产公司与杨某鹏商品房买卖合同纠纷申请案"中,借款人为偿还借款与出借人签订《商品房买卖合同》并办理了合同备案登记。但同时借款人还以利息名义向出借人回款61.1万元。后出借人诉请借款人交付房屋。

法院认为,法律关系性质应依当事人真实意思表示予以认定。本案现有证据证明,借款人与出借人之间应为借贷关系:首先,就借款人而言,其签订商品房买卖合同的真实目的,系向出借人借款,有借款人向出借人支付61.1万元借款利息、持有发票原件等证据和事实佐证。其次,发票是交易真实发生的证明,更是办理不动产权属登记的重要依据。本案中,出借人作为买受人,在交纳了全部房款后,始终未向借款人索要发票原件,直到本案诉讼中出借人向法院提交的亦仅系复印件,且近三年时间内未要求办理权属登记,明显不符合交易习惯。再次,出借人收到借款人支付的61.1万元,考虑民间借贷支付利息的一般做法,综合全案情况分析,在出借人未能举证证明双方存在其他经济往来的情况下,认定借款人上述款项系支付利息的主张具有更高的可信度。最后,案涉商品房买卖合同以一口价340万元的方式

---

① 参见最高人民法院民事裁定书,(2017)最高法民申3248号。

交易了 1400 余平方米的 53 间商铺，与一般房地产交易习惯不符。综上所述，足以认定双方之间成立了债权债务关系。双方签订商品房买卖合同并办理备案登记行为，足以认定双方之间成立了一种非典型的担保关系。出借人作为债权人，可以适当方式就合同项下商铺主张权利，以担保其债权的实现。但其请求直接取得案涉商铺所有权的主张，违反了《物权法》关于禁止流质的规定，法院不予支持。①

3. 商品房买卖合同中关于债务到期未清偿时案涉房产的所有权归债权人所有的约定无效，但不影响债务人有提供担保的意思表示的效力

在"李某生、沈阳某房地产公司民间借贷纠纷案"中，出借人与借款人签订了《借款协议》，同时约定借款视为出借人的购房款，如借款人未能偿还借款则买卖合同项下房屋归出借人所有。

法院认为，借款人虽与出借人签订了 46 套商品房的买卖合同，但双方的真实意思并非买卖商品房，而是以签订商品房买卖合同作为对债权的担保，其性质应认定为让与担保。参照最高人民法院《关于适用〈中华人民共和国担保法〉若干问题的解释》第 57 条②关于抵押合同中双方约定债务到期未清偿时，抵押物的所有权归债权人所有的约定无效的规定。双方当事人约定到期不能清偿债务，46 套商品房归出借人所有的内容应认定为无效，但该部分内容无效不影响借款人以该 46 套商品房的价值为出借人提供担保的效力。③

（二）在判断担保型商品房买卖合同效力前，应明确双方之间系借款关系还是商品房买卖合同关系

在确认担保型买卖合同效力之前，首先应当解决相关合同是否属于担保型商品房买卖合同的事实问题。在发生纠纷后，双方当事人往往站在己方利益最大化的角度各执一词，一方主张成立商品房买卖合同关系，另一方主张成立民间借贷关系。关于这一事实问题的判断，实际也是判定法律关系性质的核心：确认双方的真实意思表示。一般而言，法院可能从以下角度进行综合考察：

1. 从交易价款角度考虑，商品房买卖合同一般采用约定单价的方式，而担保型商品房买卖合同中则往往采用简化的一口价方式。

---

① 参见最高人民法院民事判决书，(2013)民提字第 135 号。

② 此解释已失效，相关规定参见《民法典》第 401 条。

③ 参见最高人民法院民事裁定书，(2019)最高法民申 5927 号。

2. 买受人在具备办理权属登记条件的情况下长时间未要求办理权属转移登记，不符合一般商品房买卖合同交易习惯。

3. 发票原件是办理不动产权属登记的重要依据，如买受人一直未向卖方索要发票，也不符合商品房买卖合同交易习惯。

4. 卖方向买方支付款项，但其对款项性质不能合理解释的情况，较为符合民间借贷支付利息的做法。

5. 合同约定税费全部由出卖人承担，一般不符合商品房买卖合同的交易习惯。

6. 如在商品房买卖合同之外双方又签订回购协议等文件，则较为可能不存在真实购房意图。

（三）如双方成立借贷关系，商品房买卖合同可能因虚假意思表示而无效，且债权人不得直接取得所有权

参照前述法院观点，在当事人一方主张系房屋买卖关系，另一方主张系借贷关系的情况下，应结合双方当事人提交的证据，探究合同签订时双方当事人的真实意思表示，判断法律关系的性质。在借贷关系成立的前提下，签订商品房买卖合同并办理备案登记的行为，足以构成一种非典型的担保，法院可能以双方系以虚假意思表示实施的民事法律行为为由认定商品房买卖合同无效。并且，如债权人依照合同约定请求直接获得房屋所有权，也违反了《民法典》第401条禁止流质的规定，应该属于无效。但根据《民法典担保制度解释》第68条的规定，不影响当事人有关提供担保的意思表示的效力。

二、担保型商品房买卖合同的担保功能如何实现

最高人民法院《关于审理民间借贷案件适用法律若干问题的规定》第23条对于担保型商品房买卖合同的担保效果的规定为，“出借人可以申请拍卖买卖合同标的物，以偿还债务”。这种担保的履行顺位如何，出借人对于拍卖、变卖款项是否享有优先权，也是实践中各方当事人重点关注的问题。

最高人民法院民一庭在《最高人民法院新民间借贷司法解释理解与适用》一书中认为：“如果当事人仅签订了买卖合同，但是对买卖合同标的物本身并未进行抵押、质押，亦未进行所有权转移的，对第三人而言，不具有公示效果，第三人无法以此为依据判断是否和借款人进行交易，在这种情形下，如果认定出借人对价款享有优

先权，对借款人的其他债权人有失公平，也会影响交易安全。如果双方不仅签订了买卖合同，而且已经进行了权利转移的，比如动产已经交付、不动产已经办理所有权转移登记的，对第三人而言，已经具有了公示的效果，认定出借人对价款享有优先受偿权就具有合理性。"①

最高人民法院在相关判例中也持前述观点。如在"曾某元与湖南某置业公司合同纠纷案"中，作为再审法院的最高人民法院认为，出借人与借款人成立借贷法律关系后另行以《商品房买卖合同》办理预购商品房预告登记之行为，实质构成让与担保合同法律关系。若担保物已经实际交付给债权人或担保物已经变更登记至债权人名下，完成了财产权利变动公示，则根据"举重以明轻"的解释规则，否认债权人的所有权人地位，有限度承认让与担保的担保物权效力，支持债权人关于将担保物拍卖、变卖、折价所得价款优先受偿的权利，既系对当事人意思自治的尊重，亦未对债务人之其他债权人的利益造成损害，体现了平衡双方利益的让与担保合同的核心价值。②

而在"岑巩县某房地产公司、杨某杰民间借贷纠纷案"中，最高人民法院也认为，当事人完成让与担保财产权利变动的公示，形式上将担保财产权利转移至债权人名下，则该担保具有物权效力；否则，让与担保合同虽然生效，但债务人不履行债务时，债权人只能要求就担保财产变价款受偿，不能对抗合法取得该财产的权利人，亦无优先受偿效力。③

三、倾向性意见与建议

综上所述，以商品房买卖合同作为借款合同的担保系实践中较为复杂的法律问题。当事人应当谨慎对待。

首先，如存在以相关商品房买卖合同为借款合同提供担保的需求，建议根据自身需要选择签署适当的合同文本：一般来说，签署书面借款合同文本足以证明双方实际为民间借贷关系；而在不存在相关借款文本，在资金往来中也未备注款项性质的情况下，存在被直接认定为商品房买卖合同关系的可能。

---

① 最高人民法院民事审判第一庭编著：《最高人民法院新民间借贷司法解释理解与适用》，人民法院出版社 2021 年版，第 350 ~ 351 页。

② 参见最高人民法院民事判决书，(2019) 最高法民再 304 号。

③ 参见最高人民法院民事裁定书，(2020) 最高法民申 2155 号。

其次,在具备办理产权转移登记的条件下,及时办理产权转移登记或就相应房产办理抵押登记,能够在一定程度上增加债权人就案涉房产拍卖、变卖所得优先受偿权的可能性。

最后,由于该类合同存在书面意思与实际意思不符的情形,建议在交易中保留完整证据,以尽可能保证交易安全。

第五节 以房抵债协议纠纷

以房抵债协议,是指债务人在难以清偿债务时,在原债务届满前或届满后与债权人达成的以其所有房屋折抵所欠债务的协议,其本质为债权人与债务人协商变更履约形式。以房抵债协议虽不属于传统的商品房买卖合同,但实践中也有通过签署商品房买卖合同方式实现以房抵债的操作形式,同时,以房抵债也是开发商在房产开发过程中经常面临的问题,故笔者在此对其进行简要梳理分析。

一、以房抵债协议的法律性质

依据债权清偿期是否届满与商品房物权变动是否已完成两个维度,可以将以房抵债协议分为以下类型:

(一)当事人于债务清偿期届满后达成以房抵债协议且已经办理商品房权属转移登记的情形

最高人民法院在《第八次全国法院民事商事审判工作会议(民事部分)纪要》中认为,当事人在债务清偿期届满后达成以房抵债协议并已经办理了产权转移手续,一方要求确认以房抵债协议无效或者变更、撤销,经审查不属于《合同法》第52条、第54条[①]规定情形的,对其主张不予支持。应当认为该类以房抵债合同合法有效。

(二)当事人于债权清偿期届满后签订以房抵债协议,但尚未办理权属登记的情形

以房抵债协议属于代物清偿协议,针对未进行现实给付的代物清偿协议的效

① 相关规定分别参见《民法典》第146条、第147~151条。

力问题，长期以来学界存在不同观点。

一种观点认为，债务清偿期届满后当事人达成以物抵债协议，在尚未办理物权转移手续前，债务人反悔不履行抵债协议，债权人要求继续履行抵债协议或要求确认所抵之物的所有权归自己的，法院应驳回其诉讼请求。但经释明，当事人要求继续履行原债权债务合同的，法院应当继续审理。该观点基于代物清偿协议应当属于实践合同的原则，未经给付不能成立。

也有一种观点认为，代物清偿协议属于诺成合同。最高人民法院曾作出判决认为，以物抵债合同不以债权人现实地受领给付为构成要件，债权人与债务人有权选择清偿债务的方式。

《九民纪要》对该问题做了统一，其第 44 条第 1 款规定，当事人在债务履行期限届满后达成以物抵债协议，抵债物尚未交付债权人，债权人请求债务人交付的，法院要着重审查以物抵债协议是否存在恶意损害第三人合法权益等情形，避免虚假诉讼的发生。经审查，不存在以上情况，且无其他无效事由的，法院依法予以支持。

（三）当事人于债权清偿期届满前约定债务人到期不履行债务时以商品房进行清偿的情形

1. 双方约定，债权清偿期届满未清偿债务该商品房直接归属债权人所有，但尚未办理过户登记的，可能被认定为流押条款

在债权清偿期未届满时，约定债务人不履行到期债务时房产归属债权人所有，类似于以商品房对债务进行担保的情形。根据《民法典》第 401 条的规定，抵押权人在债务履行期限届满前，与抵押人约定债务人不履行到期债务时抵押财产归债权人所有的，只能依法就抵押财产优先受偿。

在此种情形下，实现债务应采取对商品房直接折价或拍卖、变卖的方式。《九民纪要》第 45 条规定："当事人在债务履行期届满前达成以物抵债协议，抵债物尚未交付债权人，债权人请求债务人交付的，因此种情况不同于本纪要第 71 条规定的让与担保，人民法院应当向其释明，其应当根据原债权债务关系提起诉讼。经释明后当事人仍拒绝变更诉讼请求的，应当驳回其诉讼请求，但不影响其根据原债权债务关系另行提起诉讼。"《民法典》第 410 条第 1 款规定："债务人不履行到期债务或者发生当事人约定的实现抵押权的情形，抵押权人可以与抵押人协议以抵押财产

折价或者以拍卖、变卖该抵押财产所得的价款优先受偿。协议损害其他债权人利益的,其他债权人可以请求人民法院撤销该协议。”

2. 当事人已经依据以房抵债协议办理了物权转移登记,但在协议中同时约定,债务清偿之后,债务人可以进行房屋回购

在此种情形下,签订以房抵债协议的行为具有让与担保特征,司法实践中对其效力的认定具有争议。同时应当注意的是,与担保型买卖合同类似,在以物抵债协议有效的情况下,债权人获得的是履行合同请求权,而无权要求法院确认其房屋所有权。

二、执行程序中的以房抵债协议

以房抵债协议作为债务清偿方式,与执行程序也密切相关。在执行程序中如何认定以房抵债协议的效力也对其他债权人有重要影响。

(一)关于以物抵债调解书的效力问题

《九民纪要》第44条第2款规定:“当事人在一审程序中因达成以物抵债协议申请撤回起诉的,人民法院可予准许。当事人在二审程序中申请撤回上诉的,人民法院应当告知其申请撤回起诉。当事人申请撤回起诉,经审查不损害国家利益、社会公共利益、他人合法权益的,人民法院可予准许。当事人不申请撤回起诉,请求人民法院出具调解书对以物抵债协议予以确认的,因债务人完全可以立即履行该协议,没有必要由人民法院出具调解书,故人民法院不应准许,同时应当继续对原债权债务关系进行审理。”对以物抵债协议,司法实践中法院也倾向于不得出具相应调解书。例如,在“郭某田与姚某义等案外人执行异议之诉案”中,最高人民法院认为,以物抵债协议不具有直接导致物权变动的内容,不能直接导致物权变动发生,以物抵债协议本质上仍属于当事人之间的债务安排,债权人有权依据以物抵债协议行使物权请求权,但在办理变更登记前,标的物仍归属债务人所有,且债权人不具有优先权,不足以排除另案的强制执行。同时,由于以房抵债易涉及虚假诉讼、恶意串通损害第三人利益等情形,法院对于以房抵债效力的审查持审慎态度。[①] 在“某银行济南分行与某房地产公司等欠款纠纷案”中,最高人民法院作为再审法院,

---

① 参见最高人民法院民事判决书,(2018)最高法民再445号。

裁定在以房抵债协议损害第三方公平受偿权益的情况下，即使没有证据证明恶意串通的存在，仍应撤销原判决。①

（二）当事人在执行程序中达成以房抵债协议的效力问题

最高人民法院《关于执行和解若干问题的规定》第 6 条规定："当事人达成以物抵债执行和解协议的，人民法院不得依据该协议作出以物抵债裁定。"根据该规定，在执行过程中当事人可以就以房抵债达成和解协议，但法院不得依据该协议制作以物抵债裁定。

三、以房抵债优先受偿权

（一）关于以物抵债能否适用购房人优先于普通债权受偿的问题

《执行异议和复议规定》第 29 条规定："金钱债权执行中，买受人对登记在被执行的房地产开发企业名下的商品房提出异议，符合下列情形且其权利能够排除执行的，人民法院应予支持：（一）在人民法院查封之前已签订合法有效的书面买卖合同；（二）所购商品房系用于居住且买受人名下无其他用于居住的房屋；（三）已支付的价款超过合同约定总价款的百分之五十。"

司法实践中一般认为，以物抵债并非为生活、居住需要而进行购房，不属于前述"用于居住"的要件。在"张某峰、廊坊市某房地产公司破产债权确认纠纷案"中，再审法院最高人民法院认为，当事人之间的借款行为、以房抵债行为、房屋买卖行为，相互关联、密不可分，其实质是实现以物抵债的交易目的，但是当事人签订《房屋定购协议》的目的并非用于居住，因此原审法院驳回其要求在破产程序中获得优先于普通债权受偿的诉讼请求，并无不当。②

（二）关于以房抵债方式偿付建设工程价款能否享有优先受偿权问题

在房地产开发过程中，开发商由于资金链问题，常通过以房抵债方式抵偿施工单位工程款，而当同时存在消费者债权人、抵押权人、建设工程价款债权人时，受偿权的先后问题至关重要。

---

① 参见最高人民法院执行裁定书，（2016）最高法执监 85 号。

② 参见最高人民法院民事裁定书，（2021）最高法民申 948 号。

司法实践中一般认为，以房抵债方式偿付建设工程款仍享有优先受偿权。在“某电脑公司等与南通市某工程公司建设工程施工合同纠纷案”中，二审法院认为，建设工程价款优先权是法定权利，权利的放弃应当明示，不能轻易推定权利人放弃权利；当事人签订设备抵偿协议时没有表示其以放弃主张优先权为基础，而抵偿协议也约定在设备抵款未实现时不影响各权利人主张权利，故承包人依然可主张建设工程价款优先受偿权。[①] 最高人民法院在“四川某建筑机械化工程公司与成都某投资管理公司申请执行人执行异议案”中则认为，以房抵债系“工程款债权的物化载体”，依据《关于建设工程价款优先受偿权问题的批复》[②]第 1 条的规定，法院在审理房地产纠纷案件和办理执行案件时，应当依照《合同法》第 286 条[③]的规定，认定建筑工程的承包人的优先受偿权优于抵押权和其他债权。[④]

四、倾向性意见与建议

以房抵债相关权利人应在具备办理产权转移登记条件时尽快办理相关产权登记，从而从根本上确定房屋权属关系。同时，在进行以房抵债协议文本设置时，应尽量根据债务清偿届满时房屋的公允价值确认清偿数额，避免债务清偿期届满即转移房屋权属等涉及流押条款的约定，从而增加协议效力获得司法认可的可能性。

第六节　售后包租模式下的法律纠纷

《商品房销售管理办法》第 11 条第 2 款规定：“房地产开发企业不得采取售后包租或者变相售后包租的方式销售未竣工商品房。”所谓售后包租，指的是开发商将房屋出售给买受人，但买受人在一定年限内不实际使用该房屋，而是与开发商或第三方经营公司签订包租协议，以包租期间的部分租金或返利冲抵部分房款，或每年支付一定比率的租金回报的销售形式。售后包租业务一般出现在商铺、写字楼、商用住宅（如酒店式公寓、商住楼）等的销售过程中。

---

① 参见江苏省高级人民法院民事判决书，(2010)苏民终字第 0208 号。

② 此批复已失效。

③ 相关规定参见《民法典》第 807 条。

④ 参见最高人民法院民事判决书，(2020)最高法民再 352 号。

售后包租在我国的发展现状主要是开发商以高回报、低风险的承诺促销商铺或商品房，从而加快资金的回笼速度，可以视为开发商用以套取现金的财务技巧。虽然开发商承诺的利润高，但市场不景气、开发商盈利能力低下等因素，常常导致包租项目的承诺日后不能兑现，售后包租并不保险。该模式在实际运作中存在的法律风险是开发商和买受人均不可忽视的重要问题。

一、售后包租中的主要法律关系

售后包租在实践中常见的模式为，开发商与买受人签订房屋买卖合同，同时引入或成立第三方经营管理公司，由第三方经营管理公司与买受人签订委托管理协议或租赁协议。在此种情况下，出卖人与承租人分离，权利义务相对复杂，比较容易产生纠纷。售后包租模式下，开发商、买受人与运营公司之间主要存在以下法律关系：

（一）商品房买卖合同关系

售后包租销售模式的基础仍为开发商与买受人的商品房买卖合同关系。关于售后包租中商品房买卖合同的效力，虽然《商品房销售管理办法》明确规定房地产开发企业不得采取售后包租或者变相售后包租的方式销售未竣工商品房，但在司法实践中一般认为该规定属管理性强制性规定，而非效力性强制性规定，况且《商品房销售管理办法》从法律位阶上属于部门规章，并非《民法典》规定的因违反法律、行政法规的强制性规定导致民事法律行为无效的情形。江苏省高级人民法院在《关于审理房地产合同纠纷案件若干问题的解答》中认为，出卖人采用售后包租方式销售商品房，当事人主张售后包租行为无效的，法院不予支持，但符合最高人民法院《关于审理非法集资刑事案件具体应用法律若干问题的解释》第 2 条规定的除外。

（二）委托经营合同关系

售后包租销售模式的核心在于买受人将商铺委托开发商或第三方运营公司统一经营管理，从而获取投资收益。一种模式为在开发阶段开发商已经选定运营方，并将商场整体委托给运营企业（或开发商自行经营），买受人在签订商品房买卖合同的同时须一并签署委托经营合同；另一种模式为销售后买受人与开发商或第三方运营企业签署委托经营合同,再进行统一授权使运营企业获得商场使用权。

售后包租模式下的委托经营合同存在不同于一般委托合同的特点。首先,一般委托关系的基础为委托人与受托人的信任关系,但在售后包租模式中委托经营合同关系的委托人与受托人缺乏该等信任关系,特别是在开发商引入第三方运营公司的情况下,委托人无法自行选定运营方。其次,售后包租形式下的委托合同通常为开发商提供的格式合同,投资人无法自行设置委托事务与委托期限,无法参与经营活动。最后,一般委托关系中的委托人可以干预委托事务,但自担经营风险,而售后包租模式下的委托经营往往向买受人承诺了具体的投资回报,即买受人在正常情况下无须承担经营风险,但不能干涉商场经营。同时,依据《民法典》第 933 条的规定,委托人可以在任何时间与对方解除合同,委托人因为解除合同造成对方经济损失的,除不能将责任归咎于当事人的理由之外,无偿委托合同解除方应赔偿对方的经济损失,有偿委托合同解除方不仅要赔偿对方的经济损失,还应该赔偿对方当事人合同履行后的效益。但在售后包租模式下,商铺产权分散,法院为维护商场整体经营秩序,常常不支持买受人单方解除委托合同的请求。

(三)租赁合同关系

除采用委托形式外,售后包租也可能采用租赁形式进行。在该种经营模式下,商铺销售后,由开发商或第三方经营企业向买受人统一租赁,在整合商场后再出租给实际经营的商铺。对于买受人来说,以租赁方式包租的经验模式的风险将高于委托经营模式,主要原因在于合同相对性问题:作为次承租人的实际经营商户将租金支付给作为承租人的开发商或第三方经营企业,一旦承租人拒绝向作为出租人的买受人支付租金,买受人无法直接向实际经营商户主张租金,只能向经营企业主张违约责任。而由于售后包租的特殊性质,与委托合同的情况一样,买受人解除出租合同的主张往往难以获得法院支持。

二、售后包租法律纠纷中的主要争议焦点

(一)招商广告与宣传资料能否视为商品房买卖合同的组成部分

《商品房买卖合同解释》第 3 条规定:“商品房的销售广告和宣传资料为要约邀请,但是出卖人就商品房开发规划范围内的房屋及相关设施所作的说明和允诺具体确定,并对商品房买卖合同的订立以及房屋价格的确定有重大影响的,构成要

约。该说明和允诺即使未载入商品房买卖合同，亦应当为合同内容，当事人违反的，应当承担违约责任。”故在售后包租纠纷中，开发商是否需要对出售商品房时的招商广告承担法律责任，要根据上述司法解释规定的情形具体考察，司法判决中两种结果兼而有之。

在“李某与广东某集团公司商品房销售合同纠纷案”中，二审法院认为，广告的内容并无针对案涉商铺进行具体的说明和承诺，亦无承诺返本销售，故应为要约邀请，当事人发布的广告及宣传资料不构成双方签订的商品房买卖合同的一部分。① 在“陈某生、佛山市某房地产公司商品房预售合同纠纷案”中，二审法院则认为，出卖人对外宣传的广告中，租金回报收益内容确定，履行租金给付义务的主体、租金给付期限亦明确，该说明和允诺在广告宣传单上多次出现，相关租金标准亦一致。出卖人在销售广告中所作的租金收益说明，足以让买受人产生信赖而签订商品房买卖合同，并对房屋价格的确定有重大影响，买受人就此内容与出卖人订立合同的行为已使出卖人销售广告的对象特定化，应视为符合法律关于要约的规定。②

（二）产权式商铺的物权行使是否存在限制

售后包租作为一种商铺房销售方式，其所销售的房屋往往属于“产权式商铺”，即开发商将大型房地产项目分割为数量众多的单位产权进行出售，再通过售后包租的销售形式，将商铺使用权整体统筹，交由专门机构负责统一运营管理，买受人按约定获得投资回报。

产权式商铺不同于独立产权商铺的特性使其常引发法律纠纷，如在商场经营不善或运营公司不履行合同的情况下，业主要求返还商铺。我国目前对产权式商铺并无专门的法律界定，仅有前述《商品房销售管理办法》中“售后包租”的表述。地方性法规中，海南省出台了《海南省产权式酒店建设销售管理暂行规定》，对产权式酒店的规划、建设、销售、不动产登记等管理活动进行了规定。

产权式商铺的产权在程序上符合现行法律规定，销售合同合法有效的，部分地区也可以进行不动产登记。但在实际经营过程中，大型商场在整体构造上具有统一性，单一的产权式商铺面积小且无法独立发挥运营价值。产权式商铺产生法律

---

① 参见广东省东莞市中级人民法院民事判决书，(2015)东中法民一终字第 2728 号。

② 参见广东省佛山市中级人民法院民事判决书，(2018)粤 06 民终 7259 号。

纠纷的核心原因就在于此,其产权分割不清,业主实质上无法自主经营。

当前我国的司法裁判中,大部分法院认为业主在产权式商铺中享有的权利为建筑物区分所有权,也有部分法院认为业主权利为按份共有权,但无论持何种观点,法院一般都认为,产权式商铺业主行使物权存在限制,即不得损害其他业主的权利,应当遵循物权之恰当平衡原则,法院在审理中亦应当将审查重点放在该种诉求得到支持后,是否会明显影响其他业主的合法权益上,从而做到实现法律效果与社会效果的有机统一。

关于产权式商铺的物权行使,可参见最高人民法院2006年第6期公报案例"新宇公司诉冯玉梅商铺买卖合同纠纷案",在该案例中,开发商将南京市时代广场的部分区域(总建筑面积6万余平方米,分割出售部分约6000平方米)分割成商铺对外销售给150余家业主。后开发商将时代广场租赁给某公司经营,但因经营不善连续停业两次。开发商的新股东为盘活资产、重新开业,拟对时代广场的全部经营面积进行调整,重新规划布局,陆续与大部分小业主解除了商铺买卖合同,并开始在时代广场内施工。案涉业主的商铺面积为22.5平方米,其联合另一家业主不同意解除合同,坚持不退商铺,开发商不能继续施工,6万余平方米建筑闲置,同时两家业主也不能在他们合计约70平方米的商铺内经营。故开发商起诉要求解除合同。一审法院援引公平及诚实信用原则,认为虽然双方签署的商品房买卖合同合法有效,且案涉业主在履行合同过程中没有任何违约行为,但考虑案涉业主所购商铺只是开发商在时代广场里分割出售的150余间商铺中的一间,在以分割商铺为标的物的买卖合同中,买受人对商铺享有的权利不能等同于独立商铺。为有利于物业整体功能的发挥,买受人行使权利必须符合其他商铺业主的整体意志,本案的商铺买卖合同应当解除,开发商向案涉业主返还商铺价款、赔偿商铺增值款,并向案涉业主给付违约金及赔偿其他经济损失。二审法院则判定,本案情况应当属于《合同法》第110条①规定的"履行费用过高"情形。开发商存在违约行为,但其继续履行合同须以其6万余平方米的建筑面积来为案涉业主的22.5平方米商铺提供服务,支付的履行费用过高,且在失去良好营商环境的情况下,事实上也达不到案涉业主要求继续履行合同的目的,故支持了一审判决。

① 相关规定参见《民法典》第580条。

（三）售后包租模式下，买受人没有实际占有商品房，因开发商原因导致商铺被查封执行，买受人可否主张排除执行

《执行异议和复议规定》第28条规定："金钱债权执行中，买受人对登记在被执行人名下的不动产提出异议，符合下列情形且其权利能够排除执行的，人民法院应予支持：（一）在人民法院查封之前已签订合法有效的书面买卖合同；（二）在人民法院查封之前已合法占有该不动产；（三）已支付全部价款，或者已按照合同约定支付部分价款且将剩余价款按照人民法院的要求交付执行；（四）非因买受人自身原因未办理过户登记。"

根据上述规定，在售后包租情形下，买卖合同合法有效，买卖双方实际通过占有改定方式完成了物权交付，在商铺为经竣工验收合格的房屋时，买受人应属于合法占用，在买受人已经支付完房屋价款的情况下，买受人若要主张排除执行，还应满足"非因买受人原因未办理过户登记"的条件。因买受人的原因未办理过户登记主要体现为买受人在条件具备时消极行使登记的权利，故买受人应在具备过户登记的条件时尽快办理登记，否则在因开发商原因导致商铺被查封执行时，可能由于买受人的原因而不能排除强制执行。

（四）租赁合同纠纷中，买受人是否可以主张开发商对买受人与第三方运营企业之间签订的委托经营管理合同承担连带责任

对于该问题，司法实践中有不同的裁判观点。在"罗某、重庆某物业公司与任某霞、邓某燕等房屋租赁合同纠纷案"中，二审法院认为，由于开发商所作的返租销售只是业主的购房参考，不能视作商品房销售合同的内容，业主要求开发商公司承担其与委托经营公司所签租赁合同项下的责任，缺乏事实和法律依据。[①] 而在安徽省蚌埠市中级人民法院发布的商品房买卖合同纠纷典型案例"张某某与某置业公司、某物业管理公司房屋租赁合同纠纷上诉案"中，法院认为，"售后返租"这一租售绑定营销模式揭示了销售商铺的开发公司与租赁商铺的物业管理公司之间的利益共同体关系，以及由此形成的共同权利义务，开发公司虽然未在租赁协议中签字盖章，但从其销售宣传、绑定租赁、商业规划等实际行为判断，其已加入租赁之债的关

① 参见重庆市第一中级人民法院民事判决书，（2018）渝01民终5534号。

系中。故其应当就返租回报承诺承担连带责任。[①]

三、商铺售后包租中各方主体面临的主要法律风险及相关建议

对于开发商来说,售后包租的业务模式在民事、行政、刑事及税务方面均存在一定风险,笔者对此提出如下分析与建议:

(一)民事违约风险及相关建议

售后包租往往承诺一定的投资回报率,但售后包租业务期限长、受市场影响大,开发商可能出现无法兑现合同约定的回报承诺的违约情形,从而引发民事法律纠纷。由于商业地产项目的买受人数量较多,一旦出现买受人群体违约现象,将对开发商的资金流动性及经营情况造成巨大的影响。

笔者建议,在相关业务中,开发商应尽量避免自行经营,而是委托给有专业经营资质与经验的第三方运营企业。一方面,可以为开发商进行一定的风险隔离,由第三方公司承担增值返利责任;另一方面,专业化的经营方式也将在一定程度上降低经营失败的可能性。

(二)行政处罚风险及相关建议

1. 售后包租销售模式存在行政处罚风险

《商品房销售管理办法》第 11 条规定,房地产企业不得采取售后包租或变相售后包租方式销售未竣工商品房。第 42 条规定,房地产开发企业在销售商品房中存在返本销售或变相返本销售的,可以处以警告,责令限期改正,并处 1 万元以上 3 万元以下的罚款。

笔者建议,开发商在采取售后包租销售方式时应保证商品房已竣工,同时避免采用以包租期间的租金部分冲抵房款等易被认定为返本销售的方式支付包租收益。

2. 售后包租广告宣传存在行政处罚风险

首先,原国家工商管理总局、原中国银监会、原国家广电总局、原新闻出版总署《关于处置非法集资活动中加强广告审查和监管工作有关问题的通知》第 2 条明文

---

① 参见安徽省蚌埠市中级人民法院民事判决书,(2020)皖 03 民终 366 号。

禁止发布含有或者涉及房地产、产权式商铺的售后包租、返租销售活动。违反相关规定的,将按照《广告法》的有关规定受到行政处罚。

其次,开发商通常会在销售广告中承诺高回报、低风险等内容,但如果开发商无法兑现广告中的承诺,此类广告也将因涉嫌虚假广告而受到行政处罚。

(三)刑事犯罪风险及相关建议

最高人民法院《关于审理非法集资刑事案件具体应用法律若干问题的解释》第2条规定:"实施下列行为之一,符合本解释第一条第一款规定的条件的,应当依照刑法第一百七十六条的规定,以非法吸收公众存款罪定罪处罚:(一)不具有房产销售的真实内容或者不以房产销售为主要目的,以返本销售、售后包租、约定回购、销售房产份额等方式非法吸收资金的……"《刑法》第176条对于非法吸收公众存款罪也有规定:"非法吸收公众存款或者变相吸收公众存款,扰乱金融秩序的,处三年以下有期徒刑或者拘役,并处或者单处罚金;数额巨大或者有其他严重情节的,处三年以上十年以下有期徒刑,并处罚金;数额特别巨大或者有其他特别严重情节的,处十年以上有期徒刑,并处罚金。单位犯前款罪的,对单位判处罚金,并对其直接负责的主管人员和其他直接责任人员,依照前款的规定处罚。有前两款行为,在提起公诉前积极退赃退赔,减少损害结果发生的,可以从轻或者减轻处罚。"

综上所述,若具备以下情形,法院通常会对所谓的"售后包租"经营认定涉嫌非法吸收公众存款罪名:(1)当事人在订立房屋买卖合同时不具有房产销售的真实内容或者不以房产销售为主要目的;(2)向不特定对象筹集资金,集资的对象具有不特定性,而售后包租的对象往往针对不特定社会公众;(3)承诺在一定期限内还本付息,而售后包租销售模式常常体现为承诺在一定期限内返还房款、支付固定收益等形式。

因此,判断售后包租行为罪与非罪的核心要点在于判断是否具备真实的房产销售内容。如开发商或个人以售后包租等方式销售虚构的商业地产项目或实际已无法完成的项目,通常会被认定为非法吸收公众存款。司法实践中,结合《商品房销售管理办法》第11条的规定,销售未竣工的商品房易被认定为该条"不具备房产销售真实或者不以房产销售为主要目的"的情形。而在开发商已取得预售许可证,且不存在通过欺诈、伪造、贿赂等不法方式获得预售许可证的情形下,一般认定为属于"以房产销售为主要目的",即使存在售后房款挪用、房产未能交付或过户等事后情况，也不应认定为非法吸收公众存款罪。

由于以售后包租方式销售未竣工商品房存在较高刑事风险，笔者建议，开发商应注重销售时的程序合规性，尽量在取得预售许可证的情况下进行销售。

（四）税务相关风险及相关建议

部分开发商在售后包租模式下，以前期包租期间的租金冲抵部分房款，仅向买受人开具冲抵后数额的增值税发票，存在偷漏税风险。

对于买受人来说，售后包租的主要风险在于返利承诺无法兑现。因房地产形势的变化和开发商自身资金不足，返利无法兑现已成为售后包租模式最大的问题。在当前房地产市场状况下，开发商或经营者破产的情况也可能发生。此时无论是追究民事责任还是行政责任都难以保障买受人的权益，故买受人在售后包租模式下面临的风险较难规避，笔者建议，通过合同条款设置开发商与第三方经营企业的连带责任，从而增加获得补偿的可能性。